# 余《よ》蘊《うん》孤《こ》抄《しょう》

――碩学の日本史余話

# 律令のいのちに

小島瓔禮

嵐義人さんは、日本法制史の一権威である。当然その源泉には、日本最古の体系的な文献群である「律令《りつりょう》」がある。それも、根元的な、条文一つ一つの本文批判という、文献学的な方法に立脚している。嵐さんが生み出す知識には、磐石の土台がある。

私が初めてお目にかかった昭和四十一年当時から、嵐さんは古典趣味豊かな通人であり、人づきあいのよい、品性の持ち主であった。研究者として歩みを進める中、針の先に立つ「法」の確かさが、広い知識の花をいっぱいに咲かせた。律令の華の、生命の表われである。

今われわれは、本書で、法制史という大樹が、枝もたわわに、いかに美しい日本文化の精華を生み出すことか、感動を持って味わうことができる。その一つ一つの話題が、読む人に、どれだけ楽しい、新しい学問の世界を暗示することか、しみじみと悟るにちがいない。

嵐さんは学生時代から、周囲の仲間たちに、学問の喜びを分かち与えてきた。嵐さんとの最初の出会いも、学生の研究会組織「文学会」に属する近世文学研究会を、再興するために指導者が必要であるということであった。その案内役は、私の大学院生時代の学友で、中世文学研究会の指導をしていた故石田拓也さんであった。

それから五十年、嵐さんは、母校の國學院大學の教授時代はもちろんのこと、数多くの人たちに、広く学問の尊さを説き続けてきた。嵐さんが貫いている学問の方法とは、一人一人の人間が、自己存立のために持たなければならない、知性であり哲学である。

嵐さんが病床に臥す人であることは、この上なく残念なことである。しかし半世紀を越える嵐さんの学芸人生に出会った人は、先輩も後輩も、友人としてその学問を世に広め、発展させずにはいられないはずである。学問とは、学びであり継承であるという、真理探究の道を社会に確立する、たいせつな機会である。

著者は本書で、人間とは、確かな事実を求め、厳密な判断をしなければならないということを諭している。「法の精神」である。この一冊が、そういうすばらしい世の中を実現する、大きな跳躍台になることを願っている。

平成二十九年十一月十日

# 目次

# 第一部　日本史「ことばの玉手箱」

——虎ノ門通信

# 「稲羽の素兎」と出合った兄弟たち

旧臘中、小学校・中学校の新学習指導要領が告示され、平成十四年度からの実施が定められた。今や教育に携わる多くの人々の関心は、恐らくこれに集中していることであろう。その小学校社会、六年の内容（1）アには「……大和朝廷による国土の統一の様子が分かること。その際、神話・伝承を調べ、国の形成に関する考え方などに関心をもつこと」とあり、中学校社会、歴史的分野の内容の取扱い（2）オには、「古代までの日本」の学習につき「……神話・伝承などの学習を通して、当時の人々の信仰やものの見方などに気付かせるよう留意すること」とある。その趣旨は従前の指導要領を踏襲したものであるが、それ以上に、教材として用いられる神話・伝承が殆んどヤマトタケルの話に固定された観の強い点が気にかかる。歴史学習の導入として、新たな展開例の発掘が待たれるところである。

偶々《たまたま》、今年は「己卯《つちのとう》（きぼう）」年でもあり、兎《うさぎ》の登場する神話を例に、新たな展望を摸索してみたい。

「稲羽《いなば》の素兎《しろうさぎ》」は、『古事記』だけに見られる神話である（「因幡風土記《いなばふどき》逸文」か？　と言われる『塵《ちり》袋《ぶくろ》』所載の類話はあるが、『日本書紀』には見えない）。梗概は周知のところと思うが、『尋常小学唱歌』（明治三十八年）から、石原和三郎作詩「大こくさま」のうち、一番と三番を引いておこう。

○おおきなふくろを、かたにかけ、だいこくさまが、きかかると、ここにいなばの、しろうさぎ、かわをむかれて、あかはだか。

○だいこくさまの、いうとおり、きれいなみずに、みをあらい、がまのほわたに、くるまれば、うさぎはもとの、しろうさぎ。

類似の伝承は、インドネシアなどに伝えられているが、それらは兎ではなく仔鹿の話であり、鰐《わに》も、『古事記』は恐らく鮫《さめ》（山陰地方の方言で鮫をワニという）で、東南アジアの類話はクロコダイル（インドネシア）であったり虎や森の魔物であったりする。想像するに、かなり広がりをもった説話を基に、蒲《がま》の穂綿からの連想で白兎になったものではなかろうか。『日本書紀』に見えず、色の白を『古事記』ではここだけ「素」と記すなど、やや特殊な伝承である。

ところで、このとき大国主は一人で因幡（今の鳥取県東部）の海岸を歩いていたのではない。八十神とよばれる兄弟たちと一緒だったのである。

八十神、おのおの稲羽の八上比売《やがみひめ》を婚《よば》わんの心ありて、共に稲羽に行きし時に、大穴牟遅神《おおなむじのかみ》に袋を負わせ、従者《ともびと》として率《い》て往《い》きき。ここに気多《けた》の前《さき》に到りし時に、裸の兎伏せり。……

この『古事記』の文によると、兄弟全員、何故か八上姫と結婚したくて連だって東の方へ歩いていたと読める（「大穴牟遅神」は大国主のこと）。

八上は今の鳥取県八頭《やず》郡の旧名「八上《やがみ》」郡を指し、鳥取市から八東《はっとう》川を遡《さかのぼ》った支流・曳田《ひけた》川との合流点付近には八上姫を祀る神社がある。気多は旧郡名「気多《けた》」郡（今の気高郡の西部）の名に因《ちな》むが、『古事記』の気多の崎はその東の旧高草郡（『塵袋』所載の文は高草郡での出合いとする）内にあった可能性が高い（今いう白兎海岸も旧高草郡に属す）。

さて、八十神たちは、本当に兄弟で、偶々同じ女性と結婚したいと考えて、出雲から因幡へ旅行していたのであろうか。そう考えては、この神話から古代の人々の考えを読み取ることはできなくなる。無理に意味を求める必要はないが、文化人類学でよく知られている、外婚制（エクソガミー）、双分制（デュアリズム）を導入すれば、大国主の部族の男性は八上姫の部族の女性を婚姻対象としなければならない半族関係にあったと見てよいであろう。また八十神は兄弟というより、同族の若い男性すべてなのであろう。その八十神たち男性が、長老の許可の出た農閑期に女性の許に通うという古代の習俗が投映された神話と見れば、「八上比売を婚《よば》わん心ありて共に稲羽に行きし時」という設定の不自然さが、むしろ合理性をもつことになる。『古事記』で次に語られる八十神の迫害（大国主が八上姫と結婚したことに怒った八十神が、二度に亘り大国主を殺し、母神が蘇生させる話）がイニシエーションの投映であり、須佐之男命《すさのおのみこと》の許での須世理毘売《すせりひめ》との出会い（大国主はスサノオに難題を突きつけられ、スセリビメなどの助けで解決し、二人の結婚をスサノオが許す話）が結婚の前提としての婿《むこ》いじめの投映であると見るなら、この集団求婚旅行も、結婚にまつわる古代の人々の習俗を織りこんだ神話・伝承と解することができよう。

このような、古代の人々の生活や考え方に、大らかなところと、今日とは違うタブーのような規制のあったことを読み取る作業は、古代に関する歴史学習や、時代の隔りが如何に人々の営みを変えていったかを学ぶ上で、十分教材化しうるものであろう。

時間の特定と事象の闡明《せんめい》を以って歴史というのであれば、神話・伝承は歴史にはならない。しかし、シュリーマン（一八六五年来日）が『イリアス』からトロヤの遺跡を発見し、「魏志倭人伝」を歴史資料として扱うのは、素材自体に一見して歴史であるか、歴史でないかの区別があってのことではない。のちに発掘や考証をへて学問的に広く承認されたからである。中には、殷墟の発掘により神話・伝承と考えられていた周以前の中国古代王朝が歴史的に究明されたり、飛鳥の水落《みずおち》遺跡からの漏刻《ろうこく》の発見により『日本書紀』の斉明六（六六〇）年の記事が裏付けられたりしたように、歴史事実そのものへ繋がるものもある。また、個別の歴史事象とは結びつかなくとも、ある時期の習俗や考えを示唆する神話・伝承もある。『古事記』垂仁天皇の段の沙本毘古《さほひこ》の乱の文中や、『日本書紀』天孫降臨章（第九段）の一書に、新生児の名は母が付けるという話が見える。これなども、いつということは特定できないが、古代の人々の習俗の一端を示すものと解してよいであろう。

　振り返って、戦後の小・中学校での神話・伝承についての指導要領上の取り上げ方を見てみると、小学校社会、六年では、昭和四三年版指導要領で「内容の取り扱《ママ》い」において、五二年版以降は「内容」において、国の形成（五二年版までは更にものの見方にも触れる）に関する考え方に関心をもつ旨が記されるようになった。また特に四四年の指導書では、「指導例」において「出雲の国ゆずりの神話や日本武尊《やまとたけるのみこと》の物語」が挙げられ、五三年の指導書では、「高天原神話、天孫降臨、出雲国譲り、神武天皇の東征、即位の物語など」が列記されるに至った。

　一方中学校では、昭和二六年版「日本史」単元Cの「展開例」中に、「神話伝説を正しく批判すること」、また三〇年版指導要領、歴史的分野の「具体的目標」の中では「日本の神話や伝承などの内容を通して、古代日本人のもっていた信仰や、物の見方や考え方について考えるとともに、外国のそれらの一端にもふれて、その相違や共通点に気づかせる」と記したのを始め、三三年版では「内容」において、四四年版以降では「内容の取扱い」において、「……当時の人々の信仰やものの見方など」に触れたり気付かせる必要があるとしている。

神話・伝承の扱いには確かに難しい面もあるが、神話・伝承を歴史そのものとして扱うのではなく、今日とは違う古代の人々のものの見方・考え方があることに気付き、多面的、多角的な見方にも繋がる興味深い歴史へのアプローチの一つとして、新しい観点から取り上げられ、従来とは違った光が当てられることを期待したい。

（国立教育会館通信４０８号、平成十一年三月）

# 色のはなし――桜色・緑の黒髪・白馬節会

毎年、入試シーズンが訪れると、風邪や寒さ、雪などに苦しむ受験生を見るにつけ、欧米のように九月新学期であったらと強く感じるのである。しかし、陽気が回復するにつれて、会計年度との関係で師範系の学校から始まったという経緯は別にして、やはり四月が一番だと独《ひと》り頷《うなず》いてしまう。自然の運行から言っても、青葉・若葉の中で新しい学年の授業を開始するのは、何やら相応《ふさわ》しく思えるが、四月の入学式に固執する最大の原因は、桜にあるのではなかろうか。入学式をこれほど感動的にさせる舞台装置は、恐らく桜を措《お》いて外《ほか》にあるまい。

平安末期の話。桜町中納言（成範）は屋敷中に桜を植えならべ、しかも七日で散るのを惜しんで神に祈ったところ、三週間も名残りの花が残ったという（『平家物語』巻一、我身の栄花）。三日見ぬ間の桜というが、あの華々しさの裏にあるあの散り際《ぎわ》、これが「花は桜木」と詠《うた》われた所以《ゆえん》であり、桜の魅力でもある（山田孝雄『桜史』など）。

ところで、毎年、お壕《ほり》から霞が関の官衙《かんが》街でソメイヨシノを見ては新年度への気持ちの切換えをしてきたが、いつも「さくら色」という色名を想い浮かべては、ソメイヨシノの花の色と「さくら色」は若干違うのではないかと疑問に思ってきた。ソメイヨシノは、どう考えても「さくら色」より白い。「さくら」を冠した名詞には、桜の咲く頃に旬を迎える、桜の花の形に似ている、そして桜色をしているの三つがあるらしい。桜色から出た「さくら（肉）」「さくら貝」も、色はとりどりだが、やはりソメイヨシノよりは紅いのではなかろうか。牧野富太郎の『新日本植物図鑑』ではヤマザクラ、シダレザクラと同じ表現で「淡紅白色」となっているが、私は久保田秀夫氏の言う「はじめ淡紅色で、のちほとんど白色になる」（本田安次ら『日本のサクラ』誠文堂新光社）との説明に左袒したい。

つまり、最もポピュラーな桜の色と「さくら色」とが乖離《かいり》していること、そしてそのようなことが日常の判断の中で結びついていないことを、この事例から訴えたいのである。虹は七色というが、これはまさに頭で覚えた知識である。世界にはこれを六色と見る地域もあると聞くが、私も数え直してみて六色しか識別できなかった。肉眼で七色識別できる人も当然いる。要は、単なる知識から、少なくとも確認した知識にすることが必要なのではなかろうか。

緑はグリーンである、というのも頭で覚えた知識である。現在はそれで間違いとはならない。しかし、原義、あるいはわが民族性とでもいうか色の捉え方の比較民族学的見地へと話を進めて行くと、これに異論が出てくる。それを端的に表すのが「緑の黒髪」である。これが〝グリーンの黒髪〟でなく、〝つやのある黒髪〟であることは誰しも十分承知している。赤ん坊を「みどりご」というのも、〝グリーン色をした子供〟ではなく〝若々しい子〟の意味であろうことは、ほぼ見当がつく。『広辞苑』では、まず語義を「『瑞々し』のミヅと関係があるか」とし、①に「草木の新芽」「初夏の若葉」を挙げ、②に「青と黄との間色」、③に「深い藍色」としている。『日本国語大辞典』によると、更に「草木の新芽」を意味する〝方言〟もある（大阪など）。

「みどりご」は極めて古い言葉で、大宝元（七〇一）年施行の大宝律令《りつりょう》（その戸令《こりょう》）に「緑」と見え、奈良時代の中期、天平宝字元（七五七）年に養老《ようろう》律令に切り替わるまでの戸籍には「緑児」「緑女」の記載が見える（正倉院文書《しょうそういんもんじょ》）。因《ちな》みに養老律令になると、唐を真似て「黄」を使うが、唐令《とうれい》が算《かぞ》え三歳以下を「黄」というのは、五行《ごぎょう》を五色に当てたとき、「黄」が中央に配されるところから、若者の「青」よりも根本の存在として「黄」と称したのである。大宝律令と養老律令の違いは、表記において大宝がより日本的、養老がより唐的と言われるが、三歳以下の「緑」と「黄」にもこの違いが歴然と現れている。

　このように見てくると、「みどり」は、色の名であるよりも、瑞々《みずみず》しい、若々しい、つやつやしている、生き生きして若い、といった語義をもつ語としてまず認識すべきではなかろうか。この点は、佐竹昭広氏が『万葉集抜書』などで説かれるところでもある。日本人が「青」と「緑」を言葉の上でしばしば混同するというのも、「みどり」が本来色の名として定着度が低いからなのではなかろうか。英国ケンブリッジ学派の創始者であった心理学者・人類学者のリヴァーズは、トレス海峡での調査で、原住民の「青」色に対する認識の弱さを顔料との関係で説明した。しかし、わが国の場合、色相よりも輝きや明るさで識別しているから、わが国語中の色に因む表現は、中国か西欧からの輸入かその応用でなければ、かなり後世の表現と見てよい。いわば多様な色の中で生活し、色が常に鮮やかで微妙な変化を見せる環境にいることが、中国あるいは西欧のような固定的な色の名を定着させなかった背景にあるのだろう。

　ただし、この微妙な色の変化を好むわが先祖たちといっても、奈良、平安の王朝文化と、東山文化や茶人好みのような渋みとでは、天地の開きがある。王朝時代の女官の襲《かさね》は、確かに微妙な色の変化を取り入れているが、基本的には極めてカラフルで明るい色彩感覚をもっている。五山の禅文化の影響をうけた後、枯れや渋みが重視されてくるのである。

したがって、平安時代の色調はまだ明るさに基調がある。殊に遣唐使停止（八九四）以前にあっては、中国直輸入の原色系の色彩が幅をきかせていたと言ってよい。中国から取り入れた宮中行事、白馬節会もその一つであるが、「白馬節会」と書いて「あおうまのせちえ」と読む、というのはまさに頭で覚えた知識である。

中国では春や東の寓意をもつ「青」は、生気を呼ぶ目出たい色であり、龍（青龍）とも通ずるとされ、陽気の象徴でもある青い毛並みの馬を正月に覧るというのは、一年の発展を象徴する行事なのだという説明は、一とおりの説明にはなっている。ところで、原色系の青い馬というのはいるのか。不明にして私などは答に窮してしまう。中国や欧州には強いて言えば「青」といえる毛並みの馬もないではなかろう。しかし古代の日本ではどうなのだろうか。

『万葉集』に「水鳥の鴨の羽色の青馬を……」（巻二十）と見え、佐竹氏も朦朧とした「うす暗さ」と規定しているように、葦毛であり、やや暗い感じの毛並みだったのではなかろうか。ただ、この和語の「あお」が、漢字の「青」とどう見ても一致しない点は当初から頭を痛める問題であったかも知れない。塩原太助の「アオ」ではないが、黒い馬では、新年の陽気や生気の象徴にはなりえないのである。しかし白馬は使えなかった。わが国では古く白馬は止雨祈願に丹生川上社《にゅうかわかみ》（平安時代になると貴船神社《きぶね》）などに献ずるもので、祈雨（雨乞い《あまご》）のときには黒馬を献じた。ところが、祈雨止雨が寺院で行われるようになり、朝廷行事としては村上天皇即位のころ（九四六）から止雨には赤馬、祈雨には赤馬以外の毛並みの馬を献ずるようになると、それと符節を合わせて、「あおうまの節会」で白馬を牽くようになる。遣唐使停止後の国風化の現れとも思うが、「青」馬は調達できず、暗い「あお」では陽気に結びつかず、といったジレンマを、祈雨・止雨との関係を清算することで乗り越えたということであろう。

どうやら、わが国の伝統的な色の示し方は、栗毛、鹿毛、葦毛、桃色、水色、空色系であるらしい。

（国立教育会館通信３７３号、平成八年四月）

# 文部省の省名について

平成十三年一月を以て、現文部省は科学技術庁と統合され、「文部科学省」に改められることになった。

平成八年の行政改革会議の発足以来進められてきた中央省庁の再統合については、平成十年六月十二日に「中央省庁等改革基本法」が公布・施行され、平成十一年七月十六日に「中央省庁等改革のための国の行政組織関係法律の整備等に関する法律」ならびに「文部科学省設置法」が公布された。その結果、明治四（一八七一）年以来百三十年の伝統を有する「文部省」の名は、その歴史を閉じることとなった。

現二十二省庁のうち明治初年からの省名を残しているものは、外務（明治二年）、大蔵（同年）、文部（同四年）の三省のみである（宮内省は明治四年の設置で、昭和二十二年に府、二十四年に庁となり、総理府に属するため二十二省庁には含まれない）。外務省は引続き存続するが、文部・大蔵との決定的な違いは、その省名が近世以前に遡《さかのぼ》らないということにある。

さて、文部省の名からは、律令《りつりょう》時代の八省《はっしょう》が想起されるであろう。しかし、大宝元（七〇一）年の大宝律令で定められた「八省」とは、中務《なかつかさ》省、式部省、治部《じぶ》省、民部省、兵部《ひょうぶ》省、刑部《ぎょうぶ》省、大蔵《おおくら》省、宮内《くない》省で、ここに文部省は含まれていない。ただ過半の五省が「部省」を称していることは中国の影響によるものであるが、中国の制度そのものではなく、日本的工夫が加えられている。詳しくは、『唐六典』ならびに内藤虎次郎（湖南）博士「唐代の文化と天平《てんぴょう》文化」（講談社学術文庫『日本文化史研究』上）、和田英松博士『官職要解《かんしょくようかい》』（講談社学術文庫）、瀧川政次郎博士『律令の研究』に譲るが、唐には、吏戸礼兵刑工の六部があった。文化は自然を写し取って造ったとする見解があるように、天下一円を統治するには宇宙（天上界）の秩序を地上に敷き広げなければならぬとする考えが古代中国では重視され、陰陽五行説などを広めた。その一つ、儒教を背景に持つ政治思想に三を尊ぶ今文《きんぶん》派と六を基本とする古文《こぶん》派の考えがある。南北朝を統一した隋・唐帝国は、この両派の対立をも調整しなければならず、結局、併置、併用の策を取ることになる。即ち、官職の頂点に中書省（主に詔勅の起草などを掌る）、尚書省（行政の最高機関）、門下省（主に詔勅や奏状の案文の審査を掌る）の「三省《さんしょう》」を置き、尚書省の下に実際の吏務を統轄する「六部」を置き、一方で「九寺」（九卿ともいう。九は三の倍数）を置いた。六部と九寺に明確な職掌区分はつけ難く、大理寺は刑部と重複し、衛尉寺《えいいじ》は兵部に近く、太常寺及び鴻臚寺と礼部が重なる関係にあるが、今、九寺については略す。

ところでわが国は、中国の律令制を取り入れるに際し、中国の六に対し、大八島、八咫烏《やたがらす》、八束の剣《つるぎ》といった八を神聖数《セイクリッド・ナンバー》とする伝統から八つの行政統轄機関を設けることとした。そのうち式部から大蔵の六省は、まさに唐の六部を写し、更に吏・戸・礼・工を式部・民部・治部・大蔵に改めたものであるが、そこには導入に当たっての日本的解釈が絡んでいることが分かる。まず、吏部については今略すが、唐の戸部はもと民部であった。中国では天子の諱《いみな》（実名で一般には使わない）はその治世下では使えないので他字に改める習慣がある。唐の太宗《たいそう》李世民は三代皇帝であるが、建国の英雄でもあり、唐代を通して避諱《ひき》された。そこで「世」は「代」に、「民」は「戸」や「氏」に改められ、更に「葉」が「云」と「廿」の合字に、婚の旧字（女偏に民と日）が今の字形に改められることまで起こった。つまりわが民部は唐の太宗の避諱を理解した上で、その前の称に戻したものである。また大蔵は、わが国にあった近似の機関に由ったもので、斎部氏《いんべ》（平安初期に忌部の文字を改めた）の古事記といわれる『古語拾遺』に、雄略天皇の代に皇室の財物と朝廷の官物を区別して扱うため、祭祀に関わる斎蔵《いみくら》、皇室用の内蔵《うちくら》に対し、官物管理のための大蔵《おおくら》を置いたという謂《いわ》れが記されており、それを用いたものである。したがって約一千五百年の伝統がある。大宝律令と養老律令の間には巻数と術語に若干の差がある程度で、趣旨は殆ど変っていない。表現については、大宝律令は始めての本格的導入であるため日本的伝統を生かそうとしたところがあり、また構成にも日本的な特色を出そうとする傾向が見受けられる。神祇官を置いて太政官と並べ、唐令《とうれい》にない僧尼令《そうにりょう》を置いた（唐では道僧格《かく》等に定める）などの基本形は大宝律令編纂時に定められたものである。これに対し養老律令は、白村江の戦以後途絶えていた遣唐使が復活したことを背景に、表現などを少しでも中国風に戻そうとしたものである（三歳以下をいう大宝の「緑」を養老で「黄」に改めたことなど。十五ページ参照）。ただ、官職については大宝律令を改めず、中納言など養老律令編纂時以前に設置された官職すら取り入れていない。つまり、上の民部も大蔵も、そのような日本的解釈、日本的伝統によって名づけられたのである。

なお、八省のうち、六部と直結してない中務・宮内の二省は、唐の中書省、殿中省という「省」を承けたものである。わが国では、唐の三省を受け入れるに際し、尚書省を太政官に組織替えし、中書省をその内部機構に降したのである。そして、中務・宮内は「部」にはなじまないため、この二機関を含む全体を「省」という名称で呼ぶことにしたと解せられる。「省」はよく視えることで、入ることを禁じた「禁中」を避諱のため（漢の元帝の皇后の父の名）天子がよく視える宮中という意味で「省中」と改め、のち禁中に復してから天子の居処に近い公卿のいる官署の名となったものである。唐において三省のほか秘書・殿中・内侍を「省」と呼んでおり、天子の居処に近い官署の名という原則は貫かれていることが分かる。また、「部」は、国全体を数個に分けたときに用い、後世のような部局や部分の意味ではない。日本人は新たに事を始めるとき、原義に遡って検討する傾向が強く、八省もしっかりと原義を受け止めている点は見逃せない。

では大宝律令・養老律令の八省にはない「文部省」は、というと、律令官制では式部省下の「大学寮」の系譜を引くもので、明治初年に太政官制が復活した際も、明治二年七月に大学校、同十二月に大学として設置されたものが文部省の前身である。

ところが、歴史の上では式部が実は一時期「文部」と称せられていたのである。『続日本紀《しょくにほんぎ》』天平宝字《てんぴょうほうじ》二（七五八）年八月甲子（二十五日）条に、淳仁天皇の勅として、官職名を改めた長文の記事が見える。そこに「式部省ハ文官ノ考賜ヲ総《す》べ掌《つかさど》ル、故ニ改メテ文部省ト為ス」とある。こうして八省は信部・文部・礼部・仁部・武部・義部・節部・智部に改められたが、瀧川政次郎博士はそこに孝謙上皇の則天武后への傾倒と、光明皇太后を後楯にもつ藤原仲麻呂の渤海への接近策を読み取っている（「紫微中台考」）。確かに渤海の六卿は、忠部・仁部・義部・智部・礼部・信部とよく似ているが、文部はない。式部は八省の中で中務に次いで権限を持ち、文官の考課を掌る（兵部は同様に武部となる）

以上、文官の文官たる所以《ゆえん》としての漢学的教養と最も関係深い省であり、よくぞ改めたと言うべきであろう。しかしこの時期の官名は、仲麻呂の失脚した天平宝字八年には旧に復されてしまうのであり、文部省も六年間の短い歴史で終わり、約千百年間の眠りについたのである。明春から再び眠る文部省が次に眼を醒ますのは、一体いつのことなのであろうか。

（国立教育会館通信４２１号、平成十二年四月）

# 大仏開眼と史料の読み

南都東大寺の国宝、銅造毘盧遮那仏坐像は、一般に再建された江戸時代の文化財と考えられている。しかし、蓮弁の一部には奈良期の線刻が残されており、仏像本体にも頭部や表面を除き、内部にかなり多量の鋳造時（天平期）の銅塊を残している。

この一二五〇年ほど前の一六メートルもある大仏はどのようにして造られたのであろうか。――小学校社会六年の歴史に取り上げられるこの問いは、また多くの教師にとっても興味深い課題であろう。幸い昭和五十六年に刊行された香取忠彦氏の『奈良の大仏―世界最大の鋳造仏』（草思社）は、この問題に関する答えを分かりやすく示しており、教師はもとより児童・生徒にもよい手引書となっている。香取氏は古代の鋳造技法の専門家で、その説明はやさしく明解である。釈迦は背丈が一丈六尺（約四・八メートル）と伝えられ、大寺院の本尊は率《おおむ》ね丈六仏となること。丈六といっても座像が一般なので八尺となること。この丈六仏より大きい仏像を大仏ということ。『華厳経』の教えで十は無限を表すため奈良の大仏は丈六仏の十倍の寸法とされたこと。また、このとき当時一般に用いられた唐尺ではなく古代の周尺で造られたため、その八十尺、つまり約一六メートルとされたことなど、読んでまさに眼から鱗が落ちる思いがする。

この香取氏の説明によってもなお疑問の消えないのが、開眼《かいげん》式での開眼のしかたである。香取氏は、

「江戸時代……には、地上から瞳を描く動作をしただけに終わっていますが、天平の開眼は、やはり何らかの手段で、直接に目の位置まで近づいたに違いない。」と記されるが、それは原史料から読み取れる限界を超えた推測なのではなかろうか。開眼とは該当するサンスクリットのない仏語で、わが国史料上では、『日本書紀』天智十年、持統十一年を始め、『続日本紀』のこの大仏開眼以下に見えるものである。そして各種仏教語辞典を見ると、木や銅などで造った一個の物体に神霊（仏霊）を入れ真正の仏にする儀式に外ならない。なお天平の開眼の基本史料と目される『東大寺要録』巻二には、インド僧菩提僧正に開眼師を請う勅書の中で「敬《うやうや》しく無辺の眼を開かんと欲し」と記し、当日の次第の中で「即ち開眼師仏前に進み、筆を取りて開眼す。亦《また》筆に縄を着け、参集の人等をして開眼せしめ了んぬ。」と記している。これだけでは直接眼を入れたとする確証は出てこない。また「亦筆に縄を着け」とあるが、それで十数メートルも昇るとすれば危険ではなかろうか。しかし史料はここまでしか記しておらず、それからはあくまでも推測に止まることになる。

歴史は一般に、史料の蒐集・批判・整理・解釈そして史論の構成を経て、歴史叙述（史論の提示）に至る。これに学界での批判・補充が加えられ、位置づけ等の淘汰を経て、一箇の学説としての形成をみる。歴史教育は、少なくともそのような過程を経た学説に裏付けられたものであってほしいが、これらの一つひとつが毫《ごう》も動《ゆる》ぎのない学説などというものはない。研究者は学説の限界を熟知しているので只管《ひたすら》その有効性の範囲を押さえる。ここが重要なのである。教科書や概説書が流れや平明さを優先して、限界に言及することなく仮説で埋める場合でも、教師は一応の吟味を試みる必要があろう。

そこで、大仏開眼を例に、史料の読み取りについて述べようと思うが、始めに開眼に関する前提として二つだけ指摘しておきたい。まず、法然の講説などを後に纏めたとされる『和語灯録《わごとうろく》』に「本体は仏師がまなこをいれひらきまいらせ候を……事の開眼を申候也。つぎに僧の、仏眼の真言をもてまなこをひらき、大日の真言をもてほとけの一切の功徳をそうとう成就し候をば理の開眼と申候也」とある。そして現在の作法では、筆墨によるもの（曹洞宗）、儀礼的に鑿《のみ》を入れるもの（天台・真言宗）、洒《しゃ》水を主とするもの（真言・浄土宗等）などがある（藤井正雄編『仏教儀礼辞典』昭和五十二年、東京堂出版）。つまり、後の作法ではあるが、必ずしも開眼師自ら瞳を入れるとは限らないのである。

さて、東大寺の大仏は前後四回の開眼を行い、それぞれ少なからぬ史料を伝えている。

まず、天平勝宝《てんぴょうしょうほう》四（七五二）年四月九日の開眼会《かいげんえ》については、右に述べた如く眼の位置に近づいたとする史料はない。ただ、この時の開眼に用いたとの銘のある筆と墨、および開眼縷《る》といわれる二一五メートルもある長い絹の綱が正倉院には伝えられている。問題はこの縷である。たとえばゴンドラに乗ったとして、この太く長い綱をつけた筆を老僧が扱えるであろうか。そこで他の開眼との比較を試みる必要が生ずる。

続いての開眼供養は平安時代の貞観《じょうがん》三（八六一）年三月十四日であるが、『三代実録』には次の記載が見える。

此れ是の仏像は、感神聖武皇帝（聖武天皇）の天平十五年に創造。文徳天皇の斉衡《さいこう》二（八五五）年に頭傾き頸を断ち、頓《たちまち》に地に落つ。年来《としごろ》修理し、鎔鋳して旧《もと》に復す。是の日、即便《すなわ》ち開眼の仏師を篭に入れ、轆轤《ろくろ》に引上げ、乃《すなわ》ち仏眼を点ず。

ここで史料の読み取りとして注意したいのは、篭に入れられた者を「仏師」（仏像製作者）としている点である。今一つ『東大寺要録』巻三所引「御頭供養日記」から必要部分を引いてみると、次の如くである。

開眼導師恵運《えうん》師、輿《こし》に乗りて堂上に参り、輿より下りて舞台を経て座に就く。……導師誓願し了《おわ》んぬ。是れより先、開眼師盛範を轆轤に引き上げて開眼し了んぬ。導師仏師共に退出す。

天平期の菩提僊那に相当するのは僧都恵運で、篭に乗って眼を入れたのは仏師の盛範という別人である。そしてこの貞観の場合、あの長くて重い縷は用いておらず、また仏頭が落ちたためそれだけを修理した際の開眼であることも記憶に止めておくべきであろう。

鎌倉時代初期といってもよいであろう文治《ぶんじ》元（一一八五）年八月二十八日の開眼会では、開眼の導師は僧正定遍《じょうへん》であるが、遅参した上、仏前に設けた舞台の上の礼盤に就いて仏眼真言等を唱えただけである。ただここで興味深いことは、後白河法皇が周囲の反対を押し切って、早朝自ら仏像の前に渡した板に昇って天平の筆で開眼作法を行ったことである（縷は用いていない）。中山忠親の『山槐記』には、次の如き伝聞が記されている。

当日早旦に法皇手づから開眼し奉らしむべき御由《よし》、上人懇切に申し行う。……法皇仰せられて曰《いわ》く、猶此の事遂げんと欲するなり。……大仏の東方に七重の構えを以てし、刻階《きざはし》の左右に隙切れなく松を立て竹を立てて戸として前後を見せしめず、御面前の敷板に至り、南方に明《あかり》障子を立て、板の上に又棚を構え、法皇法服を着して昇らしめ給う。……法皇天平の筆を以て開眼し奉つられ、寸法を廻らし法の如く入眼せらる。

この後、折から降り出した大雨の中、何とか開眼会は行われたものの、ここでも縷は用いられていない。香取氏はこの記事をもとに推測を逞しくされたものと思われるが、やはり気になるのは縷の扱いである。

江戸時代の元禄五（一六九二）年三月八日より四月八日に至る開眼会については、既に香取氏も触れている如く大仏前面の庭に高台を設けて行ったもので、直接仏顔に瞳を入れたものではない。史料は『公慶《こうけい》上人年譜聚英《しゅうえい》』（昭和二十九年、東大寺）などに見える。そしてその『公慶上人年譜聚英』の見返しに載る開眼会の絵によっても、庭前での作法であったことが了解される。

以上、史料に即して読み直すとき、私には、天平度の開眼会で、開眼の導師が直接瞳を書き入れたとは言えない。史料からの読み取りの限界を超えているからである。児童・生徒の中には想像を逞しくする者がいてもよい。ただ教師はポイントになるべき事項については、どこまでが史実として明瞭に言える部分か、どこからが想像なのかを明確に区別しなければならない。その吟味を通してこそ、歴史が更に身近に感じられてくる筈である。

（国立教育会館通信３４２号、平成五年九月）

# 起請文から見た貞永式目

鎌倉時代中葉、貞永元（一二三二）年に、執権北条泰時らによって武家社会の基本法たる『御成敗式目』（一名「貞永式目」）五一ヶ条が制定された。これは、他人の所領であっても二十年間穏便のうちに知行し続ければ取得時効が生じるとした二十年年紀法（八条）や、女子が相続した財産でも養子をとって相続させることが出来るとした女人養子《にょにんようじ》の規定（二三条）、一旦ある子息に相続させ、将軍から安堵《あんど》の下文《くだしぶみ》を得た後でも、親が別の子息に譲りたいと思えば相続人変更が許されるとした悔返《くいかえし》権の規定（二六条等）など、律令《りつりょう》法とは別の法理に基づいて編纂された、より武家的、日本的、中世的な法典である。以後、二つの幕府、数多くの戦国大名において基本法として遵守されて行き、江戸時代に至っても、法令の文体と書体に慣れるための手習いの手本として永く尊重された。

この法典の特徴としては、五一ヶ条という条数へのこだわり、重要な条文（八、二三、四一条等）に見える「右大将家御時の例」たることへの言及、また末尾の起請文《きしょうもん》、そして源家将軍以後の制定の四点が挙げられる。

五一という数字は、当時絶対の信仰の対象となり、百王思想、太子未来記、太子信仰を生んだ聖徳太子縁りの十七条憲法の一七に対し、天地人三才に及ぼす意味で三を乗じた数である。式目法は、この五一条の貞永式目に随時発令された追加法を加えたものと見なければならないが、萩野由之、牧健

二、佐藤進一氏らの努力で九〇〇条ほどの存在の知られた追加法が貞永式目本体に加えられることはなく、また佐藤説によると第一〇条などは本来複数条になるべき内容が窺われるが、五一条に収めるため調整されたという。

「右大将家」とは、一一九〇（建久元）年に源頼朝が上洛して後白河法皇に謁した際、十一月二十四日に補《ぶ》された右近衛権大将《うこのえごんのたいしょう》に因む称号である。頼朝は十一月九日に権大納言にも補されたが、共に京官であるため、離京を前に十二月三日両職を辞した。しかし前《さきの》右近衛大将の称は極官《ごくかん》として永く用いられ、鎌倉右大将の名で呼ばれると共に、近衛大将の居所を幕府ということから、頼朝の政所《まんどころ》を鎌倉幕府と呼ぶようになった。

そして「起請文」であるが、国語辞典では次のように説明している。

> 自分の行為、言説に関してうそ、いつわりのないことを神仏に誓い、また、相手に表明する文書。厳守すべき事項を記した前書《まえがき》の部分と、もしこれに違背すれば、神仏の冥罰を蒙る旨を記した神《しん》文《もん》の部分から成るのが普通。平安末期から現れたが、中世以降は、料紙も熊野神社などの発行する牛王宝印《ごおうほういん》の裏に書かれることが多くなり、戦国時代頃からは前書に通常の白紙を用い、神文に牛王宝印の裏が用いられるようになった。（『日本国語大辞典』）

いわば、神への誓約書である。

当時、いかに起請文が信じられていたかを示す例として、室町期以降の補筆もあるが、『義経記』の一部を紹介しておこう。兄頼朝と不仲になった義経の許に、刺客として土佐坊昌俊が送りこまれた。義経の郎等が土佐坊の部下から密命を聞き出したことから、土佐坊は義経主従の詰問を受ける。

土佐坊「斯様に人の無実を申し告げ候はんに於いては、私に陳じ開き難く候。……起請を書けと仰せられ候はば、書き申し候はん」と申しければ、……熊野の宝印の裏に三枚、御前にて自筆に血を出だして書く。一枚をば八幡宮に納む。一枚は熊野に納む。一枚をば焼きて正尊〔土佐坊の名、一般には昌俊〕が六根にぞ納めける。「この上は」とて、土佐坊は許されぬ。正尊許されて出《いで》ざまに、「時刻を移してこそ、冥罰・神罰も蒙らめ、今宵をば過ぐすまじきものを」とぞ思ひける。（小学館「日本古典文学全集」）

神に誓ったことで許されたが、すぐに密命を実行しないと起請文によって神罰が下る、というのである。起請文を焼きその灰を神水に溶いて飲むのは、「神水起請《じんすいぎしょう》」という室町期の一揆などで行われたもので身体全体を拘束すると考えられたのであろう。

それにしても、何故起請文がこれほどまでに信じられたのかは説明しにくい。一種の信仰と見た方がよいであろう。一つ所に命を懸ける武士が神を信仰した、また院政期以後、熊野信仰が他の信仰に倍して盛行を見た、といったこともあるが、牛王宝印の裏に書いた点も見逃すことはできない。「牛王」は牛黄《ごおう》の宛字で、牛黄とは漢方で使われる薬材で牛の胆囊にできる直径一〜四センチほどの黄褐色または赤褐色の球状の結石である。稀少価値もあるが、龍の珠《たま》のような感じもし、更に牛は二黒土性、大地の象徴であり、土は五行では中央で黄であるから、牛の腹中に蔵される黄色の珠は、地上の生き物の万能薬になるとの考えが生じたのであろう。この牛黄を削って粉末にしたのを墨に混ぜて刷った神符が牛王宝印である。神符は神聖な人であれば手書きでもよいが、一般には手書きよりも板木での印刷が尊ばれた。

図（略）の宝印は、熊野神社から出された熊野牛王で、熊野の神使・烏と宝珠とで、右に「熊野」、左に「宝」（旧字体）、中央に「印」を配したものである。

この起請文が、貞永式目には末尾に付されており、「起請」と題した上で、四〇〇字ほどの文が続く。

……およそ評定の間、理非においては親疎あるべからず、好悪あるべからず。ただ道理の推すところ、心中の存知、傍輩を憚らず、権門を恐れず、詞を出すべきなり。……この内もし一事といへども曲折を存じ、違犯せしめば、梵天、帝釈、四大天王、惣じて日本国中六十余州の大小神祇、別して伊豆・筥根両所権現、三嶋大明神、八幡大菩薩、天満大自在天神の部類眷属の神罰・冥罰、おのおの罷《まか》り蒙るべきなり。よって起請、件の如し。（原漢文）

貞永元年七月十日　沙弥浄円

（十名略）

武蔵守平朝臣泰時

相模守平朝臣時房

このようにして、制定に関与した人々が神に誓っているのであるが、ここには将軍の署名も、将軍の命によって制定されたとする文言もない。執権・連署以下の署名を見せる起請文だけなのである。

承久元（一二一九）年に源実朝が殺害されてから、藤原頼経が嘉禄二（一二二六）年に将軍に就くまで、鎌倉幕府は将軍空位が続き、一方、承久の乱後訴訟事は増大し、また処理の迅速化が求められていた。その上、将軍はいても頼朝の血筋とは別の九条家の小児で、貞永元年当時、頼経は十四歳であった。起請文から見て貞永式目とは、将軍の権威に依らずとも、執権・評定衆のみで訴訟の迅速な処理が可能となる意図の下に制定された法典であると解してよかろう。

このように、起請文という、極めて中世日本的なる存在に気づかせることによって、貞永式目の個々の規定内容の説明に触れることなく、中世武家法を学習することが可能となるのではなかろうか。更に、明治憲法や現行憲法の前書と比較することによって、従来見逃してきた面からの学習が可能となるであろう。新しい授業展開への工夫を期待したい。

（国立教育会館通信４０９号、平成十一年四月）

# ザビエル単独来日の意味

交通機関が未発達であった時代に、幾多の苦難をものともせずに我が国に来航した外国人宗教家は、古来その数を尠《すく》なしとしない。五度の渡航失敗の上に六五歳という高齢でかつ失明までした、戒律伝授の高僧鑑真（六八九～七六三）、元寇後の国交再開に元の正使として来日しながらスパイ容疑で捕えられた、五山文化形成期の中心人物一山一寧（一二四七～一三一七）、鎖国下に覚悟の潜入を企て、新井白石に西洋事情を語った後、刑死したシドッチ（一六六八～一七一五）など何人も挙げられるが、更に大きな歴史的役割を果たしたザビエルを逸するわけにはいかない。

しかし、小文はザビエル（一五〇六～五二）の伝記を紹介するものではない。伝記は、山本秀煌『聖フランシスコ・ザベリヨ』（大正一四年、イデア書院）、幸田《こうだ》成友《しげとも》『聖フランシスコ・ザビエー小伝』（昭和一六年、創元社）、吉田小五郎氏『ザビエル』（昭和三四年、吉川弘文館、人物叢書）、などに譲り、世界史を背景として日本の歴史を学習する上で、ザビエルの行動は如何なる意味をもつかを問い直してみようと思う。

マルコポーロの『東方見聞録』（筆者はルスチケルロ）に「黄金の国ジパング」として紹介されたことが、一五世紀末に始まる大航海時代の遠因であることは改めて言うまでもあるまい。ところでその大航海時代なるものは、初めにスペイン、ポルトガルによる、後にはヨーロッパ諸国による植民地獲得時代の序章と見ることもできる。ラス・カサスの『インディアス史』（岩波書店、大航海時代叢書）などを読めば、ポルトガル人の日本来航にやや先行する時代のアメリカ大陸では、まさに大陸原住民に対する残虐行為と植民地競争が繰り広げられていたことが分かる。しかるに黄金の国ジパングに対しては、遠征隊を繰り出すわけでもなく、ザビエル来航後も植民地化の動きが始まるわけでもなかった。

なお、ポルトガル人の日本来航年に関しては、一五四二年とするポルトガル史料もある（洞富《ほら》雄氏『鉄砲伝来とその影響』など）が、『鉄炮記』に従って一五四三年とするのが通説である。しかし、石田竜次郎氏『虚像のニッポン―外国教科書の日本理解―』（昭和三八年、日本評論新社）で紹介されたかつてのポルトガル教科書には「日本は一五三四年にポルトガル人によって発見された」（一五三四は一五四三の誤植か）という記述があった由。そうすると、ポルトガルでも一五四三年説が一般化しているのかも知れない。

それはともかく、この時期にスペイン、ポルトガルがジパング遠征を話題にすらしていないことは重要である。また中国人倭寇の首領王直の船が五島へ帰航の途中、時化《しけ》のためいつも航路の標識としていた屋久岳（一九三五メートル）が見えずに、高くて二〇〇メートル程度の種子島に漂着する偶然がなければ、そして偶《たま》たまポルトガル人が同乗していなければ、ヨーロッパ人の来航は更に数十年遅れたかも知れない。

とはいえ、ジパングが富の分割の埒《らち》外に置かれたのは何故なのか、という点については、カソリック教国のアメリカ大陸対策と、カソリック教会内の事情を見なければならない。ここでは前田正裕氏

『コロンブスの野心と挫折』（平成四年、世界の動き社）などにより、要点のみ見て行くこととする。

まず、大航海時代は、ポルトガルのエンリケ航海王（一三九四～一四六〇）による聖ヨハネの国への艦隊の派遣計画に始まる。イスラム勢力をイベリア半島から一掃し、レコンキスタ（再征服運動）が完成を見たのは一四九二年であって、それ以前は、キリスト教の危機に援軍を送ってくれるという伝説の国（聖ヨハネの国）との連絡こそキリスト教国諸侯の悲願であった。初めインド方面に想定されていた伝説の国は、やがてアフリカ大陸説に傾き、その未知の地域への艦隊派遣が大航海時代の始まりとなるのである。

イベリア半島からイスラム勢力がほぼ排除された頃から、エンリケ航海王らの関心は聖ヨハネの国から東方世界へと移り、アラビアの科学やトスカネリ（一三九七～一四八二）の影響もあって、伝説より学問への傾斜を強めて行くのである。そしてラス・インディアス（アジア大陸）への夢がアメリカ大陸発見の現実に置き換えられてくると、ジパングは徐々に対象から外され、アメリカ大陸でのエンコミエンダ（土地・人民の統治を委ねる制度）の渦の中で富の掠奪の地獄絵が展開されることとなるのである。

そこに、布教の使命に駆られたドミニコ会、フランシスコ会、遅れてイエズス会が海外へ宣教師を派遣する中で、「インディオは人間か」の論争がカソリック教会、カソリック教国を揺がし、一六世紀前半に、一時とはいえ、インディオ虐待禁止の勅令（一五四三年の「新法」など）が発せられるのである。この辺りは『インディアス史』や前田氏前掲書などの詳述するところである。

イエズス会は、イグナチオ・ロヨラ（一四九一～一五五六）を中心に、彼から霊操を授けられた同志によって一五三七年ごろに結成、一五四〇年にパウロ三世（在位一五三四〜四九）により公認され、ザビエルは同年七月インドの教皇代理に任ずる勅書を受けるのである。この間のパウロ三世とイエズス会の動きは慌ただしく、それだけにザビエルの東方布教の裏には、凝縮したカソリック教会の思いが篭められていることが分かる。

確かに、ザビエルの東方布教は、カソリック教会の反宗教改革と、ロヨラとザビエルの友情が前提となっていることは重要な視点であるが、一方で、アメリカ大陸では一五四五年にエンコミエンダが復活し、植民地弾圧政策が現地で横行していたことを想起しなければならない。その時期にザビエルは身に寸鉄も帯びず、軍事力を行使することなく、イスラム教徒やヒンドゥ教徒、仏教徒などの信者組織のただ中で、単身布教活動を遂行して行くのである。そしてイエズス会本部に逐一報告を送り、後に「インドの使徒」「伝道の守護聖人」と呼ばれるにふさわしい活動を繰り広げたのである。

一五四八年一月にイエズス会に出した手紙で、ザビエルはマラッカでの日本人アンジロー（弥次郎か）との出会いを記し、日本人への信頼と布教対象としての日本の適性を書き綴っている。そして注意すべきことは、ここで日本について一言も「黄金の国ジパング」と結びつける表現をしていないことである。それどころか、日本への評価、思慕の念をロヨラに送るのである。これではジパング遠征など取り沙汰されるわけのないことが分かろう。

また、アンジローがザビエルに会ったことが、ザビエルの日本観に少なからぬ影響を与えていることも見逃すわけにはいかない。日本人として最初に聖書の翻訳書を著した人物であり、ザビエルに絶大の信頼をかち得た人物として評伝がほしいところであるが、ザビエル伝に付記される程度で、まとまったものは出ていない。しかし、ザビエルの目に映る当時の日本人は優秀で、未開文盲の徒とは見ていない。ザビエルは、報告の中で「我等が今日までに交際したる人は新発見地中の最良なる者にして、異教徒中には日本人に優れたる者を見ること能《あた》わざるべし」とさえ記している。

ザビエルが日本に単独で（正しくはスペイン人コスモ・ド・トレー、ポルトガル人フェルナンデ、中国人マヌエル、マラバル人アマドル、日本人アンジローとその従者ジョアンおよびアントニオが同行）来日した背景には、カソリックの反宗教改革の動きとともに、少なくとも右記のような事情の存したことは、留意しておくべきであろう。

（国立教育会館通信４０３号、平成十年十月）

# 虎ノ門今昔

もう長いこと虎ノ門に通っている。しかし、いつの間にか「身近な地域」になったはずの虎ノ門について、これまでしっかりと調べたことはなかった。なぜ虎ノ門なのかからして、一向に分からない。江戸城の三十六見附の一つだとか、国立教育会館に見附の遺構があるなどと言ってきたが、どうやらそれも厳密には正しくないらしい。今回は爽風と満開の花の下、虎ノ門界隈の昔を尋ねてみたい。

なぜ虎ノ門なのか。一般には次の五説がある。

1、虎は千里行って、千里帰る。これを太田道灌の出陣に付会したもの（紫の一本など）

2、昔朝鮮から虎を連れてきたとき檻が大きく、門を改造して入れたことに由来（御府内備考）

3、大手門から見て西方白虎に当たる（同前）

4、内藤邸の虎尾桜《とらのおざくら》の名木に因む（麴町略誌稿）

5、城郭の要所を「虎の口」と称するところから（八代国治編『国史大辞典』）

1〜3は簡単に否定できよう。4は今検証する資料をもたないが、延岡の城址公園の桜に思いを馳せると、延岡内藤家の江戸屋敷に桜の名木があってよい。しかし、この中で最も惹かれるのは5である。

東海道を東上する軍が最初に到達するのは虎ノ門か幸橋《さいわいばし》門（御成《おなり》門）か日比谷門（日比谷公園に

遺構がある）であろう。その中で一番古く設置されたのが虎ノ門（一六〇六年）で、それだけでも要衝と認識されていたことが分かる。更に、江戸全体の最古の手書き地図「正保江戸図」（一六四五年）に「虎ノ口」、遠近道印《とうちか》「分間江戸大絵図」の元禄版（一六九〇年）などに「寅口」と記されていることと、西ノ丸大手門（二重橋）の別名を「下馬虎ノ口」ということから見ても、八代国治説《やしろくにじ》が最も妥当のようである。

それを更に補強するものは、往時の虎ノ門の地理的条件である。江戸切絵図「（麹町永田町）外桜田絵図」（図は略。一八五〇年刻、一八六四年改正）によると、虎ノ門から南へ張出している内藤家の西方は、今は地名だけになっている溜池である。溜池は明治十九（一八八六）年に埋立てられ、隣接する虎ノ門の外堀も同三十七（一九〇四）年頃に御成門まで埋立てられて外堀通りとなった。したがって往時の虎ノ門は、堀と溜池で厳重に守られていたのである。

写真（略）は、モースの師で正倉院開扉調査や古社寺宝物調査でも有名な蜷川式胤《にながわのりたね》が、明治四（一八七一）年に撮影した『旧江戸城写真帖』（東京国立博物館蔵）の一部である。門が明治六（一八七三）年に撤去される直前のもので、門には渡櫓《わたりやぐら》がなく冠木門《かぶき》だけの変わった構造をしている。これは安永の火災（一七七二年）で渡櫓が消失したあと再建されなかったもので、天保の「江戸見附略図」（一八三八年）では更に小石川門が渡櫓を欠き、蜷川式胤の写真では山下門の渡櫓も失われているが、渡櫓は桜田門などに今も残されている。また、この門の正式名称は「虎御門《とらのごもん》」という。俗に江戸城の三十六見附《みつけ》の一つというが、見附は正式名称にはなく、虎ノ門見附という言い方はしない。

そして、国立教育会館内の石塁は、虎ノ門に接続する堀の石垣の一部で、虎御門に接続する遺構の一部である。したがって、江戸の俤《おもかげ》を伝える貴重な遺構であることに変わりはない。その上、国立教育会館では、往時の堀の線をロビーの床に点線で示している。目を凝らさないと見えないが、時代の変化によって失われた貴重な歴史をしっかりと留めているのである。心憎いその配慮に敬意を表したい。

切絵図「外桜田絵図」に戻ると、内藤右近将監とあるのは井伊直弼の実弟で、日向国（宮崎県）延岡七万石の上屋敷である。明治四（一八七一）年、工部省は旧内藤邸内に工学校を設置し、同十（一八七七）年工部大学校と改称、十八（一八八五）年工部省が廃せられ文部省に移管し、二十一（一八八八）年、本郷の帝国大学内に工科大学を移すに際し虎ノ門を出たのである。

ところで、桜田通りを桜田門の方から虎ノ門へ進むと、大蔵省のところでやや東へ曲がり、文部省の建物だけが大きく張出している感じに見える。これは、江戸時代に虎御門から桜田門まで直線では行けぬようにしていたことの名残りである。切絵図でも松平伯耆守の屋敷は大きく張出しており、これが魯国大使館を経て大蔵省となったもので、大蔵省が建物の前面をやや後に引いたため、それより先昭和七（一九三二）年建造の文部省が張出して見えるようになったものである。そして文部省庁舎は、関東大震災後の建造物としては極めて保存がよく、それ自体貴重な文化財と見ることもできる。

また切絵図で内藤邸の北を走る小路は、現在も文部省と大蔵省の間を通る三年坂である。俗に転ばぬように通らなければならないといわれる三年坂を、桜田通りから若干上ると会計検査院に至る。その裏手には、年代を思わせる工部大学校址の碑が建っている。このように旧内藤邸（一部隣接地を含む）は、工部大学校となり、その跡地に文部省、会計検査院と国立教育会館が建ったのであるが、国立教育会館の地はかつて木造の建物があったとき国史編修院や文化財保護委員会などに使われ、昭和三十九（一九六四）年六月に特殊法人国立教育会館が設置され、現在の地で三十余年を閲することとなったのである。

虎ノ門の門外へ出ると、今は虎ノ門一丁目となった旧琴平町《ことひらちょう》の由来ともなる金刀比羅神社が目につく。海上交通の安全を祈願するところから転じて交通安全の神として、また浪曲石松代参の影響で禁酒の神として有名である。もとは讃岐《さぬき》丸亀京極《きょうごく》家上屋敷の屋敷神であった。その近くには新聞創刊の碑が建っている。明治七（一八七四）年にこの地で最初の本格的な大衆啓蒙紙読売新聞が創刊されたことを刻している。また最初の文部大《た》輔《ゆう》江藤新平が兇徒に襲われた遭難碑もあり、虎ノ門界隈にはまだまだ見るべきものがあるが、虎ノ門で逸することのできないのは地下鉄虎ノ門駅である。昭和二（一九二七）年の上野・浅草間の東京地下鉄道（同九年には新橋まで延長）、同八（一九三三）年の梅田・心斎橋間の大阪市営高速軌道についで、東京高速鉄道が昭和十三（一九三八）年に新橋・渋谷間で開業した地下鉄の駅である。地下駅は外堀の跡に置かれたものであるが、文部省寄の出口は、最も旧虎御門に近い位置を占めている。名に恥じない駅と言ってよい。気候がよくなるこれから、本格的に虎ノ門の調べ学習をしてみたい。

（国立教育会館通信３９７号、平成十年四月）

# 続・虎ノ門今昔――江戸城外堀遺構を中心として

さきに本欄で「虎ノ門今昔」（平成十年四月発行、三九七号）を執筆させていただいたところ、多くの方々から種々感想を頂戴することができた。その中で、新井幸男先輩（元文化財保護委員会記念物課文化財調査官、史跡指定調査台帳整備を担当）からは、江戸城外堀遺構についての貴重なご教示をいただいた。その点について、後輩の文化財調査官の協力を得て、高山純氏（東京・港区立港郷土資料館学芸員）からいくつかお教えいただいた。省庁再編成の進む中、国立教育会館も、建物自体は文部省別館となるなど、慌ただしい変化のただ中にある。ここに、「虎ノ門今昔」の続編として、両氏のご教示を中心に、江戸城外堀遺構についてその後知り得たところを纏めておくこととしたい。

外堀通りを挟んで、文部省別館の斜向うに、虎の門三井ビルがある。そのビルの前に、蔦で被われた部分が見える。これが昭和三十一年三月二十六日国指定の史跡「江戸城外堀跡」（東京都千代田区・新宿区・港区）の一部である。空堀の池状の一部に、高さ約一・五メートルの外掘の隅石の遺構があって、一方は文部省の方に、一方は霞が関ビルの方に伸びる恰好となっている。池の部分の隅には、「文化庁」と刻った境界標示の石が打ちこまれ、これが国の史跡であることを示している。

一方、文部省別館にある石塁およびロビーの床の上の白点については、前回紹介したところである。これに若干説明を加えると、駐車場の中央にあって外からもよく見える遺構は、これも隅石の形状を見せているが、周囲をコンクリートで固めており、遺構としては旧状を厳密に伝えているものとは言いがたい。しかし、そこが外堀遺構の一部であることは認めてよい。次に、その石塁の延長上を文部省別館のロビーへと辿ると、階段のところからロビーの床を経て正面階段の上まで、白点でかつての外堀遺構の外面が示されている。その更に延長上、外堀通りに面した霞山会館から一五メートルほどのところに、虎の門三井ビルの遺構と類似の隅石が残されている。掘下げ部分がないので高さは約一・二メートル。片面は駐車場の石塁へ一直線に繋がり、他は直角に建物の方に向いている。ただ、虎の門三井ビルの遺構と文部省別館の遺構は直線では繋がらない（新井先輩のご指摘による）。しかし、高山氏のご教示により『江戸復原図』（平成元年、東京都教育庁社会教育部文化課）を検討したところ、虎の門三井ビルの遺構の位置は外堀の折れ曲る部分に合致する。その上、戦前の『芝区誌』（昭和十三年、芝区役所）には、次のような記載が見える（「虎之門址」の項）。

　虎之門と呼ばれる場所は本来から言へば、琴平町に接した麴町区内の土地である。昔此処には江戸城の外壕があり、其外郭門の一つとして虎之門があつたのである。（中略）此門は明治六年十月四日に撤去されて、僅かに其跡を留めてゐたが、今日では其跡すら求めることができない。惟だ、虎之門小公園の池の上に枡形櫓台のものと覚しき巨石が一個物寂しく残つている。

ここにいう「虎之門小公園」は、金毘羅神社と霞山会館の間にある三角形の土地で、まさに現在の虎の門三井ビルの建つ場所にあった公園である。すると、虎の門三井ビルの遺跡は戦前から知られていたことになる。

更に、新井先輩は、文部省別館の遺構にせよ（特に霞山会館よりのもの）、虎の門三井ビルの遺構にせよ、かつては地面が今より高かったのを平らにする過程で見つかったのではないかと言われる。確かに、永田町が高台で、ホテルオークラのあたりが高台である以上、その中間部が昔から長い区間すべて平らであったとは考えられない。遺構のあるあたりが若干盛り上がっていたと想定することは許されるであろう。なお、前回示した「旧江戸城写真帖」(本年〈平成十二年〉六月二十七日付で国の重文指定を受ける)には虎ノ門近くに小瀑があり、少なくとも文部省別館前の路面は現在より高かったと考えられる。また、そのやや奥の外堀沿いの路が一部坂道であったことは、歌川広重の名所江戸百景の一つ「虎の門外あふひ坂」(葵坂)の図にも見ることができ、溜池の水が虎ノ門あたりの外堀へ流れこむところに堰があって、小さな滝のように瀑下していたことが確認できる。

その坂路の位置は、この遺構からはやや西方、特許庁のあたりであったと推測される。同じく広重画く江戸名所の「虎門金毘羅」を『江戸復原図』と合わせることによって、そのように解されるのである。なお、『江戸復原図』の外堀の線は、すべてが発掘の結果を正確にトレースしたものではない。文部省別館の霞山会館寄りの遺構が隅石のように見えるのは、『江戸復原図』と合わない。しかし『復原図』には虎ノ門から溜池へ向って流れが折れ曲る途中、現外堀通りのカーブのあたりで堀の幅が変わっているように描かれているが、この変り目がやや西にあったとすれば、この点も解決できる。文部省別館の隅石と虎の門三井ビルの隅石は、まさしく江戸城外堀遺跡の一部と認めてよいであろう。

なお、『江戸復原図』により、一、二、前稿を訂正しておきたい。一つは虎ノ門の位置である。『復原図』により、三年坂(文部省と大蔵省の間の坂路)の出口のところにあったと訂正したい。また、旧外堀の位置は外堀通りではなく、外堀通りよりも皇居側の建物群の裏にある細長い建物列に相当する。初歩的な誤まりであるがお許しいただきたい。

まだまだ調べなければならないこと、既に明白になっているにも拘らず不勉強のため知らぬことなど、不備は多いと思うが、そこが調べ学習の楽しいところでもある。今後も私なりの調査・確認を進めて行きたい。

（国立教育会館通信４２８号、平成十二年十一月）

# 江戸時代の法典にまつわる話二題

徳川吉宗（一六八四〜一七五一）は、紀州家の庶子に生まれながら長兄の養子となり、ついで家康の曽孫《ひまご》という血統と越前丹生《にゅう》（三万石）藩主時代の治績により将軍家を継ぎ、享保《きょうほう》の改革など幕政の建直しに功を挙げた。特に米価調整や税法改正（検見《けみ》法から定免《じょうめん》法へ）が有名で、「米《こめ》将軍」と呼ばれたが、大岡忠相《ただすけ》（越前守）の登用に見られる如く法律・制度に関心をもち、町方《まちかた》の司法の整備を進めたことで知られている。

それを象徴するものが、寛保二（一七四二）年制定の『公事方御定書《くじかたおさだめがき》』である。しかし、これには二面性があり、単なる刑法典編纂事業だったのではない。

『公事方御定書』は、八十一通の法令を収めた上巻と、百三条の刑罰法規を中心とする先例を纏めた下巻からなり（後に下巻の俗称「御定書百箇条」が一般化する）、その一面は町方を対象とする初の成文法典であり、また他の一面は所謂《いわゆる》秘密法典であった。そしてこの「秘密」という点を追いかけて行くと、この法典の本質が見えてくる。

つまり、この法典の下巻末尾には「奉行中ノ外、他見有ルベカラザル者也」（原漢文）とあって、寺社・町・勘定《かんじょう》の三奉行にのみ在職中に交付され（後には京都所司代・大坂城代にも交付）、職務の必要上、一部奉行所の者が写しを所持することを黙認されていたのである。そのため、これを印刷に付した幕臣が処罰される事件が起こった。それも生半可な処罰ではない。幕臣は改易《かいえき》、版元・彫師まで罪が及んだのである。幕府の面子を重んじて事が運んだ印象が強いが、実態はやや違う。その点を少し細かく見ていこう。

幕臣の名は大野広城《ひろき》（一七八八～一八四一）。小十人組士で、通称を権之丞といい、号を樵園《しょうえん》、また忍軒、忍廼家《しのぶのや》ともいった。古典に造詣の深い国学者でもあった。

さて、大野広城は、天保九（一八三八）年春から同十二年春にかけて、『殿居嚢《とのいぶくろ》』『青標紙《あおびょうし》』各二巻と『泰平年表』一巻を、仲間内の懐中必携版として刊行した。『殿居嚢』は、幕府の年中行事や服忌《ぶっき》令《れい》など儀式・典礼に関する記事を纏めたもの。『青標紙』は、武家諸法度《はっと》以下、幕府の法令・刑罰法規などを集めたもので、『公事方御定書』まで収めた。そして『泰平年表』は、一五〇部ほどの資料を参照して、徳川家康から十一代家斉までの史実を幕府の行事を中心に編纂したもの。いずれも幕府の内情に及ぶ記事を収めており、市井に流れることを危惧した広城は、『殿居嚢』には「此書は公《おおやけ》のかしこき事共を書きしるしたれば、すり巻《まき》の数を三百部にとどめ板《はん》を毀《こわ》しぬ」（仮名遣等一部変更）、また『青標紙』の見返しには「禁商頒、限三百部」、『泰平年表』にも「頒限三百部、禁市鬻《しいく》（商売すること）」と、三百部限定の私家版であることを明記した。

しかし、直ちに幕府の知るところとなった。幕臣の間で評判になったうえ、『青標紙』の内扉には「江都《えど》、忍廼屋蔵版」、『泰平年表』例言にも「忍屋隠士」とあっては、露見に時間はかからなかった。彼は、秘密法典である『公事方御定書』などを印行した廉《かど》で改易のうえ、九鬼家に「永預り」となり、九鬼家本領丹波国綾部に送られ、その年の秋九月、五十四歳で病死した。版元菱屋伊助は手鎖《てじょう》、彫師等も処罰された。

このように見ると、秘密法典、出版即《そく》処罰、著者の病死と、建前優先の暗いイメージが漂うが、幕府の本音は別のところにあったのである。広城が配所で病没したのは不幸なことであったが、遺児鏃《や》之助《のすけ》は、翌年、将軍家日光社参の祝儀を名目に改易を赦されている。幕府には、広城を厳罰に処さなければならない別の理由があったのである。

実は、『公事方御定書』の下巻、所謂「御定書百箇条」は、固より罪刑法定主義に則る法典ではなく、各奉行より諮問のあった事件につき評定所で合議する際に基準とする法令集であった。通例の裁判にあっては、主だった事件の記録は率《おおむ》ね保管されており、例繰方《れいくりかた》の同心などが前例を調べ、奉行所の裁判の資料としたのである。それでもなおお裁定のむずかしい事件が、老中一名と三奉行によって構成される評定所（在府中の京都所司代などが加わることもある）に諮詢される。このときの「中分」（標準）を示したものが「御定書百箇条」であり、且つ疑わしきは厳罰に処せずということで、先例よりは幾分軽めに規定されていたのである。つまりは、最後の最後の詰めの裁定の規範であるから一般には知らせたくないとの政治的判断と、犯罪と刑罰の関係がさして厳しくないとの印象を与えたり悪用されたりすることを防ぐ予防的配慮から、秘密法典として扱われたものであって、どの犯罪行為が刑罰の対象になるかは「御触書《おふれがき》」などで布達されており、量刑基準のみが秘匿されていたのである。

しかし、『公事方御定書』はいつしか諸藩にも知られ、盛岡藩の『文化律』を始めとする幕末諸藩刑法の範となり、また明治新政府の暫定刑法典（『仮《かり》刑律』）ともなった。

次に、西欧のみならず中国との交流も殆んどなかったと見られる江戸時代の所謂《いわゆる》鎖国体制下、将軍たる吉宗自ら中国（清）の法典・制度の研究に熱中し、その結果、ある法典が日中を往来し、ある中国の教訓書が広められた逸話が伝えられている。いずれも『徳川実紀』の「有徳院（吉宗）実紀付録」第十に載る諸学振興の事蹟の中に見える。

その一。吉宗は「法律の書は紀伊家にましましけるほどより好ませ給い、御位につき給いて後もますます御覧あり」として、次の一話が語られている。

荻生惣右衛門茂卿《しげのり》（徂徠《そらい》）にもしばしば御垂問ありて、そのころ御文庫にありし唐律疏儀《とうりつそぎ》（議）を示させ給い、これが訓訳してまいらせよと仰せ下されしに、茂卿つらつら見て、これは唐土（中国）にも今は絶えたる珍書なりとてそのよし申せしかば、則ち長崎の奉行に命ぜられ、唐商（清の商人）沈爕庵《しんしょうあん》に見せしめらる。爕庵一部を請うて帰唐し、清国の刑部尚書（司法長官）励廷《れいてい》儀《ぎ》に呈しければ、廷儀も希代の書なりと称してみずから書写し、序を加えて愛翫《あいがん》せしとぞ。のち爕庵ふたたび長崎に来《きた》り、廷儀が序文を奉行につきて進覧せしかば、……其の序を別にかの書にそえて御文庫におさめらる。

中国唐代の刑法典『唐律疏議』は、私法中心のローマ法と並ぶ古代法の双璧であるが、当時は伝存していないと考えられていた。そこへ、この紅葉山《もみじやま》文庫所蔵の写本が清の司法長官に届けられたのである。のちにこの写本は、徂徠の弟荻生北溪の手で校訂が加えられ、文化二（一八〇五）年に『官板《かんぱん》唐律疏議』として刊行、そこに励廷儀の序も収められた。他方中国では、吉宗没後半世紀以上のちの清の嘉慶十三（一八〇八）年に、日本の写本とは別系統の岱南閣《たいなんかく》叢書本が刊行されるが、今世紀、民国初頭に流布本として印行された（万有文庫本・国学基本叢書本など）のは、上の紅葉山本系の『唐律疏議』であった。

その二。島津吉貴《よしたか》から『六諭衍義《りくゆえんぎ》』が献納された。明の太祖が民衆教化の目的で作った『六諭』に清の范鋐《はんこう》が解説を施したものを、琉球人程順則が福州で翻刻した刊本であった。当時琉球は清の官人の移住があったり、文官が北京まで修学に行ったりで、想像以上に清との交流は頻繁であった。吉宗は直ちに室鳩巣に命じて和訳させ、更に概要を平易な和文に作らせて、『六諭衍義大意』として享保七（一七二二）年に上梓のうえ、町奉行に下して手習いの手本として弘めさせた。明治の『幼学綱要』あるいは戦前の「修身」に繋がる官撰教訓書の先蹤《せんしょう》である。そしてこの『六諭衍義大意』も秋田藩を始め諸藩で板行され、別に二本松藩のように、清の州県衙門に掲げられた『令箴《れいしん》』の一句「爾俸《なんじがほう》爾禄《なんじがろく》、民膏民脂《たみがこうたみがし》、下民易虐《ぎやくしやすく》、上天難欺《あざむきがたし》」を弘めた藩もある。これは昭和五十五年四月十六日付『朝日新聞』によると、二本松市が各省庁・地方公共団体に拓本を配布したという。そして、かつて東京には、金屏風にこの一句を書いて飾っていた税務署もあったとか。

江戸時代のイメージが変わりつつある今日、このような事例を探るのもまた一興といえよう。

（国立教育会館通信３４９号、平成六年四月）

# 犬走り

歴史用語が、老木のように大きく根を張って、若木の中に混じりながら生き続けているのを実感したのが、この言葉だった。

建築業を営む友人との旅行中のこと、彼は何度も下職の人と電話で連絡をとって指示を与えていた。話も見えず、意味も分からぬ専門用語の中で、突然標題の言葉が耳に入った。

私は、この「犬走り」という語を、現代の建築家がごくふつうに使っていることに驚いた。それは何故かというと、この語は、わが国の有名な古代法制史料である『延喜式』（延長五〔九二七〕年成立）に見える「犬行」に外ならないからである。

『延喜式』巻四二、左右京職《きょうしき》の「京程」の項を見ると、例えば、

朱雀路、広廿八丈。

自垣半至溝辺、各一丈八尺〔垣基三尺、犬行一丈五尺〕。

両溝間廿三丈四尺。　※〔　〕は双行注

などとある。この「犬行」は「イヌユキ」とも読む（観智院本名義抄）が、「イヌバシリ」と訓《よ》んでもよい（『平安時代史事典』角川書店）。そして鎌倉以降は完全に「イヌバシリ」が定着する（新撰六帖、保元物語）。

電話が終わってから私は、早速どういう意味で使っているのかを聞き質《ただ》した。彼は、建物の周囲や塀と溝の間の細い張出し部分のことだと言い、後日確認した『建築大辞典』（彰国社）などと同じことを説明してくれた。

沢田名垂《なたり》（一七七五～一八四五）の『家屋雑考』（一八四二序）は、近代になってからの日本建築史の教科書となった書物である。その『家屋雑考』に「築地《ついじ》の外には必ず溝あり、溝と築地の間に犬走あり」と明記されており、それが現在の建築家の用語の源となったのかも知れない。なお土木の分野では、河川の堤防などの基部近くの細い段を言うが、これも同様の理解から発したものであろう。

因みに、『図解土木用語辞典』（日刊工業新聞社）にはbermと共に「犬走り」の英訳にcatwalkが見えているのが面白い。しかしbermは土木系の訳としては対応するが、犬をcatと言いかえたcatwalkは天井に設けた簀の子状通路を意味する別語と見た方がよい。『建築大辞典』にもscarcementとあってcatwalkはなく、他の土木建築関係の辞書にもcatの方は見えない。試みに『ランダムハウス英和大辞典』（小学館）を引いてみると、berm（n.）には、

1〔築城〕犬走り：城壁の外斜面下と掘との間の狭い平場……4《…》（運河の堤防沿いの）狭道（cf.TOWPATH）：（道路の）路肩……

とあって、catwalk（n.）には、

1 キャットウォーク、常設歩路：橋・トンネルなどのわき、舞台・工場などの天井近くにある作業員用の狭い通路、2（ファッションショーなどの）客席に突き出た長く狭い舞台。

とある。

なお、『建築大辞典』の五項目の説明文中①と②は、歴史研究の上から見ても貴重な指摘であり、専門外のことゆえ、ここに一部を引用させていただく。

①…都市における犬走りは古代より江戸時代末まで公有地で道幅のうちであった。その上に延びている庇やそこに構えられた駒寄せ・竹垣などは違法のものとしてしばしば取締りを受けた。

②特に江戸の町屋において正面に造られていた庇下。…元来は公有地で町首より町尾まで通り抜けで、雨降りにも傘をささずに諸人の通行が可能であった。

そして、当然ながら⑤には堤防の「犬走り」も記されている。

友人の電話から始まって、つい犬だのcatだのと穿鑿に走りすぎたが、「犬走り」は、京都・奈良方面への修学旅行など、古い建造物を残す地方への旅行の際、至るところで実見することができるものであり、教材化が容易な興味深い用語なのである。

古い寺院などの周囲は、ふつう築地塀《ついじべい》で囲まれている。やや裾広の、上に瓦を載せ、中間に何段かの横縞の入った、白っぽい土で築き上げられた塀であるが、周りにある溝との間に細い基段の余り部分がある。人が通る路ではなく、まさに犬が通るくらいが相応な狭い余り部分である。これが本来の「犬走り」であり、元来は公道に属していたものらしい。

この本来の意味においては、bermもscarcementもcatwalkも当たらない。前二者は、城壁や堤防・石塀などの基盤に近いところに設けられた細い路（b.）や足掛り（s.）である。一方『日本国語大辞典』（小学館）によると、『甲陽軍鑑』などを典拠として「城の垣と堀との間にある狭い空地」という説明も施されており、更に近世初頭くらいから関東流（伊奈流）・紀州流の堤防施工法が発達し、それと共にbermに当たる用法が定着したと見てよかろう。

友人の建築家の使い方は、建物の周囲と地境までの間の雨垂れ落ちより若干広く舗装した部分を指すものであった。また、より広いものを「堧地《せんち》」というが、「堧」「壖《ぜん》」は古く中国における犬走りを示す語で、流石に中国であり、日本では二丈（約六メートル）を超すような広い場合のみに転用していたのである。

このような、建築畑で用いる語で文化史の用語として教科書によく出るものを捜すと、更に「柿葺き」がある。

この「杮」がなかなかの難語である。まず「コケラ」の語源がよく分からない。『日本国語大辞典』に、

（1）コケはコケヅリ（木削）の下略。……（3）コケラ（魚鱗）に似ているところから。……（5）コヘラ（木片）の義。……（7）木の葉が風に散る音のケラケラから。……

などとあるが、これでは不明と言ってもよい。一方、文字は「柿」に似ているが「柿」ではない。正しくは「杮」、俗字で「柿」と書き、「柿」の旁《つくり》は肺などの市で中の棒が上から貫いているのである。しかし、俗用として「柿」でも通用しており、文字に関して余りに狭量な指導をすることは慎みたい。

意味は、「木を、おのでけずった時の細片。けずりくず。木片。こっぱ」である。『平安時代史事典』の「柿葺」には、より詳しく次の説明が見える。

椹《さわら》・檜・杉などを厚さ三ミリほどに割り、三センチほどの歩み（葺足）で竹釘で打ちつけていく葺き方で、この割板を柿板という。同類で板厚が一センチぐらいになれば木賊《とくさ》葺、更に厚くなっ

て二〜三センチになれば栩《とち》葺という。

因みに「檜皮葺《ひわだ》」は、檜の樹皮を剝《は》いで細長い三角形に作って竹釘で打ちつけるもので、仕上がりは柿葺とよく似ている。

「犬走り」も「柿葺」も、今日一般には死語に近いものかも知れないが、歴史の中に立派に息づいてきた言葉であり、専門職の人達の間ではごくふつうに使われているように思われる。そして、これらを正しく理解するには、専門職の人に聞くのが一番確かであると言えよう。

わが国の文化は、実は各種の専門職人がいて初めて生きた文化として今日に伝えられているのである。改めて専門職・職人芸の継承と教育との関係に強く惹きつけられた気がする。歴史用語の一つひとつの背景を、今日の生活文化と絡めながら掘り下げて行くことの必要性を、今強く感じるのである。

（国立教育会館通信３９１号、平成九年十月）

# ペリー提督あれこれ

平成四年度からの新しい小学校六年の社会科教科書には、歴史における人物学習が従来よりも明瞭なかたちで盛りこまれている。言うまでもなく、新指導要領によって「歴史上の主な事象について、人物の働きや代表的な文化遺産を中心に理解できるように」し、かつ四十二名の人物を取り上げて指導することが求められているからである。しかしこれは、人物史学習を要請するものではない。ましてや伝記を取り上げようというものでもなければ、エピソード学習を奨励するものでもない。この点は、中学校社会科の歴史的分野にせよ、高校の日本史にせよ、変わるところではない。とはいえ、歴史の醍醐味は、人物への深い洞察を通して初めて味わえるものである。少なくとも、授業に先だって伝記やエピソードに目を配り、その人物を深く掘り下げておくことは、教師にとって当然の義務といえよう。そして、そこから意外な展望が開けることも十分に期待できるのである。

「毛唐人《けとうじん》なぞと茶にして上喜撰《じょうきせん》 たった四杯で夜も寝られず」――わが国に鎖国政策の転換を齎《もたら》した米使ペリー（Matthew Calbraith Perry）が浦賀に来航したのは、一八五三（嘉永六）年七月八日（当時のわが国の暦では六月三日）のことであった。

このペリーが、どのような任務と考えをもってわが国に来航したのか、そしてどのような交渉がもたれたのかは、岩波文庫に入って戦後流布をみた『ペルリ提督日本遠征記』（F・ホークス原撰、土屋喬雄・玉城肇共訳）や、徳富猪一郎『近世日本国民史』の「彼里《ペリー》来航及其《その》当時」および「神奈川条約締結篇」などに克明に記されている。そして、ペリーという人物の働きを通して開国に関する歴史事象を理解することは、これらの文献を通覧することによってほぼ達成することができる。

しかし、高名な割にペリーその人の伝記については、明治三十五年の米山梅吉『提督ぺるり』（金尾文淵堂書房）を除くと、昭和四十三年に後藤優氏によってサミュエル・モリソンの『老ぐま―マシュー・カルブレイス・ペリー提督』の部分訳（『ペリーと日本』原書房）が出され、同五十六年に宮永孝氏の『ペリー提督』（有隣新書）が刊行されるまで、詳細は殆んど知られていなかったといってよい。

そのためであろうか、「提督」（Commodore）として一般に知られているペリーの、米合衆国海軍軍人としての階級は、今日なお多くの教師の予備知識に入っていない。恐らく『日本遠征記』に目を通すだけでモリソン等の著作に及ばなかった故ではないかと思われる。ペリーは、一八五三年および翌年の来航時も、また一八五八年三月四日に病死した時点においても、階級は海軍大佐だったのである。今日からみて、大佐という階級は彼の業績に比して余りに低いように思われるが、実は当時にあっては米国海軍軍人の最高位が大佐だったのである。したがって、フィルモア米大統領からわが将軍（宛名は「日本皇帝」）への親書に「合衆国海軍に於ける最高位の一士官」ペリーを派遣したとあるのは、正確な表現なのである。米国海軍に少将の階級が設けられたのは一八六二年のことで、来航時は固《もと》より、彼が六十三歳で病死した時にも将官はなく、それが新設されたのは更に四年後のことになる。とはいえ、米国海軍の当時の実情を理解しない人に「ペリー大佐」として語ることは、徒《いたず》らに無用の誤解を与えるだけであり、ここは教師の予備知識に留めるべきであろう。

また、ペリー来航の背景として理解しておかなければならないのは、一八五〇年代前後のアメリカ合衆国史である。一八四六年には西海岸北部に至る地域を併合し、更に一八四六年から四八年にかけてのメキシコとの戦争の結果、今日のコロラド、ニューメキシコからカリフォルニアに跨がる広大な土地を獲得し、ほぼ今日の米国本土の領域を領有するに至ったのである。また一八六〇年にリンカーンが大統領となり、六一年から六五年にかけて南北戦争が繰り広げられることとなるが、一八四〇～五〇年代には既に南北の対立は抜き差しならぬところに来ており、北部のホイッグ党（のちの共和党）と南部の民主党の対立はこのころから激化していった。

ペリーは、メキシコ戦争において、メキシコ湾艦隊司令長官としてアメリカの勝利に輝かしい勲功を立て、全米に名声をとどろかすこととなった。そしてこの戦いで海兵隊の創設に着手し、また当時、水兵が何かというと上陸した土地の文物や産物を持ち帰る悪習がアメリカのみならず世界中で行われていたが、これを厳しく取り締まったのである。これは、広く地理学や考古学などに通暁していたペリーの学殖の反映であるとともに、周到な用意の下に断固実行に移す行動力を示すものである。日本への航海においてもペリーは、シーボルトの『日本』を要約した『日本人の風俗習慣』や、ケンペルの『日本誌』を要約した『日本物語』など、日本に関する書物を購入、読破しており、彼の学究的一面は『日本遠征記』にも見られ、またその学殖を自らの行動に結びつける側面も十分に窺われるのである。例えば、高名ではあるがロシアスパイの疑いもあるシーボルトの同行申し入れを断わり、広東で当時アメリカ人としては第一の中国学者であるサムエル・ウィリアムズ（一八三七年のモリソン号にも乗船）を通訳として雇い入れて、日本人の性格についての助言を受け容れたことも、彼のそのような性格を物語るものと言えよう。なお、神奈川条約が領事裁判権に触れていないのは、条約上の遺漏ではなく、ウィリアムズの献言によったものである。また南北戦争に先立っての政党の対立は、ペリーの派遣を遅滞させ、危うく中止、あるいは使節交替に追い込まれそうになったが、結局彼がわが国を開国させたということは、歴史の偶然とはいえ、彼の為人《ひととなり》によるところも大きいのである。

更に、当時のアメリカについて語るとき、逸することのできないのが捕鯨である。これは、当時の照明用の油が主として鯨油に頼っていた事情を背景にもつ。すなわち一六五〇年ごろからアメリカ東部で沿岸捕鯨が見られるようになり、一七一二年にはアメリカ式捕鯨が起こり、一七七〇年代半ばから南北戦争直前の一八五九年ごろにかけてその最盛期を迎えることとなる。殊に一八二五年ごろからは日本近海へもしばしば出漁し、一八四〇年代前半は鯨の回遊路にあたる日本近海を目指してジャパングランドに大挙繰り出しており、その結果、一八四一（天保十二）年には漂流したジョン万次郎がアメリカの捕鯨船ジョン・ハウランド号に救助されているのである。アメリカ式捕鯨はメルヴィルの『白鯨』に描かれているが、主として死んでも浮かぶマッコウ鯨を対象とした。しかも、頭部から鯨油を取ったら他は海に捨てる漁法で、今日から見て残忍というほかない。この点、わが国の捕鯨とは根本的に違うものであることは、教育の場で十分認識させたい。ところで、灯油が石油に取って替られた一八九八年をもって、幸いなことにこの残忍なアメリカ式捕鯨は終焉を迎えるが、ペリーは、若い日に灯台の灯油を菜種油にすることを実験したり、日本への航海にあたって捕鯨船乗組員の安全にも考慮したり、比較的穏健冷静な取り組み方をしている。

このように見てくると、のちに、米国海軍で「蒸気海軍の父」と呼ばれたペリーの来航を「四はいの蒸気船」と詠った偶合には、思わず微苦笑を漏らさずにはいられないのであるが、ペリーが米国海軍に初めて蒸気艦を導入した人物であること、日本来航時の蒸気艦が、一八五三年のときは二艘で、翌年が三艘に過ぎなかったことなど、人物およびその背景を確かめる作業こそ、実は歴史の楽しみ方の一つなのではなかろうか。驚き、感激、愛着といった感動を、生徒児童より前に、先ず教師がもつべきではないかと、最近強く感ずるのである。

（国立教育会館通信３３７号、平成五年四月）

# 岡松甕谷の絶対評価

教育では「教育評価」ということが重視されるが、社会科学の分野でも「評価」を以って一つの区切りとする。そして評価が重要な働きをするのは、それが次の段階へ持ち上がったときである。前段階でのすべては、その結論に集約され評価に従って扱われる。教育においては、一般に一年間で成長途上の児童生徒の評価を下さなければならない。中には、教師の性格（癖）を読み取ることで満点を取る生徒もいれば、本格的な勉強に打ちこんだ結果、中途半端で低い点数に終わる生徒もいるであろう。極めてむずかしいことと思うが、一年間に亘る角度を変えての接し方・切り込み方・試問のし方で見事に評価を下す教師に感銘を覚えたこともある。そして教育評価を言うとき、私は一つの逸話を思い出す。それは、時代も状況も今日とは違うが、教育における評価の在り方を考える際の指針を示していると思うのである。

明治十年代のこと。早稲田大学の学長も勤めた商業史・経済史の先駆者平沼淑郎《よしろう》博士（一八六四〜一九三八）の学生時代の逸話である。法制史の瀧川政次郎博士（一八九七〜一九九二）が紹介しておられるので、一部を引用してみたい。

「（平沼）先生が東京大学で学ばれた頃には、漢学の盛んな時代であったから、漢文を読解する試験の外《ほか》に、漢文を作る試験があった。担当の教官は、岡松参太郎博士の厳父である岡松甕谷《おうこく》（「ようこく」

とも）先生であった。〈中略〉平沼先生が出された漢作文には、七点という点が与えられた。平沼先生は、これは甕谷先生が百点満点を十点満点と間違えておられるに相違ない。しかし一往念を押しておかなければならないと、一日甕谷先生を訪ねてその旨を話された。すると甕谷先生は、『百点満点であることはわかっとる。だから君は七点だ』と言われた。気を負うておられた若い平沼先生はムッとして、『然《しか》らば先生がお作りになれば何点ぐらいになりましょうか』と問われた。甕谷先生は平然として『そうさな、わしが作れば三十七、八点ぐらいかな』と答えられた。平沼先生が重ねて『それでは誰が七、八十点の得点を獲ることができるのですか』と問われると、甕谷先生は、『まず韓退之〔愈〕・柳柳州〔宗元〕かの』と言われた。これには平沼先生も聊《いささ》か毒気を抜かれて、『先生、それでは我々は及第することができません』と言うと、『うん、そうか。そんなら七の下へ十の字をつけておけ』と言われたという」（『経済史学』十二輯、昭和三十九年）。

これはまさに絶対評価である。史上最高位の者を七十〜八十点に位置づけ、自分をその半ば（三十五〜四十点）に位置づけているのであるから、平沼淑郎博士はよほどの実力であったか、将来を見込んで甕谷先生が高めの評価を与えたか、どちらかであろう。絶対評価では百点満点の七点というのも、考えようによっては極めて高い点数なのである。

甕谷岡松辰（一八二〇〜一八九五）は、現在ではあまり知られていない人物であるが、幕末から明治前期にかけて第一等の評価を受けた漢学者である。豊後（今の大分県）高田に生まれ、英蘭二国語にも通じ、熊本藩に儒者として仕えた。維新後、大学少博士を経て、明治十五年には東京大学の文学部に付設された古典講習科（この卒業生から萩野由之《よしゆき》・和田英松・市村瓚次郎《さんじろう》・岡田正之・瀧川亀太郎等々の逸材が輩出している）の教授に名を連ねるなど東京大学から招聘されたが、大学と意見が合わず短期間で辞職している。学士院の前身・東京学士会院の会員であった。その長子岡松参太郎博士（一八七一～一九二一）も、京大教授から帝国学士院会員に列した民法の大家であった。因みに四男匡四郎《きょうしろう》（一八七六～一九五九）は、明治憲法の起草者の一人で第二次伊藤内閣のときに文相を勤めた井上毅《こわし》（一八四四～一八九五）の養子となった。なお、平沼淑郎博士は、検事総長、大審院長、首相、枢密院議長を勤めた平沼騏一郎《きいちろう》の実兄である。

次に時代は千年ほど昔に飛ぶ。貞観《じょうがん》十二（八七〇）年、のちに学問の神となる菅原道真（八四五～九〇三）は、当時の文官系国家試験である方略試《ほうりやくし》を受けた。時に二十五歳。試験官は問頭博士《もんとうのはかせ》といって都良香《みやこのよしか》（八三四～八七九）が勤めた（当時の名は言道）。良香は『倭漢朗詠集《わかんろうえいしゅう》』に「気霽《は》れては風《かぜ》新柳の髪《かみ》を梳《けず》り、氷消えては浪《なみ》旧苔の鬚《ひげ》を洗う」の詩が見える。『十訓抄《じっきんしょう》』によると、良香が羅城門を過ぎるとき上句を詠ずると、楼上の鬼が下句を付けたという。鬼神をも驚かす天才だったのである。その良香の前に、更に才能豊かな若き道真が対策文《たいさくもん》を提出した。課題は「氏族を明らかにす」と「地震を弁ず」の二題。本年（平成七年）一月、阪神淡路大震災が発生したが、当時もまた京都近辺で地震が多発していた。良香の問題と評定は『都氏文集《としもんじゅう》』（群書類従所収）に、道真の対策文は『菅《かん》家文草《けぶんそう》』（日本古典文学大系所収）に見える。道真の文章は流石に見事である。一方良香の評は、全文四百三十五字。その大部分を道真の文章の欠陥の列挙にあて、最後に次のように締め括っている。

況《いわ》んや亦病累《またへいるい》頻発し、格律《かくりつ》に乖違《かいい》す。然れども詞章を識《し》る、その体《てい》観るべし。令条《りょうじょう》に准ずるに、文平らかに理粗《ほぼ》通ず。仍《よ》って之を中上に置く。

方略試の成績は上上、上中、上下、中上の順で、それ以下は落第である。百点満点に換算すれば、上上が八十点以上で、中上は五十点であろうか。成績の基準については、養老の考課令に次の規定がある。

凡《およ》そ秀才には方略の策二条を試みよ。文理倶《とも》に高くば上々と為《せ》よ。文高く理平ら、理高く文平らならば上中と為よ。文理倶に平らならば上下と為よ。文理粗通ずるは中上と為よ。文劣《つたな》くして理滞《とどこお》れば皆不第《ふてい》と為よ。

『都氏文集』には、他に阿衡の紛議で有名な藤原佐世《すけよ》ら三人の評を載せているが、それらとの比較から言っても、道真の中上は辛い。後年の実績に照らしてもこの評価には納得しがたいものがあるが、よく読むと、上下と中上の中間と言いたいらしい。ともあれ、ここでも上上は当時の中国を代表する文人のレベルにおいていることが理解される。

学問を身につけることを、「何学に通ずる」とか「通暁する」とかいうが、どのようなものを「粗《ほぼ》通ず」とみなすことができるのであろうか。再び近代に戻って、一高、東大で東洋史を講じた箭内《やない》亘《わたり》博士（一八七五～一九二六）の逸話を紹介してみよう。

箭内博士は試験において、西暦何年とか、何の年号の何年ときちっと年まで書く答案は、単なる暗記として斥《しりぞ》けたという。いかに正しくとも、一時の暗記で試験に臨むような者は、物事の本質を問い、歴史の中での位置づけをしっかり把握し、生涯に亘る学問の基礎を築く姿勢が見られないからである。一方第何世紀の中葉であるとか、江戸時代後期の文化文政の頃といった押さえ方で示す者は、論の展開如何にもよるが、一生を貫くしっかりした理解を構築しているとみなして高く評価したという。

この話も瀧川博士に聞いた話であるが、いかにも優れた評価法である。今日の多くの教師の評価には、この箭内方式がどこかに継承されているように思われるが、受験対策のためか、表面上の正しい・正しくないで判断する傾向が強まっていることは、何よりも悲しい。優れた文章を読み、優れた思索に学び、甕谷流の絶対評価ができるまで視野を広げた上で、児童生徒の将来を見据えた評価をしてみたいものである。私などは相対評価すら苦手であるが、大学での試験の採点では百点満点を腹の中で千点満点と読み換えて自己に対する評価を下し、それとの対比の上で答案を見、その将来性を勘案して点を与えるようにして以来、多少は恰好がついてきた。一見現実離れしているかに見える甕谷流の絶対評価ではあるが、現在でも何かしら参考になるところがあるのではなかろうか。

（国立教育会館通信３６１号、平成七年四月）

# 古事類苑と西村茂樹

　近代日本の学術・文化を論ずる際、逸することのできない人物が西村茂樹であり、書物では『古事類苑』である。共に教養ある人々の脳裡に深く刻みこまれた名で、現今その言説や注釈資料を使いこなせなくなった分、世は浅薄となったのではなかろうか。その上、両者は人ならば親子にも比すべき関係にある。

『古事類苑』とは、明治前期から編纂され、大正の初めに神宮司庁から刊行された全五十冊（別に索引一冊）からなる大百科辞典である。例えば、帝王部十九「皇后上」（明治二十九年刊）を見ると、まず概要が述べられ（三ページ分）、第一の項目「称呼」では、『新撰字鏡』『字鏡集』『令義解』『西宮記』を始め八種の基本文献と、参考として四種の漢籍、一種の注釈書（ここでは『古事記伝』）が引かれており（三ページ分）、次の項目「立后儀」でも、「儀式」「新儀式」以下十七種の基本文献が引かれ按文が二箇所に見える（十五ページ分）。以下十五項目（二十七ページ分）を以てこの巻は構成されている。

　このような形態の資料集を漢籍の分類では「類書」という。「類書」とは、近藤杢《もく》『支那学芸大辞典』（昭和十一年）によれば「経史子集の事物を類別して一編と為す者」をいう。中でも『古事類苑』一千巻は、十八世紀初頭に清朝が編纂した『古今図書集成』一万巻に次ぐ大部の類書である。わが国古典の解釈に必要な語彙を立てて項目とし、その典拠や注釈を示す文献の抜粋を網羅した資料集であり、わが国の学問の粋を聚《あつ》めた代表的書物と称してよい。

この大百科辞典の編纂事業は、実は明治十二（一八七九）年三月八日の文部大書記官西村茂樹の建議を受けて始まったものである。そこには既に、書名は『古事類苑』、巻数は三百冊（但し当時の和本を想定）、内容は慶応三年までのすべて、編集者は三人（下に助手がつく）で、それぞれが毎年十冊編集して十年で完了ということまで述べてある。文部大輔田中不二麿は（当時は文部卿を欠く）これを直ちに採用し、編纂に着手することとなった。

ところで、『古事類苑』の編纂事業には前史がある。大槻文彦の『言海』完成祝賀会での西村茂樹の懐古談に、明治六年の文部省出仕に際しての文教上の事業計画が述べられている。次の六項目である（『泊翁西村先生』）。

（一）文章と仮名遣いの一定。
（二）学術用語と外国の地名・人名の一定。
（三）日本史教科書の叙述形式の改良。
（四）国語辞典の作成。
（五）エンサイクロペディアの編纂。
（六）日本語による大学での講義。

このうちの（五）が明治十二年の『古事類苑』の建議へと繋《つな》がるのである。

大編纂物には必ず中心人物の更迭《こうてつ》あるいは死去があり、完成に先だって計画の見直しが求められ、最終の設計図を引く大編集長が出現するものである。中心人物の更迭・死去の例といえば『類聚国史』における菅原道真であろう。計画の見直しは水戸の『大日本史』にもあり、大編集長といえばイギリスのOEDのアーサー・マーリーを挙げることができる。この点『古事類苑』では、計画者であり初期の推進者であった西村茂樹の早期転出と完成にやや先行する薨去があり、見直しは文部省、皇典講究所、神宮司庁と編纂母体が変るごとになされたが、最後に大変革が加えられる。そして大編集長佐藤誠実の学識と実行力によって今見る形となり完成するのである。

漢学を安積艮斎《あさかごんさい》に、国学を黒川春村に学んだ佐藤誠実は、改めて全体の統一を図り、すべての原稿を入念に校閲した（晩年は高弟の松本愛重が代行したために既存の原稿はほとんどが廃棄された）。西村茂樹は晩年「余が文部を去りし時は、此書の浄書を畢《おわ》りたるもの八十巻、校正を畢りたるもの八十巻、草稿の成りたるもの弐百巻あり」と述べている（『往事録』）が、これらもほとんど廃棄されたであろう。

文部省の事業が皇典講究所へ移ったのは、元来が文部省は監督官庁であっていずれ事業所を外部に求める考えがあったことと、皇典講究所は東京大学文学部古典講習科と並んで国学再興の拠点を目指しており、古典講習科廃止の後、その講師・修了者を糾合して国学院を発足させようとしていた時期と重なり、その人と力を結集したが、幹部の相次ぐ死去と財政難から蹉跌を来たした。これを神宮司庁が引取り、佐藤誠実を抜擢するのである。原稿買取り方式の採用は提出の進捗と資料の博捜を促し、佐藤誠実の校閲は資料厳撰の徹底と内容の向上を生んだ。

明治十二年は、西村茂樹五十二歳、佐藤誠実四十一歳。その時点で二人が組めば西村茂樹の生前に、六項目の計画の一つが理想的な形で世に出ていたことであろう。好事魔多し。明治三十五年に西村茂樹は世を去り、同四十年、衰弱甚だしい佐藤誠実のため編纂修了式を催すが翌年死去する。その後、同四十四年に稿本が完全に成り、大正二年に事業は完了する（索引は大正三年）。『古事類苑』は、西村茂樹が手がけた多くの事業の中でも最も大きな功績に数えてよいのではなかろうか。

（初出不詳）

# 国際舞台での落第点を覆す——Z項の発見

昭和十二（一九三七）年、文化勲章が制定された初めの年に受章したのは、次の九名であった。長岡半太郎、本多光太郎、木村栄《ひさし》、佐佐木信綱、幸田露伴、岡田三郎助、竹内栖鳳、横山大観、藤島武二。いずれ劣らぬ大家揃いであるが、一人「木村栄」だけは首をかしげる人が多いのではなかろうか。しかし『日本史B用語集』（山川出版社）によると、高校日本史B十九種中十八冊に登場しており、この時期を代表する文化人なのである。とはいえ、明治の文化人の項で、「木村栄、緯度変化のZ項の発見」などと一覧表に記す程度でどのくらいの理解が可能であろうか（十年ほど前までは「Z項の発見」としかなかった）。国際舞台で活躍したこの偉大な科学者の生涯を振り返ってみたい。

木村栄（一八七〇～一九四三）は、明治三年九月十日、のちの金沢市泉野町《いずみのまち》に篠木《ささき》庄太郎の二男として生まれ、同七年桜畠（同市寺町辺）の伯父木村民衛《たみえ》の養嗣子となる。第四高等中学校（のちの第四高等学校）を経て、同二十五（一八九二）年帝国大学理科大学星学科を卒業、続いて六年間大学院に籍をおいた（昭和十八年九月二十六日没）。

金沢時代の友人西田幾多郎は、少年時代からの個人的な思い出を綴っている。

木村君と友達になつたのは、私が上山小三郎といふ先生の所へ、数学を教はりに行つた時からのことである。……御互に十三四歳の頃であつたと思ふ。……それから私が四高の前身の専門学校に補欠で入つた時は、木村君は一、二級上の組にゐた。その後私は色々迷うたが、木村君は順当に理科に行き、大学も私より二年程前に出た。……木村君は文学などの方はあまり趣味はなかつたが、数学の才があつて、実に綿密に精確に根気よく仕事を続ける人であつた。（「木村栄の思出」『思想』二六一、昭和十八年十一月）

そのほか「私共の友達仲間では、故藤岡東圃が体格の悪い一番で、君はその次と云ふことになつてゐた。併し君は東圃とは異つて、元来さう病弱と云ふのではなかつた。」（東圃は藤岡作太郎の号）などというところに少年時代以来の木村栄の風貌が窺える。

大学院では寺尾寿《ひさし》、田《た》中館《なかだて》愛橘《あいきつ》に師事して位置天文学および地球物理学を専攻、傍ら「震災予防調査会における緯度変化の観測に従事した。震災予防調査会は、田中館愛橘が英独留学を終え、帝国大学理科大学教授に就任したばかりの明治二十四年十月、濃尾大地震を視察、そこで根尾谷の大断層を発見して震災予防を研究する国家機関の必要を痛感したことから、菊池大麓らと設立（明治二十五年六月）したものである。さて、木村栄の主たる研究対象である「緯度変化」とは何か。天文学に不案内の筆者には正確に説明できるか心許ないが、次のようなことであるらしい。

つまり、地球上の経度・緯度は、無地の地球儀に線を引いて示すのは簡単だが、具体的な地形を、経度・緯度に合わせて位置決定するにはどうしたらよいのか。あるいは東京都港区麻布台にある旧東京天文台構内の日本経緯度原点が東経＝一三九度四四分四〇秒五〇二〇、北緯三五度三九分一七秒五一四八であることにどうしたら求められるのか、と問い直してもよい。地球が完全な球体で正確な軸運動をしているなら、天体の観測だけで求められる。ところが地球は洋梨に近いいびつな形（地心からの距離が地表の地点によって異なる）をしているうえ、太陽や月の引力を受けて、独楽《こま》の軸がぶれるように地軸は微妙に（しかし周期的に）揺れながら味噌擂《す》り運動をする（これを極運動という）。十八世紀にオイラーは、地球が剛体で、他の天体の引力影響を受けないときは、三〇五日の周期で極運動がなされると予言し、一八八八年にはドイツのK・Fキュストナーが観測によって地球の極運動による緯度変化をデータと共に指摘、それは、その翌年の各地の天文台での観測によって確認された。つまり、精密な観測と計算によって北極の位置を求めると、北極は毎日微妙に位置をかえるのである（そして一定周期でもとの位置に戻る）。したがって地表の緯度は、地球の両極を結ぶ自転軸（便宜、赤道面で代用）とその地点の鉛垂線との角度で求める限り、日々微妙に変化することになる。そしてこの周期は、一八九一年に至り、アメリカのS・Cチャンドラーが、地球は剛体ではなく地殻とマントルが弾性的変形をするうえ海洋の影響も受けることに留意し、観測により約四三〇日と算出したことで漸く決着をみた。

一八九一年は、田中館愛橘帰国の年であり、木村栄の大学卒業の前年である。一躍世界的関心事となった「緯度変化」の研究に田中館愛橘がとびつき、大学院へ進んだ木村栄がその研究に加わることは、ごく自然の成りゆきと言ってよい。木村栄が大学院に進学した明治二十五（一八九二）年、田中館教授は万国測地学協会の委員となって緯度変化の観測を引きうけ、木村栄にその仕事を命じたのである。

明治三十一（一八九八）年、ドイツのシュトゥットガルトで開かれた万国測地学協会の総会に、田中館教授は委員として、また木村栄も臨時委員として出席した。その会議で、緯度変化の国際共同事業化のために、地球上北緯三九度八分に数か所緯度観測所を設けることとなり、田中館教授の尽力で教授の郷里に近い岩手県水沢に一か所置かれることとなった。そして翌三十二年、文部省所轄の臨時緯度観測所として発足（その後、国立緯度観測所を経て、現在は国立天文台の一部局たる水沢観測センター）、所長には一年間ドイツで中央局勤務を経験した木村栄が就任した。

　明治三十二年秋、中央局から配布された大天頂儀を携えて帰国した木村栄は、同年暮から他の観測所と同じく実地観測を開始した。満一年を経過した時点で、ドイツの中央局は、世界六か所の観測所の結果を集計して地軸の揺動を算出すると共に、各観測所の観測精度の採点を公表した。それによると、唯一非ヨーロッパ社会のわが水沢は五十点であった。落第点である。当初ドイツ人技師の派遣を計画していた中央局の申し出を拒絶したこともあって、国家的面子《めんつ》の問題となり、田中館教授と共に木村栄も辞表を懐に組織の名誉と個人の責任を全うせんと、日夜解明に没頭した。そして、ついに木村栄は、それまで緯度変化は地球を剛体と見倣して$\Delta\Phi$《デルタフィー》 $= X\cos\lambda$《ラムダ》 $+ Y\sin\lambda$で求められていたものを、チャンドラー理論に拠り流体核をもつ弾性体と見て更に「Z項」を加える数式を立てることで解決を図った（$\Delta\Phi = X\cos\lambda + Y\sin\lambda + Z$）。その結果、一段と精度を高めることとなり、他の観測結果との調和も高次元で保つことができるようになった。ここに緯度変化の理論は完成し、ドイツの中央局は面子にこだわることなくこの新理論を採用した。

　これが所謂、「Z項の発見」（明治三十五年一月）である。これによって木村栄は学位を得たのを始め、英国王立天文学会の会友となり、明治四十四（一九一一）年には帝国学士院は第一号の恩賜賞を授けてその栄誉を称えた。その後、第一次世界大戦で緯度観測は支障を来たし、そこで大正十一（一九二二）年に、ローマで地球物理学同盟・万国天文学同盟の合同会議が開かれ、木村栄は議長となり、ついで国際的緯度研究の推進を図る合同委員会の委員長および中央局長に選出された（その結果、水沢の観測所が中央局となった）。そして直ちに南半球を含む八か所からなる観測体制を調え、昭和十一年に水沢の所長を辞すまで国際舞台でのリーダーを勤めた。これに対し、英国王立天文学会は天文学のノーベル賞といわれる同学会金牌を贈り、わが国は新設した文化勲章を授与したのである。

因みに、師の田中館愛橘も娘婿茅《かや》誠司も共に文化勲章に輝いたが、三人共、行政手腕のある研究者・教育者であった。奇しき因縁というべきであろう。

最近、ともすれば官僚や教育界、大企業等に常軌を逸した不祥事や対応のまずさゆえの不評が聞かれる。組織としての責任と個人の関わりについて発言しようとした所以である。ここでは実際に組織の名誉を守った個人を取り上げてみた。振り返って、千年ほど前、律令法では官僚のミスは同職の者が連帯で罰を受ける同司犯公坐（連坐制）の規程を設けていたが、とにかく官官相為（官同士が庇い合うこと）では事は成就しない。組織の名誉は個人の責任ある努力によってのみ維持できるとの、今も昔も変わらぬ事実を指摘したい。

（国立教育会館通信３６８号、平成七年十一月）

# 大知恵・小知恵

十二月になると、親しい者同士で今年（平成十一年）の十大ニュースを語り合うが、今年あたりは、「この一世紀はどんな世紀だったのか？」といったテーマを語り合うのもよいであろう。しかし、二十世紀を一言でどう言い表わせばよいのか。これは、なかなか難しいテーマである。例えば、正しくトレースしていないが、「人間ってすごいなあに始まって、人間ってだめだなあに終わった世紀」というのは、どうであろうか。「戦争の世紀」よりは共感するところがあるのではなかろうか。そしてもっと言えば、「すごいなあ」と「だめだなあ」は決して一方向にだけ動いたわけではない。この二つが綯《な》い交《ま》ぜ状態で進み、初期においては「すごい」が勝り、晩期になるほど「だめ」が勝って行ったということではなかろうか。

振り返れば、大きくは前世紀まで殆ど見られなかった大量破壊兵器の登場により、悲惨極まりない近代戦争や地域紛争が時を選ばずに起こり、身近にも、食品や雑貨、あるいは自動車から建材まで、ありとあらゆる生活用品を発生源とした化学物質等による環境破壊が進み、緑の惑星から住みにくい地球へと変わって行ったのも、この一世紀のような気がする。

そして、教育も変わった。文盲率が高く、就学率の低かった前世紀から、世界全体が教育の機会均等、就学率の向上目ざして取組んだ一世紀であったと思う。しかし、今世紀の末になって、いじめ、登校拒否、学級崩壊、基礎学力の低下などが話題となり、主として学校教育に暗い影をおとし始めている。

これら、今世紀末の諸問題に対し見事成功を収めている人々は、世の流れというベルトコンベアーに、無批判的に乗っている、あるいは乗せれば済むと考えて先のことは一切あなた任せにし、目の前の興味、関心にだけ対応して感情剝きだしの人生を送るのではなく、自分の直面している対象に全身全霊を傾けて取組み、更にその因果関係や影響関係を広く考慮している人、常に物ごとの原理原則にたち戻って考え行動している人であると言ってよかろう。タバコのポイ捨てをしない人、否、吸わない人、ビン、缶、塩化ビニール等の容器、袋を捨てない人と、何も考えずに行動する人の差は歴然としている。学校教育の場でも、相性という面もあるが、大きな視野に立ってよく勉強し、一生懸命取組んでいる教師との間にはトラブルは発生しにくいと言われる。結局、生活も教育も、あなた任せではなく、その根本から自分で考え、歴史の失敗や他人の失敗も含めて、成功の事例に学ぶだけでなく失敗からも学び、接する人全員の将来を深く考える、つまり愛情を持って接することに尽きるのではなかろうか。

ここでは、知恵を働かせたつもりが、よく考えてみると小さな知恵であったため失敗した例を二つ紹介したい。優れた人も、用意周到な人も、必ず失敗する。失敗は人間学校のよき教材である。失敗から何を学ぶか。失敗をどう処理するか。何に生かしていくか。そこが肝要なのであろう。

その一は、戦災から免れ、編纂の二十五年後に刊行された『満州建国十年史』（昭和四四年、原書房刊）に付された、原著編集長瀧川政次郎博士の「序と解題にかえて―追憶と感想―」の中に見えるものである。やや長くなるが一部を引用したい。

松花江に望む吉林市には、建国以前から税務署があって、吉林省の奥地の樹海から木材を伐採して、それを筏に組んで流す木材業者から、税金を徴収していた。その税務署は建国と同時に満州国に接収せられ、内地から赴任してきた大蔵官僚がその署長となった。建国前においては、筏に組まれた木材の本数をかぞえ、その本数によって税金を徴収していたのであって、木材の大小長短は敢えて問うところではなかった。日系官吏の署長は、これを不合理として、吏員を増員して木材の才量を測り、石数によって課税することに改めた。すると、両三年のうちに、今まで青々と茂っていた吉林付近の山々は伐採せられて丸坊主となり、水害の恐れすら生ずるに至った。従来伐採業者は、太い木も、払い下げ料は均一であるから、森林の奥深く分け入り、できるだけ大きい樹を見つけてこれを伐採し、江岸に運搬していたのであるが、石数によって徴税せられるということになれば、大木を求めて遠くへ行く要はない。吉林の近くに生えている樹を大小に頓着なく伐採して筏に組んだ方が利益であるから、吉林付近の山々の樹は、見る見るうちに伐採業者に依り伐り尽くされて、禿山となり了ったのである。署長は驚いて旧制に復せしめたが、一旦伐った樹は、数十年を経過しなければ、原状には復しない。日系官吏の眼に不合理と映じた旧法は、人間の私欲心を巧みに捉えて、濫伐を防ぎ、森林を保護する極めて合理的な良法であったのである。

次には、自然保護の活動家として知られたアメリカ人ジョン・H・ストアラーが著わした四十年以上前の一般向け読み物でもある生態学入門『自然と生命のパレード』（原題「生命の織物」、浦本昌紀訳、昭和三十六年、白揚社刊）の口絵図版説明を紹介したい。写真は広大な禿山が続く山脈の様相を示している。そこに、次の説明文が付されている。

テネシー州銅の谷の浸食：この土地が砂漠となったのは人間のせいです。ここもかつては森林におおわれていましたが、森が銅の精錬所から出される酸で枯れてしまったため、土壌は水を貯えたり、生物を養ったりする能力を失ってしまったのです。この土地にもういちど木を植えようという試みが、これまで何度も重ねられてきましたが、いつも失敗に終わっています。

更には、本文に次のような記述も見られる。

いくつかの都市が川の流域に発達しはじめた頃には、この川の汚染は重大な問題ではありませんでした。……バクテリアに酸化され、水草の肥料となり、川の砂礫の間でこされて、つぎに使う人びとのところに着く時には充分に清浄な状態になっていたからです。しかし、都市が増大し、そこから放出される廃物がふえると、……とても持ちきれないほどの荷物で水はいっぱいになりました。……この河川の汚濁ということは、森林の伐りすぎとか、良い土地の誤った管理とかいうことと同じように、基本的な天然資源を真に破壊してしまうことなのです。

これらは、今更何を、という事例ばかりであろう。しかし、この失敗は必ずしも克服されているとは言えない。そして、結果は失敗であっても、発想の多くは、良かれと思い、人々のためになると思い、素晴らしい思いつきだと判断して始められていることが多い。しかし完全な失敗であり、取り返しのつかない失敗である。恐らくその過程で、目先の人間関係に流され、根拠を失った単なる妥協に走り、あるいは一人の功利に急《あせ》った人物の迫力に押され、自らの判断に蓋をした部分があった結果であろう。

教育の場においても、目先の人間関係や短期間での評価に気を取られると、大きな失敗に繋がり兼ねない。酷《きび》しい態度を貫く教師は何かと批判され、児童生徒、延《ひ》いては父兄からの評価がよくないことが多いが、長じて振り返ったとき、友達同様であった甘い教師に比べ、再評価されることが多いと言えよう。勿論、酷しいという見かけと共に、日ごろの勉強と長期的視野に立った教育観、加えて溺愛とは違う深い愛情が備わっていなければならないことは言うまでもないが、これからも、そのような教師が多く教育に携わることを期待したい。

（国立教育会館通信４１６号、平成十一年十一月）

# 単位とアカデミー・クォーター

私は、4単位というのは、予習・復習を必要とする科目の場合、年間に週二時間の授業を受け、更に二時間予習復習をすること、と推測している。

言うまでもないが、右の推測は大学設置基準の定めるところとは合致しない。現行の設置基準には、

第二一条　各授業科目の単位数は、大学において定めるものとする。

2　前項の単位数を定めるに当たっては、1単位の授業科目を四十五時間の学修を必要とする内容をもって構成することを標準とし、（中略）次の基準により単位数を計算するものとする。

一　講義及び演習については、十五時間から三十時間までの範囲で大学が定める時間の授業をもって1単位とする。

二　実験、実習及び実技については、三十時間から四十五時間までの範囲で定める時間の授業をもって1単位とする。（以下略）

と規定されている。

法文は読んだだけでは直ちに理解しがたい面があるが、改訂の跡を追うことにより、変遷の大筋と共に解釈が見えてくることがある。まず昭和二十二年七月、新制大学の発足に合わせて定められた大学基準（大学基準協会決定）を見ると、次のように記されている。

七　授業科目及びその単位数決定は下の基準に依る。（1、2略）
3　（略）各科目に対する単位数は次の基準に依って計算する。
イ　講義に対しては一時間の講義に対し教室外における二時間の準備又は学習を必要とすることを考慮し毎週一時間十五週の講義を1単位とする。
ロ　数学演習の如き演習は二時間の演習に対し一時間の準備を必要とすることを考慮し、毎週二時間十五週の演習を1単位とする。
ハ　化学実験、機械実験、農場演習、工作実習、機械製図の如き実験室又は実習場における授業に対しては、学習は凡て実験室又は実習場において行われるものであることを考慮し、毎週三時間十五週の演習又は実習を1単位とする。

これが昭和二十二年十二月の改訂で、新たに七の2として「大学は体育に関する講義及び実技各2単位以上を課することを要する」が挿入され、同二十五年六月の改訂で「一般教育科目の授業は各科目とも4単位以上とすることを本則とする」および「大学は（略）二つ以上の外国語について、夫々8単位以上の授業を必ず用意しなければならない」が加えられた。また同二十六年六月の改訂では、上の5のロが「演習については、数学演習の如き演習は二時間の演習に対し一時間の準備を必要とすることを考慮して毎週二時間十五週の演習を1単位とし、哲学演習又は法学に関する演習の如き演習は一時間の演習に対し二時間の準備を必要とすることを考慮して毎週一時間十五週の演習を1単位とする」と改められ、一般教養科目の呼び方が一般教育科目に改められた。しかし他は殆どそのままでただ七の3の主文が「（略）各授業科目に対する単位数は、1単位の履修時間を教室内及び教室外を合わせて四十五時間とし、次の基準により計算するものとする」に改められ、ほかは条文の表現に若干手が入った程度で、昭和三十一年十月に文部省令の大学設置基準に格上げされるのである。

その後、大学設置基準の単位に関する部分は、昭和四十五年八月に、一般教育科目4単位以上、体育の講義・実技各2単位などの規定が、現行の「……大学において定めるものとする」に改められたのを除けば大幅改訂のないままに過ぎ、平成三年六月の大改訂に至ってすべてが現行の条文に改まるのである。

以上の検討から言えることは、仮に一般教育科目に限って単位の計算法を探ってみても、戦後は一貫して、十五週、教室の内外で四十五時間の授業と学習（準備）をする、というものを1単位と数えていることになる。大学の1コマの講義は、九十分授業か百分授業で行われているので、九十分授業の場合、十五週で実際には1・5単位分となる。逆の言い方をすると、十週で1単位となり、百分授業では九週で1単位となる。一方、大学設置基準では「一年間の授業日数は、定期試験等の日数を含め、三十五週にわたり二百十日を原則とする」（二十七条）と規定されている。百分授業の場合、三十六週（九十分授業では四十週）で4単位分と計算できるから、ほぼ合致するとは言えるが、どこか計算基準に無理があるように思えてならない。更に歴史を遡ってみよう。

一般の教育辞典などの説明では、わが国の単位制は、戦後、アメリカから導入されたと記される。一方、単位制というものは、十九世紀末のアメリカの大学に起源をもつものと言われている。すなわち、チャールズ・W・エリオット（一八三四〜一九二六）がハーバード大学の学長（一八六九〜一九〇六）となって以来、時間を単位とする授業の選択制（その前提としては各授業の等価性が求められる）、つまり単位制（uni system）が普及していったようである。またエリオット学長は全米教育協会（NEA）の十人委員会の委員長として一八九三年に中等教育での選択制を提唱、これは一八九九年の同協会大学入学要件委員会の報告で中等教育での標準単位の提示として盛りこまれ、エリオットが一九〇六年に創立されたカーネギー教育振興財団の議長になると、大学入学資格を14単位と定めるなど、中等教育での単位制の確立にも尽力した。

こうして二十世紀初頭には、アメリカでは大学でも高校でも単位制が根づくこととなったが、実はわが国でも一部にそれが取り入れられていた。『東京大学百年史』部局史一に、次の記述が見える。

明治三七年（一九〇四）には文科大学に久しぶりの大改革が行われた。これは従来の九学科制を統合して哲学科、史学科、文学科の三学科とし、また学年制の代わりに単位制を採用するものである。

哲史文三学科が確立すると共に単位制が導入されていたのである。ただ、これを導入した経緯についての詳細は寡聞にして知らない。

しかし、その頃の欧米の大学制度を紹介した文章の中で興味深い指摘がある。アカデミー・クォーターの紹介である。

このクォーターは十五分の意味で、かつて教授は授業の初め十五分と終わり十五分、コーヒータイムを取ることができたといわれる。そして今でも大学の一回の講義を「二時間」と称していることと考え合わせると、九十分授業こそアカデミー・クォーターを盛りこんだ形なのである。百分授業であれば十分は遅れて教室に入っても黙認されるという伝統の根拠も、アカデミー・クォーターにあると言えよう。
大学設置基準が十五週にこだわるのは、アメリカ等で最も一般化しているのが三学期制であることに由来するかと思われる。しかし四学期制もあれば、我が国で多く見られる二学期制もある。十五週とか三十五週とかの呪縛から放れて、アカデミー・クォーターをキーワードに単位制を考えてみると、授業は二時間であり、一般教育科目や専門科目の受講者は更に最低二時間（多ければ四時間）の準備（学習）をして初めて1コマの講義が自己のものとなるのであるから、4単位なのであろう。昭和二十二年以来の学習指導要領一般編で定められた高等学校教育の四十五分授業についても、ことは同様に考えられる。

（国立教育会館通信380号、平成八年十一月）

# 夫婦の氏をめぐって

昭和二三年に戦後民法に切り換えられたわが国民法は、昨年春に国際的民法改正の機運を承けて改正要綱が発表されたものの、一年余りも棚晒しされたままになった。これは主として親族編に関し、いわゆる「夫婦別姓」等の理念的なものと伝統的なものとの乖離が調整されるに至らなかった結果であるが、余りにも身近な問題であるがために、誤解や無理解をそのままに放置して来た感が強い。ここでは姓氏に関する国際的・史的側面を取り上げてみたい。

最初に、いわゆるファミリー・ネーム（名字《みようじ》）に関する外国の例をいくつか紹介してみよう。

○ビルマにはいわゆる姓にあたるものがないので、彼女の名前はあくまでも「アウン・サン・スー・チー」と呼ぶのが正式で、……（根本敬『アウン・サン』）

○モンゴル人には本人の名前だけしかなく、姓氏はない。……かれらは必要なばあいにはそれぞれ、自分の名の上に父親の名をつけて区別している、……外国人は……をファミリー・ネームとして扱うから、……いつも父親の名で呼ばれることになる（田中克彦『名前と人間』）

○イギリス法は、……婦人は婚姻しても夫の氏を称する法律上の義務は負わない。しかし、婚姻すると妻が夫の氏を称するのが通例で（これは夫婦間の unity of person の結果だといわれた）、むしろ妻の権利であるとされている（『新版注釈民法21』親族Ⅰ　黒木三郎）

○ギリシアの外交官から聞いた……姓名標記法は、〈本人の名・父称・母称・姓〉であるが、ギリシアの旅券に母称を書いたものを私は見たことがなく、……女性は結婚すると……父称を夫の名にとり変えるとともに夫方の姓を名乗ることになっている（島村修治『世界の姓名』）

また中国では古来「同姓不婚」のタブーがあって、孫文と宋慶齢、晩年の毛沢東と李雲鶴（のちの江青）のように異姓の者が結婚し、姓は生涯変わらない。

このように、出自集団（誕生時に決まる所属する血族集団）の指標である姓を持ち族外婚（エクソガミー）を絶対視する国、家族の呼称である氏を重視する国、姓氏というものを持たない国、とさまざまなパターンがあることが知られる。このうち結婚と姓の関係については、かつては「同姓不婚思想が行われた東洋では夫婦異姓であり、夫婦一体のキリスト教的婚姻思想の西欧では夫婦同氏とするものが多い」（前掲『新版注釈民法21』）という傾向が見られ、例えばイタリア民法では次のように規定されていた。

一四四条　夫は家族の長である。妻は夫の市民上の地位に従い、夫の家名を採りそして夫がその居所を定めるにつき便宜であると信ずるところにはどこへでも夫に随伴すべき義務を負う。

ところが一九七〇年代から、このような西欧型夫婦関係には抜本的改正が求められるようになり、イタリア民法も、一九七五年に次のように改正された。

一四三条2　妻はその固有の家名に夫の家名を付加し、且つ寡婦たる身分の継続中再婚するまで、それを保有する。

一四四条　配偶者は彼らの間で家族生活の住所を協定し、且つ双方の要求および当該家族のより好ましい要求に従い家族の居所を決定する。

この世界的規模での民法改正の動きは、一九七五年の国連「国際婦人年」に続く、「国際婦人の十年」のいくつものアピールと、一九七九年に国連総会で採択された「女子差別撤廃条約」により、喚起され推進されたものである。わが国では一九八一年発効の差別撤廃条約を一九八五年に批准しているが、その一六条には、

1　締約国は、婚姻及び家族関係に係るすべての事項について女子に対するものとし、特に、男女平等を基礎として次の事を確保する。……

g　夫及び妻の同一の個人的権利（姓及び職業を選択する権利を含む。）

と定められている。しかし、西欧諸国が民法改正に踏み切ったのは、少なくとも差別撤廃条約の発効よりも早く、一九七五年のイタリア、オーストリアを初め、七六年に西ドイツ、八一年にデンマーク、八二年にスウェーデンと、軒並み大改正を行っている。

わが国は、憲法二四条に「夫婦が同等の権利を有することを基本として」と規定し、民法七五〇条に「夫婦は、婚姻の際に定めるところに従い、夫又は妻の氏を称する」と規定しており、実態はともかく、法律上差別撤廃条約に抵触しないこともあって、民法改正の動きは西欧より遅れ、平成三（一九九一）年一月になって、法務大臣の諮問機関である法制審議会に民法改正のための検討が委嘱された。

その後の経過はよく知られているように、同四年一二月に同審議会民法部会の身分法小委員会が「婚姻及び離婚制度の見直し審議に関する中間報告（論点整理）」を発表し、同八年二月に民法部会のま

とめた「民法改正案要綱」を長尾立子法相に答申した。しかし選択的別氏の導入をめぐり与党内の調整がつかず、平成八年の国会への法案提出は見送られた。そして平成九年三月現在、選択的別氏とせずに旧氏使用の届出制への部分改正により国会提出に持ちこもうとする自民党案が浮上してきた、という状況にある。

ここで、戦前までのわが国夫婦同氏の歴史を概観しておくと、淵源は明治の戸籍法・民法に遡《さかのぼ》る。わが国には本来、同姓不婚の慣行はなく、夫婦同氏とも無縁であった。源頼朝の妻は北条政子であり、足利義政の妻は日野富子であった。このうち頼朝に冠せられる「源」は源　朝臣《みなもとのあそん》という姓《かばね》であり、他は北条・足利とも名字《みようじ》と呼ばれる武家の家の名、日野は家名と呼ばれる公家の家の称である。『公《く》卿《ぎよう》補《ぶ》任《にん》』などに名を載せるときは、家名ではなく姓（一字に略されることが多い）と実名のみが記される。例えば明治元（一八六八）年の『公卿補任』に、

左大臣　従一位　藤道孝　二十九　氏長者
右大臣　従一位　藤実美　三十二　左大將

とあるのは、九条道孝、三条実美《さねとみ》のことである。この「藤」は姓である「藤原朝臣」の略で、朝廷の公式文書においては「藤原朝臣実美」などと記すが、一般には実名は口にしないので、「三条右大臣」などと呼ぶ。これを後世の歴史書では「三条実美」と家名・実名をセットにし、その読み方は、例えばアシカガタカウジのようにそのまま読むことになっているが、ミナモトノヨリトモのように姓（朝臣などは略す）と実名をセットにするときは、姓と名の間に「の」を入れて読むことを通例とする。

このようにわが国の家名や名字の扱いには、制度や慣行が錯綜して初心者を困らせる面もあるが、

再び夫婦の氏の問題に戻るなら、洞富雄氏も説かれるごとく江戸期の庶民も名字がなかったわけではないが、明治三（一八七〇）年に平民にも氏の使用を許した後、同四年四月四日公布の戸籍法（壬申《じんしん》戸籍、完了は翌年）で戸主にのみ「氏」を冠させ、家族には氏を冠しなかったため、未だ夫婦別氏の時代であるにも拘わらずあたかも夫婦同氏のように見えたのが、わが国近代家族制の淵源を形づくることになった（太政官は妻も終身実家の名字を使用せよと指令しているが、中川高男氏の研究によると、そのような戸籍はなかったとされる）。この慣行の上に、民法典論争を経て、明治三十一（一八九八）年に明治民法が定められ、ドイツ民法等西欧の民法を参照して夫婦同氏を明確に制度化したのであった。

これらの歴史にどのような理念を盛りこみ、次代の姓氏の在り方としての解答を出すのであろうか。

（国立教育会館通信３８５号、平成九年四月）

# ことばの玉手箱

## ◆となりの「しぼう」

「何々通り」に振り仮名を付けるとき「—どおり」と書くのは、昭和二十一年に現代仮名づかいが制定されたことに始まる。この仮名づかい法の原則は二つあって、一つは発音重視であるが、いま一つは旧仮名遣いの転用にある。

そこで、旧仮名で〈は〉〈ひ〉〈ふ〉〈へ〉〈ほ〉と書いた言葉は、一部を除き、原則として「わ」「い」「う」「え」「お」に変わる。うえの「通り」も第二の原則に従ったもので、「岩」、「貝」、「背負ふ」、「家」、「顔」もその例である。

さらに詳しく「ふ」を取りあげてみると、次の4種の変化が認められる。①〈イ段音＋ふ〉は「イ段音＋ゆう」となり、②〈エ段音＋ふ〉は「イ段音＋よう」となる。③〈ア段音＋ふ〉は「オ段音＋う」となり、④〈オ段音＋ふ〉も「オ段音＋う」となる。例を挙げれば、①には荻生徂《おぎゅうそ》徠《らい》、桐生市、丹生川、埴生《はにゅう》の宿、羽生市、柳生流などがある（言ふ・都《と》邑《ゆう》の〈いふ〉は「ゆう」となる）。②には蝶々、鴨脚《いちょう》、狩猟、業務、③には答弁、納入、大脳などがあり、④には桃生《ものう》城や竹の園生《そのう》がある。

という長い前置きが無いと分かりにくいのが、標記の「しぼう」である。これは「芝生」を先の例に準じて書いたもので、旧仮名の〈しばふ〉すなわち〈ア段音＋ふ〉は「オ段音＋う」になるのが規則通りの現代仮名づかいのはずである。しかし、〈エ段音＋ふ〉の武生市（福井県）のように〈たけふ〉で通す例外もあり、〝隣の「しぼう」〟よりは、〝隣の〈しばふ〉〟でよかったと思うのである。

◆うるう（閏）

いま洋暦で、四年に一度、二月の末に一日を加える年を「うるう」年という。日本が漢字文化に染まり始めた飛鳥奈良時代の紙片や木簡に、うるうを「潤」と書いた資料が見つかっている。「潤」とは水がうるおうことで、ここから「うるう」は出た。

中国の唐代は、例えば「見」が「現」と「見」両様の意味に使っていた時代から、分かりやすく分離する時代へ移る過渡期で、「閏」と「潤」にしても、一時うるうを「潤」と書いた時期があり、そのころ日本に導入され、のち中国でも「閏」に戻った。

中国の暦（太陰太陽暦）では一ヶ月を二十九日か三十日とするので（一年が三百六十日以下になる）、十九年間に七ヶ月分増やして調節する。その増やした二十九日の一ヶ月を「閏月」というのである。したがって『説文解字』に「余分の月」とあるのは正しいが、次に毎月朔日《ついたち》を告げる儀式をしないで王が門の中に篭るというのは牽強付会《こじつけ》だ。孕《はら》んでいるが正式の一ヶ月ではないから、門に「壬」（妊娠）を入れたのであろう。英語でもintercalationは中に入れる、leapは飛び越えるで、意味は近い。

◆十二支のサル（申）

平成十六年のエトは「甲申」、「キノエノサル」と訓《よ》む。

十干《じっかん》は五の倍数でできているので、五行《ごぎょう》を基本に兄（エ）と弟（ト）を付けて順序を表わす文字となった。五行は所謂《いわゆる》五行相生で、木・火・土・金・水の順である。

したがって、甲乙丙丁戊己庚辛壬癸（コウ、オツ、ヘイ、テイ、ボ、キ、コウ、シン、ジン、キ）はそれぞれ、十干のときだけ「キノエ」「キノト」「ヒノエ」「ヒノト」「ツチノエ」「ツチノト」「カノエ」「カノト」「ミズノエ」「ミズノト」と訓む。

本来、植物の成長を象《かたど》った文字群で、十までの順序を示すのに使われた。一ヶ月は約三十日であるから、甲骨文字の使われた殷や周の前期には、「上」「中」「下」とかぶせて月の中の日にちを示した。

一方、十二支は、同じころに十二ヶ月を示す文字群として使われ、両者を組合せた干支（エト）が暦学用語となった。

しかし、「子」を鼠、「申」を猿に当てるようになるのは、漢代に仏教が伝来した以後のことである。薬師如来《やくしにょらい》の眷属《けんぞく》である十二神将が台座や頭部に十二種の獣を飾ることから、それを借用して、ネ、ウシ、トラ、ウ……となったのである。

## ◆イラクの漢字表記

アメリカ合衆国を「米国」、イギリス（連合王国）を「英国」などと書くのは、外国国名の漢字表記による略称である。

しかし、今日では、外国国名は原則としてカタカナ表記をすることになっている。例外というのは、中華人民共和国や大韓民国といった漢字表記が定着している国であり、そのほか略号として慣行化している米・英・仏・伊・豪・印などに限られている。したがって、伯剌西爾・亜爾然丁・智利・秘露といった表記は、今日では通用しない（訓みは、上からブラジル・アルゼンチン・チリ・ペルー）。

とはいえ、今日最も注目されている「イラク共和国」の漢字表記ぐらいは知っておきたいものである。日本では余り使われないが、中国では「伊拉克」と書く。

ついでながら、イランは「伊朗」（日本では「伊蘭」）。

因みに日本語の表記と中国の表記はしばしば異なっている。中国でアメリカが「美国」、フランスが「法国」となるのは、それぞれ「美利堅」「法蘭西」と表記するからである（日本では「亜米利加」「仏蘭西」であった）。

### ◆ブス

ラッシュ時には流石に少ないが、電車・バスの中では、アナウンスどこ吹く風と、携帯電話をいじっている光景が目につく。しかし彼ら彼女らは、どういうわけか顔の造作に難がある。

「醜男」「醜女」を「しこお」「しこめ」と訓むが、「醜女」には「ぶす」という訓みもある。

醜女を「ぶす」という語源は、実はよく分からない。

英語ではアグリ（ugly）というが、「醜悪な」という意味では「基本」と同級のベイス（base）がある。近世初期に日本に渡ったポルトガル語やオランダ語にもあるが、バゼにはなってもブスにはならない。外来語でもなさそうである。

そこで思いつくのが、狂言「附子《ぶす》」で有名な「付子」である。付子はトリカブトの根で、「ぶす」はその唐音訓み。姓に毒島《ぶすじま》があるように、「人にも甚だ悪《にく》みきらうをば付子という」（『俚言集覧』）のである。毒とか憎しみの対象をいう語である。

主人秘蔵の水飴を留守中に失敬し、掛物や茶碗をわざと壊してお詫びに死のうとしたと弁解する。ふだんからこれは毒だと称していた手前、主人は怒るに怒れぬ、というのが狂言の骨子である。

どうやら「ぶす」は、ここから出ているようだ。

◆「バラ」と「ごみ」

日本語か外来語かよく分からない言葉がある。その一つが「バラ」ではなかろうか。

これは、仮名で書かれることが多く、漢字「薔薇」の音読（ソウビ。薔だけならショク）とも発音が離れているので、外来語かな？　と思ってしまう人が多いのではないか。

しかし「バラ」は、歴《れっき》とした日本語である。茨城県や大阪府茨木市の「茨《いばら》」と同じで、刺《とげ》のある花木をいう。「うばら」ともいい、語頭の「い」や「う」、特に「う」は発音されなくなることが多い（孫も元は「うまご」と言った）。

有刺鉄線つまり鉄条網をバラ線というのも、刺状の鉄線という意味から来ている。

日本語であることは分かるが、『広辞苑』級の大辞典でも説明が下手なため、すんなり理解できないのが、「ごみ」や「ごもく」の類である。

何よりもゴモクを「五目」と書くのは宛て字で、〝五つの品目を混ぜた丼〟などと説明するのは間違い。

「ごみごみした」や「ごまんといる」なども同じグループで、語源的には細かい種々雑多なものが混じり合っていることを表わす言葉である。

つまりは、こんなふうに関連づけて説明すれば分かりやすくなるのだが……。

◆あじさい

「あじさい」の時候となった。これに「紫陽花」という漢字を当てたのは、白楽天（七七二〜八四六）

らしい。中国では「八仙花」か「綉球花」が使われる（綉は刺繍の繍と同じ）。

『白氏文集』を見ると杭州霊隠山の招賢寺に紫色の芳《かぐわ》しい香のする花があり、名が無いので「紫陽花」と名づけたと注記した七言律詩がある（巻二十、巻末「紫陽花」）。紫は彼の好む神仙の色である。

これをわが国で平安時代の『倭名類聚抄』が記し、江戸時代の『和漢三才図会』が引いたため、一般化した。

この花は『万葉集』にも見え（巻二十、四四四八番歌）、

安治佐為の　八重咲くごとく　八つ代にを　いませ　我が背子　見つつ偲はむ

右の一首、左大臣、味狭藍の花に寄せて詠む。


とある。橘諸兄の詠である。和歌では万葉仮名で書き、左注では「アヂサアヰ」と当てているが、「あぢさゐ」である。一方『倭名類聚抄』は「安豆佐為《あづさゐ》」とする。

そこで、美味そうな藍色とか、色を集めた花とか説かれるが、実は「あぢ」という名の鴨《ともえがも》がより合ったような花という意味である。

また、シーボルトは愛人其扇《そのぎ》の本名滝からオタクサと名づけて紹介した。

## ◆土用鰻

江戸の鰻屋が、腐りやすい鰻を何とか一気に捌《さば》けないものかとエレキテルの平賀源内に相談すると、「今日は丑《うし》」と書いてくれたので、店頭に貼《は》り出したら客が押しかけ大盛況となったとの起源譚《たん》がある。

しかし、古く『万葉集』にも、

石麻呂に我物申す　夏痩せによしといふものぞ　鰻《むなぎ》取り召せ

という大伴家持の戯歌がある（巻十六、三八五三番歌）。起源は古いかも知れない。吉田石麻呂（または古麻呂）は、半島系の帰化人で名医の家柄。何やら皮肉っぽい歌のようでもある。

牛は五牲（神に捧げる獣）の一で、五行の〈土〉に配され、黒牛を最上のものとした。二黒土星である。黒い鰻から黒い牛へ、そして時恰《あたか》も土用へと繋がるのである。

中国では地方によって鵞鳥や粽子《ちまき》を食べ、半島の人もサンゲタン（蔘鶏湯）を食べる。共に夏バテ防止だ。

鰻の語源は胸黄というが、ナギ（椰）・ヤナギ・ウナギはナガくてべろっとした共通性があり（ナギ）、海のウを付けた。この時期、江戸前では餌を求めて鰻が中洲に集まり、身が充実して味がよい。

◆人名はむずかしい

アテネオリンピックで、競技と共に興味を持ったのは、一人の選手の名前だった。

阿武教子でアンノノリコと訓む。名乗のノリの字は、則儀憲範乗徳法矩規典刑紀式載令律など、乗る、法律、宣告に関するものに限る。教は教令の意味で、命令ではあるが法律にも近い。宣や祝の仲間だ。

問題は苗字の方で、「ノ」は藤原ノ道長や源ノ義経のノで、直接漢字の訓みと関係ないのだから、「武」をンと訓む理由が当面の課題となる。

実は、このンはムの転訛なのだ。muのuが落ちたタイプで、金武《きん》、喜屋武《きやん》が同じ仲間である。

因みに、阿野、阿蛭、阿武、阿保で、アンノ、アンビル、アンブ、アンボと訓む人がいる。しかしこれは、口を大きく開けるaから一時閉じるnやbに移るときの渡り音が絡み、例えばbはmbとなるのである。

昔、相撲で、雷電の次の時代に阿武松緑之助が出た。醜名はオウノマツと訓み、ムマ（馬）、ムメ（梅）と同様muのmが落ち、「アウ」が現代仮名遣いでオウとなったもの。

最後に付け足し。「北勝海」の「勝」は耐えるの意味で、「タフ」と訓み、船舶の積載量の限界を示すときなどに用いる。古語タフは現代仮名遣いでトウとなり、トウはときにトとなるため、ホクトウミになる。

◆酉の市

経済史家・宮本又次の『大阪今昔』によると、大阪は今宮などの十日戎《えびす》、京都は伏見稲荷などの初午、江戸は吉原などの酉の市を、三都の三大繁盛と称する。行事月は正月、二月、十一月と違うのに、十日戎と酉の市は似ているという。その上で、「酉《とり》の市」は「和市《わし》」に起源をもつ（瀧川政次郎説）と述べる。

和市とは、強市《ごうし》の反対語で、市の商いで、押し売り的に商売をするのが強市で、お互いに納得づくで値段を決めるのが和市、という。

和市を開く境内を持つ神社が「和市神社」で、いつしか「鷲神社」と書くようになる。武蔵野近傍には鷲が多かったことも関係していよう。「鷲神社」と書くようになって「おおとりじんじゃ」と訓み、「大鳥神社」とも書く。

今の東京都足立区花畑町の鷲神社で十一月に鶏を奉納する祭りがあって、祭りのあとで鶏を浅草寺に持って行って放した（放生会）。その祭り日には熊手やお多福面など縁起物を売る店が立ち、殊に熊手は、悪事を払い、福をとりこむといって商売人が求めた。

値の交渉がまとまるとシャンシャンと手を打って締める。

その後本家は吉原の鷲神社に奪われ、品川天王神社や新宿須賀・花園、目黒大鳥などの神社で見られる。

◆たくさん

「沢山」と書いて、音読みで「タクサン」と読むから、この字は漢熟語で、中国語から来ているのだろうと考えていたが、どうも違うらしい。日中辞典を引いても、日本語「たくさん」に対し、「許多」とか「很多」とか「够」や「太」を付ける語が示されているだけで、「沢山」はない。

『広辞苑』によると『平家物語』に用例があると見え、確かに一部の異本に「卓散」、『太平記』には「卓山」とある。ひょっとして、和製漢語ではないかと頭を拈《ひね》ってみると、思い当たる節がある。

『万葉集』巻一の、柿本人麻呂の長歌に「国はしも、さはにあれども」と見え、巻五の山上憶良の長歌にも「人さはに満ちてはあれども」とある。「沢」はこの「さは（サワ）」（多い）の宛字だったのだろう。

一方「山」は、「宝の山」といった「やま」で、物事の多く積み重なったことを言う。

中国では死語になった古い漢熟語が日本には「たくさん」ある一方、出生を吟味してみないと分からない、和製漢語も少なくない。中には中国へ逆輸入された和製漢語もある。例えば、解決、個体、出席、必要、目的、……。

このあたりが該当しそうだ。

（月刊「ゴロちゃん」感性生活科学出版、平成十五年十月から連載）

# 第二部　神社所蔵の古典籍

# 『翰苑』の価値――太宰府天満宮所蔵国宝

近年、大神社展をはじめ神社の神宝類を展示する博物館等の企画展が大きな評判を呼んでいる。その背景に、神社・神道への一般の関心の昂《たか》まりがあり、文化に関する認識がより根源的なものへと向かったことも否定できないだろう。しかし何よりも、貴重な神宝類が篤い信仰の中で大事に伝えられてきたことを第一に挙げなければならない。

神像・絵巻・装飾・調度・文献・文書等々、国宝・重文級を含め、いずれもが現代人に神道文化の奥深さを見せている。全否定された戦後からの立ち直りを確認するとともに、神道の根源を問う試みとして、順次この欄で、私が貴重な神宝、とくに典籍類を拝観し、担当者に説明を聞いた経験の一部を紹介し、わが国の豊かな心の文化に触れ、あわせて神徳を実感したいと思う。

◇　◇

福岡・太宰府市の太宰府天満宮宝物殿。ここには『翰苑《かんえん》』一巻が所蔵されている。『翰苑』とは、古代中国やその周辺の東南アジア、日本などの歴史・風俗を記した類書。竹内理三博士校訂・解説の『翰苑』（昭和五十二年・吉川弘文館刊）「解説」には、「その書写の年代は、平安初期、即ち九世紀を下らず、縦九寸一分の楮紙に墨界を施して、一紙に二十二行乃至二十三行、一行に十六〜十七字詰に墨書する。……割註の細字は一行二十二〜二十三字詰である。全長五十二尺三寸五分。……現在巻子仕立てであるのは、本来の姿を存したものであろう」とある。竹内博士がこの校訂に適任であったかは、博士自身が述べておられる如く疑問であるが、上の解説は本書を語る際の基準となる。若干補足するなら、「法量としては、縦二七・六センチの二十八紙（全長一五・八五メートルほど）」（『古事記年報』五十二、拙稿「翰苑補考」）である。

天下の孤本にして、貴重な文献の引用が見えるが、未だ明らかにし得ぬ点も残されている。例えば、①伝本は第何巻か、②いつの書写か、③唐本なのか国書なのか、④全巻揃って将来したのか現存一巻のみの将来か、⑤本文と註の成立には年代差があるのか、⑥施註者は誰か――と即座に六点ばかりを挙げることができる。

①の伝存巻については、七巻本の第七巻で動かないとは思うが、文化財の登録上は「翰苑第卅　一巻」とし、書跡・典籍の国宝に指定されている。戦前はともかく戦後（昭和二十九年）に神社所蔵の文化財が国宝に指定されることは珍しい。ともあれ、現時点で七巻説を取る研究者は数名を出ない。

②の書写年代については、「菅爲長の筆なる由川勝宗久《よし》の鑑定あれど」（和田英松博士「翰苑に見えたる冠位十二階の呼称」）と伝えるが、研究者は悉く平安朝と見る。しかし大摑みの推測に過ぎない。今後の考証が俟《ま》たれる。

③の唐本か国書かは未だ決着を見ないが、誤字等を理由にしてか、当然の如く国書として扱われている。

④の将来巻数は、滋野貞主の『秘府略』が黎・栗・錦・杜若・視草・菖蒲の翰苑逸文を引いており、修文殿御覧等からの孫引きでない限り、全巻か数巻は将来されていてよいことになるが、「倭国」を

含む当該巻だけが将来されたと見ることも可能である。

⑤、⑥は四六文《しろくぶん》の本文を録すのに、註の引用が参考となっているとも考えられるため、同時並行的に撰述されたと見られるが、本文と註との関係、あるいは撰者・張楚金と施註者・雍公叡（これも雍・公叡か雍公・叡か不明）との関係には解明が求められ、施註者別立の理由も考察する必要がある。

◇　◇

とはいえ、『翰苑』が他の古代史基本史料を補う内容を有していることは間違いない。『三国志』魏書に先行する魚豢の『魏略』、唐の李泰の『括地志』、撰者・成立等不明の『高麗記』等の貴重な佚書を引いている。殊に『魏略』は「魏志倭人伝」とあわせ読むべき文献であり、その逸文は張鵬一の『魏略輯本』にも採録されていない。そこで、「大正六年、黒板勝美博士が太宰府天満宮宝物調査の際に本書を発見され、天下の孤本として、大正十一年、内藤博士によって影印され、以後、研究者に利用されることとなった」（竹内博士前引書）のである。

影印本は二度、原本から直接作成され、大正十一年の京都帝国大学文学部影印唐鈔本第壹集と、昭和四十九年の太宰府天満宮千七十五年大祭記念として刊行された箱入巻子仕立とがある。図書館や近くの天満宮でこの複製あるいはそのまた複写本を閲覧することを奨めたい。古代が少し近づくのではないだろうか。

（『神社新報』「こもれび」平成二十六年五月十二日）

# 猿投神社の典籍群

学生の頃、古典や古記録・古文書に長じた先輩・高橋伸幸氏（埋《うも》れ木舎主人）の影響を共に受けた太田正弘という後輩がいた。彼は、村田正志・西田長男両先生に可愛がられ、夙《つと》に『猿投影印叢刊』という資料集を刊行していた。

それから四十数年。筆者の研究室に東方学会理事長・戸川芳郎氏の紹介で金程宇という若い中国人研究者が尋ねてきた。私が出会った若手で最も日中の典籍に精通した人物で、國學院に留学したいとのことだった。早速国際交流課に相談、しかし、何故か断られた。それはともかく、筆者の研究室で金氏が見つけたのが『猿投影印叢刊』。直ちに数日の借覧を申し出る一方、私のところに欠けている分もどこかでコピーを入手し、全冊分揃えて嬉々として本務校の域外漢籍研究所へ帰っていった。

◇　◇

さて、愛知県豊田市猿投町に鎮座する猿投《さなげ》神社は、三河国三の宮として奈良朝以前の創祀を窺わせる古社であり、大正八年に国指定の文化財となった行安銘の太刀、長禄二（一四五八）年の墨書のある鎧櫃に納められた鎧、無銘のいま一振りも国の重要文化財。また、嘉元二（一三〇四）年の扁額（正一位猿投大明神）は県の文化財指定を受けている。

そして何よりも猿投神社が所蔵する典籍群こそ、「猿投本」として国文・漢籍・国語学の専門家の間で有名な写本群であり、次の二十五点が国指定の書跡・典籍重要文化財として登録されている。
▽古文孝経（建久六年〈一一九五〉写）一帖
▽春秋経伝集解　一巻
▽論語集解　巻三甲、七、十（康安二年〈一三六二〉寫）三巻
▽論語集解　巻三乙、四　二巻
▽史記集解　巻三十一・三十三、三十四・三十五・三十六、三十七・三十八、四十四巻
▽帝範上　一巻
▽臣軌下（元亨四年〈一三二四〉寫）一巻
▽文選　巻一甲（弘安五年〈一二八二〉寫）一巻
▽文選　巻一乙（正安四年〈一三〇二〉寫）一巻
▽白氏文集　巻三甲（観応三年〈一三五二〉寫）一巻
▽白氏文集　巻三乙（貞治二年〈一三六三〉寫）一巻
▽白氏文集　巻三丙（貞治四年〈一三六五〉寫）一巻
▽白氏文集　巻三丁（貞治六年〈一三六七〉寫）一巻
▽白氏文集　巻四甲（文和二年〈一三五三〉寫）一巻
▽白氏文集　巻四乙　一巻
▽本朝文粋　巻二　一冊
▽本朝文粋　巻十三甲、丙　二巻

▽本朝文粋　巻十三乙　一帖

◇　◇

これ以外にも中世の典籍が蔵されており、研究者に珍重されていることは、戦火・回禄《かいろく》、また所有者の無智や放置・衰退による荒廃から守られてきた結果である。つまりは、代々の神職の方の努力の賜物ということができよう。

（『神社新報』「こもれび」平成二十六年八月十八日）

# 国宝・海部氏系図

伝統文化と自然を大切に護ること、これは我々の最低限の責務である。ただ、文化は地域により民族により大きく異なる。また、川一つ隔てても違いが見られる。形が似ているから本質まで同じではない。正反対に見えても実は精神において親近性に富む関係もある。

かつて沼田頼輔博士は、日本と西洋の紋章について、両者は同一視できぬと説いた。紋章と並び、あるいはそれ以上に尊ばれてきた系図についてはどうであろうか。

◇　◇

系図は伝統中国を特徴づける文化である。『大唐六典』秘書省、四部の典籍の記載に乙部十二「譜系」が見える。

この系譜類がわが国に取り容れられた時期としては三段階が認められる。律令制として受容した古代の流入期を示す職員令治部省には「掌、本姓、繼嗣……」とした上で大解部に注して「掌、鞫問譜第争訟（譜第の争訟を鞫問す）」とする。『日本書紀』持統天皇五年の「墓記」、延暦十八年の本系帳と並んで、右の令文からわが国への系図の導入が推測されよう。

中世では『群書類従』所収の諸氏系図や尊卑分脈が伝えられ、近世には幕命により寛永諸家譜や寛政重修譜などが編纂されている。しかし、中国明清の家譜や朝鮮・韓国の族譜に比べ、見劣りすることは否めない。これは先祖を大事にし、祖先との繋がりを重視する儒教文化によるものといえよう。しかし、わが国にも祖霊信仰が認められ、神道にせよ日本仏教にせよ、そこに根本精神があることは柳田國男以来の共通理解といってよい。

とはいえ、これまた日本的というべきか、正倉院文書を大量に伝えるにも拘らず、古代の系図が大事に伝えられている例としては、平安朝書写の竪系図《たてけいず》が二点知られるだけである。一つは円城寺の円珍俗姓系図、一つが籠《この》神社の海部《あまべ》氏系図で、共に国宝となっている。

◇　◇

京都府の日本海側、天の橋立の近くに、元伊勢籠神社は鎮座する。籠は『万葉集』巻頭「籠もよみ籠もち」のコであり、紀貫之《きのつらゆき》の如くノを附して読む。宮司の海部光彦氏とは、私の師・瀧川政次郎先生を通して昵懇であり、その海部氏の古代系図である国宝・海部氏系図附海部氏勘注系図（昭和五十年重文、同五十一年国宝指定）の所有者。さらに籠神社の所有として木造扁額、狛石、経筒、雙雀文鏡、如来鏡像が大正末、戦中、戦後にそれぞれ国指定重要文化財となっている。なお「海部氏系図附海部氏勘注系図」は神道大系古典編十三に翻刻されている。

竪に竪に書き継ぐ古代の系図は、先代宮司・穀定氏の慎重な考えにより、人に知られず貴重な内容を今日まで伝えることとなった。記紀との所伝の違いは、今であれば寧ろ重視されるところであるが、かつて抹殺・非難される時代がなかったとは言えない。籠神社には他にも貴重な資料が蔵されており、穀定氏はそれらを基に『元初の最高神と大和朝廷の元始』（おうふう刊）を著述されている。

（『神社新報』「こもれび」平成二十六年十一月二十四日）

## 高良大社蔵『平家物語』その他

福岡県久留米市西郊高良山、三百十二メートル。さして高い山ではないが参道はきつい。その山頂に高良《こうら》大社が鎮座している。修験の山であり、中世戦史にも登場し、古代では神籠《こうご》石《いし》で知られ、国の重要文化財（旧国宝）の『平家物語』を蔵し、「高良《こうら》玉垂《たまだれ》宮神秘書」等を伝える。

◇　◇

高良本『平家物語』は、数ある平家物語の諸本中、覚一《かくいち》本と称せられる最も本流にして最も流布したテキストの中でも第一に掲げられてきた。明治末年の山田孝雄《よしお》『平家物語考』に始まる諸本研究において、高木武『日本文学大辞典』（昭和九）「平家物語」の項、高橋貞一『平家物語諸本の研究』（昭和一八）、渥美かをる『日本古典文学大系・平家物語』（下、昭和三七）解説ならびに『平家物語の基礎的研究』（昭和三七）、山下宏明『平家物語研究序説』（昭和四七）等、いずれも本源的位置に本書を置いている。

『肥前風土記』（基肆郡）に「筑紫國御井郡高羅之行宮《かりみや》に御《いま》して国内を遊覧《みそなわ》す」と見え、平安時代には神宮寺の存在が認められるとともに、十一世紀以降、宇佐八幡宮の勢力に抑《よく》され、ついには八幡伴神となる。その一方で高良社は醍醐寺を本所とし、当山派修験の霊地、根拠地となってゆく。やがて戦国期から桃山期にかけて衰頽著しく、一山三十二坊の繁栄は終わりを迎える。寺院としては天台の青蓮院、曼殊院末寺となり規模を縮小するが、高良大社は久留米藩主以下の崇敬篤く、社殿、神事の復興も叶い、明治四年に国幣中社、大正四年に国幣大社に列格する。

◇　◇

所謂「高良本平家物語」は、「紙本墨書　平家物語（覚一本）十二冊」として明治四十四年に国の重要文化財（書跡・典籍）の指定を受けた。他に福岡県指定の有形文化財としては、「絹本着色　高良大社縁起　二輻」（箱書は『高良社畫縁起』）、「高良玉垂宮神秘書　一巻」、「玉垂宮大祭祀　一巻」、「齊衡、天慶文書　一巻」等があり、さらに「高良十講會縁起　一巻」、「絹本着色　高良大社縁起　二巻」（箱書は『往古繪縁起』）等がある。

『平家物語』は、山中耕作氏等により平成九年から十五年にかけて、『高良大社蔵覚一本　平家物語』四冊本として、上段に影印、下段に翻刻の形で刊行された。その「はしがき」には古賀壽氏による寛政九（一七九七）年に青蓮院門跡より下賜されたことを示す資料（「寂春手控」）の発見が記されており、平家研究、語り研究、芸能の伝承等への新しい展望が期待される。「齊衡、天慶文書」は真偽未決着のようであるが、それは別紙異筆の部分による疑いに基因しており、今後の研究が俟たれるところである。

（『神社新報』「こもれび」平成二十七年三月十六日）

## 上杉神社と洛中図その他

山形県米沢市の上杉神社には多くの国指定重要文化財が収蔵されている。明治四年、別格社という新しい神社の創制に呼応して米沢城址に謙信祠堂をもととする上杉神社が創建され、さらに大正十二年、その北に稽照殿なる宝物館が附置されて上杉家累代の名品が展覧されることとなった。

また、神社の東南に広がる伝国の杜には、戦後、上杉家に伝えられた文化財を核とする米沢市上杉博物館が設置された。

◇　◇

戦国末期には織田信長を凌ぐ勢力を誇っていた武田・上杉・毛利のうち、滅亡を免れた上杉・毛利は、豊臣時代に百二十万石の大大名として別格に扱われた。そして徳川の世となり、ともに三十万石に減封され、上杉に至ってはさらに大大名としてぎりぎりの十万石侯たる十五万石にまで削られるのである。

名家の末裔を残す、そして同格の二者を競わせる、というのは徳川氏による大名統制の原則である。家康の息子に結城・武田を継がせようとし（断絶）、喜連川・天童・日出に足利・織田・木下を配し、上杉・毛利・伊達・島津を存続させる。そして本願寺を東西に分け、島津と伊達（宇和島を含む）を同格とし、さらには尾張と紀伊に同じ石高を与え、この両家を合わせたものと前田が同等となる形にする。これら徳川の施策は成功したが、甘受した側の感情はまた別であろう。

◇　◇

今日、大大名の伝世品は何らかの施設に保管されているが、神社というのは珍しい。上杉家にとって謙信は神の如き存在であり、直江兼続も鷹山も神に祀られて不思議はない。これらの人物への崇敬の念とともに徳川の一大名となった隠忍自重の気持ちが、上杉神社に集約されていったのであろう。

そこで、今回も書籍を中心に摘記してみると、もと上杉家の所蔵で現在は上杉博物館蔵となる六曲一双の上杉本「紙本金地著色　洛中洛外図」や「上杉家文書　附歴代年譜　両掛入文書箱並赤簞笥」は国宝の指定を受けている。また、上杉神社稽照殿には国指定重要文化財として「紙本墨書綜芸種智院式　附輪羯磨蒔絵筥」や「紺紙金字後奈良天皇宸翰般若心経」があり、その他、刀剣、甲冑等々数多くの襲蔵品がある。殊に上杉本洛中図は、京洛を正確に描く類書中の名品であり、都市図・風俗資料としても裨益するところは大きい。

しかも鷹山上杉治憲の治績に尋ねても分かるように、上杉家が裕福であったがゆえに伝えられたものではない。崇祖・温故・愛惜の念によるものであり、上杉神社が祖宗の霊を祀り縁の人々の心の拠り所であることの意義は小さくないであろう。

（『神社新報』「こもれび」平成二十七年六月十五日）

# 住吉大社と神代記

大阪・住吉大社に『住吉大社神代記《じんだいき》』とよばれる貴重な古文書が襲蔵されている。記紀と併せ読むべき古代文献の一つとして知られる。その存在は、鎌倉初期の『明月記』以来、僅かとはいえ一部の史料に記録されているものの、明治初期に新写本が転写されるまで門外不出とされ、世に流伝することはなかったようだ。

我々が座右に置くことのできる全文の活字化は明治末の佐伯有義編『神祇全書』を嚆矢とする。勿論、上述の如く内閣文庫本等は知られており、それ以前に本書を引いて研究した人物がいなかったわけではないが、本書が広く知られるようになってから漸く百年くらいと見てよかろう。

その間、幾度か展示会に出陳され、戦前・戦後には写真複製が出され、活字本としては現在、『住吉大社史』や田中卓著作集、そして『神道大系』を図書館等で見ることができる。かくて本書は「住吉神代記　一巻」として昭和二十九年に国の重要文化財（古文書部門）に登録された。

◇　　◇

本書が十全の形で紹介され、古代史・古代文学の基礎史料として安心して使えるようになるには、その研究に心血を注いだ田中卓博士が本書と出会い、高松四郎翁をはじめ歴代の宮司以下大社を挙げて最大限の便宜を図るという神慮があったからではなかろうか。田中博士以前にも武田祐吉・宮地直一両博士等の研究もあるが、疑問も出され利用しづらい史料であった。田中博士はこれを一つひとつ解明し、坂本太郎博士等の批判に対し再三の実見を重ねて確認しつつ熟考されるなど誠実に答えると共に、一部自説を修正。最終的に本書の原撰時期を天平三（七三一）年とし、これを延暦八（七八九）年に近いころに書写されたものとの結論を提示された。

筆者はかつて田中博士に、正倉院文書に押印されている國印を通観して「大和國印」の登場を天平宝字二（七五八）年ころと見、橘諸兄政権から藤原仲麻呂政権への交替期との関係や『続日本紀』天平宝字元年巻紛失の経緯と合せた推測を話したことがあり、懐かしい思い出もある。

◇　　◇

住吉大社における本書の管理については、鎌倉末期の「諸神事次第記」に神殿の櫃中に厳重に安置とあり、また江戸時代元禄期の「住吉松葉大記」にも神殿に収め唐櫃なども神封しているので神官といえども披見できないとある。これはどうやら原撰本が紛失した苦い経験を代々戒めとして細心の注意を払ってきた結果といえよう。

どのお宮でも、時に出火もあり、盗賊が入ることもあり得るので、神職が神宝類をしっかりと護ることもここから学びたいものである。

（『神社新報』「こもれび」平成二十七年九月二十八日）

# 北野天満宮と板本奉献

学問の神・菅原道真公を祀る北野天満宮には、国宝として絵画「紙本著色北野天神縁起　八巻（附紙本墨画同縁起下絵　一巻、梅樹蒔絵箱　一合）」（承久本）があり、国の重要文化財として書跡・典籍「紙本墨書日本書紀　二十八冊」（北野本日本書紀）や絵画「紙本著色北野天神縁起　三巻」三部（弘安本・文亀三年光信本・寛延三年光起本）など多数登録されている。

承久本天神縁起は現存最古の絵巻であり、北野本日本書紀は、平安初期の四天王寺本など数種の写本よりは新しいが、それらが断簡から四巻くらいしか伝わっていないのに対し全三十巻中二巻を欠くのみで、宮内庁書陵部所蔵の興国本（十二巻七帖）と並んで中世の伝本とはいえ、多くの巻々は最も古い（巻十六のみ江戸期の写本）。原本系統の書式ではなく卜部系であるが、幾多の火災・兵火を潜り抜けてきた裏に代々の神職・社僧の努力のあったことが偲ばれる。

◇　◇

言うまでもなく、典籍の伝襲は所有者の弛《ゆる》まぬ気配りがなくては叶わぬものであるが、他見を許さずとして死蔵されてはならない。北野天満宮にあって特筆しなければならないのは、中世以来、詩歌・連歌の会を催し、教学・講筵の場を設け、典籍の収蔵庫を備えて、一部公開していたことである。

教学の場・北野学堂は延宝九（一六八一）年の成立とされるが、火災によって焼亡し、元文四（一七三九）年を以て再興の年次と見るべきであろう。学堂文庫の成立は元禄十（一七〇三）年と見られ、建設を始める儀式は菅公八百年祭にあてる前年（同十五年）に行われているが、貞享五（一六八八）年の日記に土蔵の記述があり、淵源はさらに遡るのではなかろうか。

この文庫には、京都書林御文庫組が板行した書籍を必ず一部は献納し、刷り了えた板木も奉納する定めとなっていた（国会図書館法の先蹤といえる）。また、書肆手持ちに板木が磨滅・欠損したときは献本を貸し出して補刻するなど活用し、その刷料を以て献本以外の書籍購入に充てたとのことで御文庫の書籍はさらに充実して行ったのである。

◇　◇

明和三（一七六六）年に塙保己一は北野天満宮に詣でて学堂・文庫の実態を心に刻み、後年和学講談所（これは東大史料編纂所に繋がる学問所）の設立、『群書類従』の編纂・板行等のきっかけとした。また、書肆の献本の慣行は、大坂でも享保十二（一七二七）年に住吉御文庫が、同十五年に（大坂）天満宮御文庫が創設され、両文庫は後に合併して大坂書林御文庫講を結成、今日に伝えている。

江戸時代の教学史・図書館史、そして印刷文化史に資するところ大なるものがあると言えよう。

（『神社新報』「こもれび」平成二十八年一月十一日）

# 町人図書館櫛田文庫について

こんにち、日本文化は世界的な声価を得ており、経済・技術にも変らぬ評価が寄せられている。原因とされるのは常に近代・前近代を問わずに貫流する教育の力であり、江戸期にあっては昌平黌、藩校、寺子屋にしても、一般の認識は教科書の挿絵などで見る「北斎漫《（ママ）》画」に止まるといえよう。

そこで今回は近世庶民教育の実態を示す例として、神社に附設された博多の櫛田文庫を取り上げることとする。

◇　◇

近世において神社と結びついた文庫といえば、伊勢内宮の林崎文庫、外宮の豊宮崎文庫、上賀茂の三手文庫など、著名なものも少なくない。ただ、櫛田文庫は違う。数少ない庶民公開型図書館の魁であり、町人の街・博多ならではの存在といえよう。裕福な町人が図書を寄贈し（他に京都の書肆からの寄贈がある）、博多の町人に蔵書を公開すると共に、貸出しまでおこなっていた。

残念ながら、文庫施設の建築費だけは福岡藩が絡み、博多津の公金で賄《まかな》われた。しかし、当時の強固な支配関係の下で、真言宗仁和寺派東長寺の支配を受けていた櫛田神社としては、藩主の幼時に傅《もり》役《やく》でもあった寺社奉行兼町奉行が率先して進める方策に従う外ないであろう。

こうして文政元（一八一八）年に文庫が竣功して図書の寄贈が始まり、同五年には蔵書千二百十七部を算えるに至った。しかしその後、奉行の更迭、東長寺との角逐などもあって創設期の勢いは失うものの、明治時代まで存続し、百年近い歴史を刻んで明治三十九（一九〇六）年に終焉を迎えるのである。

◇　　◇

ところで「櫛田神社文庫出納之定」には、次の如き十三カ条に亙る規定が見える。

一、御書物寄進ノ人コレ有ル節ハ、執獻セラルルノ神職ヨリ神前ニ捧ゲ、祈禱ヲ致シ、御札守、願主ヘ相渡シ候事。

一、津（博多津）中産子ノホカハ、御書物寄進コレ無キ輩ニ、拝借堅ク無用ニ候。……御家中ソノホカ高貴ノ御方タリ共、寄進コレ無キ候御方ノ借用ヲバ、堅ク断リスベク候事。

また、櫛田文庫の蔵書は稀覯書ではなく、教養人の基本図書に徹しており、九割以上が版本であったと考えられる。昭和六十二年刊の『櫛田神社収蔵品目録』には二百四種（二部は除く）の書名が見られ、中に『古事記伝』四十四冊、『延喜式』五十冊など、大部の書も収められている。

以上、櫛田神社における町人図書館の姿を紹介したが、神社と書籍のありようがここにも見られると言えよう。

（『神社新報』「こもれび」平成二十八年四月十八日）

# 塙本令義解神祇令の成立まで

今日われわれは、国史大系、神典、日本思想大系等により、容易に「神祇令《じんぎりよう》」を扱うことができる。しかし、それは「神祇令義解」の伝本（國學院大學蔵猪熊本、宮内庁書陵部蔵藤波本）が世に知られ、尋《つ》いでその複製（『古簡集影』第十輯＝猪熊本）が刊行された昭和初頭以降のことである。それ以前は、永く原本を佚するなど、テキストに関し、複雑な経過の中で研究が続けられていたのである。

今問題とする「神祇令」は、養老度の神祇令である。この原本は、本文と細字双行の注とから成っていたと推測されるが、夙《つと》に亡佚している。のち、その公的注釈書として「令義解」が撰定され、諸注釈を集成して「令集解」が編纂されたことは周知の通りである。しかし、両書の原本は、令の一部を項目として立てるだけで、その全文は載せず、後者にあっては更に義解も引かなかったようである。これらもまた平安末期には亡佚し、今その詳細を知ることはできない。

凡そ、書物は実用の過程でより機能的になる。平安中期以降の部類記、室町期にかけての抄物がそれで、明法家の間にも、夙に令文・注釈混成のテキストが出現した。かくて、「令」と「令義解」から作られたテキストが現行の『令義解』であり、「令」「令義解」「令集解」の三部を合したものが、即ち現行の『令集解』である。したがって、形態上からは既に異本であるが、内容的には原本以来の本文を伝えており、曲りなりにも『令集解』から『令抄』に至る一連の律令注釈学を承けて伝写されて来たテキストであった。

しかるに、応仁・文明の兵乱は、一時にこれらの散佚を招き、ここに律令注釈学の道統は絶たれた。このため、律令学は模索と考証による再建を余儀なくされ、幕府の訪書とも絡みながら、近世の律令考証学は享保年間に至って始めてその黎明期を迎えるのである。

将軍吉宗は、夙に唐明律、和律、令義解・集解等の校訂・訳解に志し、江戸入府後もこれに邁進した。律令考証学の勃興はここに見られ、享保七年、荷田春満は召されて江戸に下り、台命の義解の和解を進めるため令会を開いて「令」を講じ（『荷田全集』第六巻「令義解劄記《さつき》」）、壺井義知も、吉宗の招聘は固辞したが、同じ頃京にあって「令義解私考」（「令義解愚注」とも）を執筆したのである。しかし、「神祇令義解」は未だ世に知られず、当時「神祇令」の内容を伝えていたものは「神祇令集解」であった。令文そのものに差異はないにしても、基本テキストたる『令義解』に関心の集中していた当時にあっては、まず「神祇令集解」から所謂「神祇令義解」を抽出する作業がなされねばならない。この需要に応ずるものが、既に流布を見ていた慶安三年蓬生巷林鶉（立野春節《はるとき》）の序をもつ所謂「京本令義解」（青本）の神祇令であった。ただ、京本は義解以外に令釈・朱記・穴記などの一部をも謬り引いており、その上、『令集解』は神祇令の本文を一部脱していたのである（後述）。

しかし、春満（或いは在満）、義知らの研究を端緒として、注解の方面では多くの研究を経て薗田守良の『新釈令義解』に到達し、神祇令のテキストの不備もまた、河村秀興・秀根の『首書神祇令集解』を経て、塙《はなわ》保己一門下の所謂「塙本令義解」（赤本）の刊行により漸く解消されることとなった。今較べてみても、その内容・書式は殆んど変りがなく、日本思想大系本（令の本文のみ）を除くすべての活字本の底本として通行している。この塙本の「神祇令義解」における完成度は、挙げて稲葉通邦の書入本に依拠したところから出ており、それはまた、通邦の「神祇令和解」（無窮会神習文庫蔵）を背後にもつものである。この点、従来やや認識に欠けていたが、この「和解」こそは、「神祇令」復旧のためのテキスト研究における最大の収穫である。

例えば、現行の『令集解』には、神祇令大祓条の本文「者中臣上御祓麻」の七字が見えない。因みに、この部分には義解も集解諸説も注釈を施していないのであるから、原「令集解」にはこの本文は引く必要がないのである。したがって、「令」「令義解」と混成する時点での脱漏であることが知られる。「和解」はこれを次のように説いている。

通邦云、此本文七字、集解本脱文也、江家次第巻ノ七ノ頭注ニ此条ヲ引テ此七字アリ、今補之

更に驚くべきことは、「令」の原形を考証していることである。即ち、孟夏条は、伝本もまた『令集解』、中山忠親の「貴嶺問答」の引用も、すべて神衣祭、大忌祭、三枝祭、風神祭の順である。しかし、「和解」は、

通邦云、此一条ハ、孟夏〈神衣祭　大忌祭　三枝祭　風神祭〉ト、孟夏二大字ノ下ニ四ノ祭ヲ小字ニ書タルモノニシアレハ、筆ノ次第ハ神衣、三枝ト二ツヲ並、次ニ大忌、風神ト二ヲ下ニ並タルモノニソアリケル、釈ノ本ニハ猶此姿ニテ、注ハ其間ニ書込タル姿ニテモアリツラメレトモ、イツシカ其注ヲ本注ノ間ニ書ツラネ写シタリケレハ、自然ニ神衣、大忌、三枝、風神ト次第スル如クミユルモノニハナリニシナリ

と考証している。また読法は、穴記の「注ノ上ニ並タルヲ読テ、次ニ下層ニナラヒタルヲ読ヘキモノ」

を是《ぜ》としている。因みに日本思想大系の補注は、季夏〈月次祭　鎮火祭　道饗祭〉（季冬も同）の場合「晦日にあるべき道饗祭が最後の位置をしめなくなる」として異を唱えているが、鎮火祭もまた晦日の行事である（延喜式）。しかも集解には「公式令連署」「新令問答篇」「律目録」という根拠が提示されている。ただ連署は横に読むことを示し、「新令問答篇」（職員令集解神祇伯「鎮魂」下の義解と令釈の間の問答に「神祇令以鎮魂居大嘗之上」とあるを指すか）も仲冬条の読法を説くだけで、同じ書式を示すものは「律目録」（宮内庁書陵部蔵谷森本を除く）のみであるが、結論は変らない。「和解」やそれを承けた近藤芳樹の『標注令義解校本』が道饗祭の後に鎮火祭を行ったと説くのも、強《あなが》ち否定できないように思われる。

　再び伝本を手にした今日、われわれは謙虚に過去の研究にも耳を傾けるべきであろう。

（『日本神道史研究』第七巻月報、講談社、昭和五十三年）

# 神祇令の遍歴

## 一

荷田春満が王朝時代の理解のため律令の研究に手を染めたころ、簡便な入門書としては『職原抄《しょくげんしょう》』が一世を風靡していたが、春満は『令義解《りょうのぎげ》』に立ち向かった。室町期までの朝廷政治にあっては、律令制が基本であり、就中『令義解』には律令法同様の法的効力が付与されていた。しかし当時、『令義解』の伝本には「神祇令《じんぎりょう》」は欠落していた。

当時の伝本状況は、律にあっては十二篇中、名例《みょうれい》（但し前半のみ）・衛禁《えごん》・職制《しきせい》・賊盗の四篇しか伝わらず、令においても、『令義解』にあっては三十篇中、職員《しきいん》・後宮《ごく》職員・東宮職員・家令《かれい》職員・神祇・僧尼・倉庫・厩牧《くもく》・医疾・仮寧《けにょう》・喪葬・関市《けんし》の十二篇を欠き、『令集解』にあっては三十篇中、軍防・倉庫・医疾・関市・捕亡《ぶもう》・獄・雑《ぞう》の七篇を欠いていた。とはいえ、その後発見されたものも、江戸末期に「関市令義解」、明治期に「神祇令義解」（藤波本）、大正期に「闘訟律《とうしょうりつ》」断簡、昭和初期に「神祇・僧尼令義解」（猪熊本）があるに過ぎず、逸文研究を除けばさして大きな変化はない。

しかし、これらの写本が簡単に見られる時代でない当時、春満は「令義解箚記《さつき》」五冊を講述しており、使用した刊本は『令集解』を脱化して作った「神祇令義解」等を収める京本『令義解』で、当時律令関係唯一の刊本であった。『荷田全集』六巻（昭和六年、吉川弘文館。昭和十九年の六合書院『荷田春満全集』では九巻）口絵にも一葉が掲げられており「慶安三祀庚寅（一六五〇）蓬生巷林鵝」の序を持つ立野春節《はるとき》による板本で、巻一のみ本末に分けた十一冊本である。江戸後期の塙《はなわ》保《ほ》己《き》一《いち》校訂本（塙本）が朱の表紙を使用したのに対し青表紙であったところから青本、また京師で刊行されたので京本の名がある。塙本に比べ『令集解』からの脱化による脱落もあるが、致命的な欠陥をもつテキストではない。

## 二

さて神祇に関しては、「神祇令」以外に「職員令」の神祇官条がある。この部分の『令義解』には看過し得ない伝本上の問題があって、（イ）夾注のさらに行間に朱の補筆が見られ、（ロ）抹消かと思われる朱引きが夾注部に見られる。

（イ）は『令集解』の巻二、三、四、五、六など数巻に亘って見られるが、（イ）（ロ）が両方とも見えるのは巻二の神祇官条だけである。これを『政事要略』所引の「集解」逸文と比較してみると、「神祇令集解」の本注「鎮魂」に付された（イ）の補筆は、『要略』巻二十六（年中行事二十六）の「中寅鎮魂祭事」（十一月）に同文が見える。「神祇令集解」の本注「惣判官事」末尾の（ロ）は、『要略』巻六十一（糺弾雑事一）の「検非違使雑事上」に見える逸文の一部に朱引きを施していることが分かる。『要略』の撰者令宗《よしむねの》允亮《まさすけ》は『集解』の編者惟宗《これむね》直本の曾孫《ひまご》であり、その引用は、信頼できる。

ここから導き出される推測は、どうやらある時期に抄出やら、関連メモの混入、またその削除、そして補筆などがあったということである。その時期は、無窮会本（金沢文庫本の写し）の多くの巻末に「建治二（一二七六）年後三月三日引合正親町判官章兼本校合了」（巻六）の如き奥記があることに注目するなら、鎌倉前期から中期までに求められるかも知れない。

また『令義解』の伝本を見ても、猪熊本の奥記「正平十七（一三六二）年五月十五日以家説授愚息左尉明保了、於累家本□京都在之、先以余本授而已」の下に「大判事坂上《さかがみ》大宿祢（花押）」と坂上明清（利光三津夫氏『続律令制の研究』昭和六十三年、慶応通信に考証）の署名が見え、藤波本の奥記「康永元（一三四二）年十月十四日以家説奉授主殿頭殿訖」下の「前豊前守坂上大宿祢明清判」と同一人物と見る説もあり、『古簡集影』解説の如く花押から別人と見る説もあるが、明法家が鎌倉中・末期から南北朝期にかけて『令義解』の完本を所持していた可能性は高い。

さらに、一条兼良《かねよし》の『令抄』上巻末にも「文明第十暦（一四七八）小春中旬令全部十巻書写、已後奉受禅閤（兼良）御説、同抄出、少々縒《より》写申記　法務前大僧正厳宝」と見え、これ亦十巻揃いが確認できる。但し、「職員令」神祇官条の抄出補訂や藤波本の原奥書「康和二（一一〇〇）年……以善証各本移点了」から見て、神祇令制は一般官人の関心外であったかも知れない。

## 三

これが江戸期になると、幕府による慶長の蒐書令を始め、水戸・前田諸家の蒐書により律令書も大方揃うのであるが、根本の『律』と『令義解』に関しては、戦国の兵乱下にかなり焼亡・散佚したとしか考えられない。

その中で京本『令義解』が刊行され、王朝制度の研究者の渇を癒すのであるが、『令集解』からの脱化により、「神祇令」に関しても、『集解』に注釈のない六月十二日大祓条の「中臣上御祓麻」および直前の「者」を脱することとなった。これらの欠陥を見事に訂したのが、寛政十二（一八〇〇）年、塙保己一によって刊行された赤本（塙本）『令義解』十冊であるが、稲葉通邦《みちくに》「神祇令和解《わげ》」との関係などは既に述べたことがある（『日本神道史研究』七巻月報、昭和五十三年、講談社）ので、ここでは省略する。

さて、明治四十二（一九〇九）年に至り、永年侍従、宮中顧問官を勤めた子爵藤波言忠《ことただ》により四三六部の典籍を図書寮に献納（「書陵部紀要」第一号）した中に藤波本「神祇令」があったと思われる（吉岡真之氏のご教示による）。『図書寮典籍解題続歴史篇』（昭和二十六年、養徳社）には次の如く見える。

美濃判袋綴、丁字引表紙、左上に「神祇令」と外題す。本文用紙は楮紙。江戸末期の書写。……

また昭和初年には猪熊本『令義解』が紹介されることになる。史料編纂所編の『古簡集影』十輯（昭和五年、七条書房）に収められたが、その解説に次の文がある。

コノ写本ハ鎌倉時代ノモノニ係リ、僅ニ巻三ノ中神祇、僧尼ノ二令ヲ存ス、……其書風筆致等ヲ以テ考察スルニ、鎌倉時代ヲ下ラザルモノナルガ如シ、……

この写本は、幸いにも昭和三十三年五月に國學院の所有に帰した。

（『新編荷田春満全集』月報8、平成十九年十一月、おうふう）

# 第三部　法制史から見た日本文化

## 地名は誰が名づけるのか――現行制度と「大和」をめぐって

地名は、歴史家にとって最も頼りになる道標である。時に考古学遺跡の在り処を教え、時に氏族の行動圏を、また祖宗の地を示す。そればかりか、地名が歴史そのものを語ることも見逃すわけにはいかない。

坂本太郎博士はかつて、現在は地名を弊履《へいり》の如く簡単に捨て去る傾向が強いとして憂慮の念を示された（「地名の保存」など）。要するに、今や地名から歴史が剝がされようとしているのである。では地名は、一体誰が、どのようにして付けるのであろう。

地方自治法では、地方公共団体すなわち都道府県・市町村等の名称は「従来の名称による」とする。これが本則である。自治省告示の街区方式による住居表示の実施基準でも、市町村内の町や字《あざ》の名称について「できるだけ従来の町（前項に字を含むとある）の名称（当該地域における歴史、伝統、文化の上で由緒ある名称を含む）に準拠して定める」ことを基本としている。そして自治法は、都道府県名の変更は法律により定めるというのであるから、これは国会の所管。市町村名等の変更は（この法律に定めるものを除き）条例で定め、なお都道府県知事の許可が必要としている。また市町村内の町や字の名称変更は、市町村長が議会の議決を経てこれを定め、都道府県知事に届け出る。更に住居表示に関する法律には市町村内の町や字および街区符号・住居番号の定めがあり、かつ住民に対して周知徹底することが義務づけられている。これを承けて先の自治省告示が出され、更に東京都住居表示整備実施基準などが定められ、中には町名沿革調査などを課すものも見られるのである。

とするならば、地名は、国または地方公共団体がその責任において選定し、住民への周知徹底を図るものと見てよかろう。そして、歴史的・文化的に由緒ある旧名に従うとの大原則が定められているのである。しかるに、弥生土器の謂れである東京本郷の「弥生町」が、明治四年の新しい町名とはいえ、一時期消えたのは何故か。自治省告示には従来の地名に準拠せよとした（1）に続き、（2）として「同一市町村の区域内で、同一の名称又は紛らわしい類似の名称が生じる場合等（1）の基準により難いときは、当用漢字を用いる等できるだけ読みやすく、かつ、簡明なものにする」とある。「弥」は当用漢字外である。規定の読み誤まりか拡大解釈の結果というべきであろう。

近世の村が明治の町村制により多く小字に転じたように、古代・中世・近世、近現代と、その地名原理は大きく変っている。いずれ、宮武外骨の『府藩県制史』のような趣味的なものでなく、柳田國男の『地名の研究』の方向をより実証的に深めた地名研究が歴史学の領域として定着するであろう。そのときには、右のような法令・資料にも逐一検討を加え、また『明治前期財政経済史料集成』『東京市史稿』など地租改正・戸籍法・近世法令へと関係史料を遡って検証することが要請されることとなろう。

ここでは中・近世は省き、奈良朝における「大和」の選定事情を見てみよう。なぜか現今の例と似たものが見えてくるのである。

大倭から大養徳への変更は『続紀』天平九（七三七）年十二月丙寅条に明文があり、再び大倭へ戻したことも同天平十九年三月辛卯条に見える。しかし、「大和」への改称は正史に明文を見ることができない。古く、『伊呂波字類抄』は天平勝宝元（七四九）年の改称とし、また『万葉集』巻十九、四三〇一番歌は勝宝四年の作で、その左注に「大和国守藤原永手」とあることから、それ以前説も出されたが、共に否定されている。代わって『続紀』が天平宝字二（七五八）年二月から統一的に「大和」の表記を見せること、正倉院文書が、大和国印も氏としての大和・和・若和部も含めて、そのころから変ること（人名では暫く倭も残る）から、天平宝字元年乃至二年説が一般化してきた。宝字元年とするのは、『続紀』原撰時の宝字元年の草案が失われたため明文を欠くとの推測と、養老律令の施行に合せたのではないかとの推測による。

結局、『続紀』和銅六年の「制（古写本に欠く）すらく、畿内七道諸国の郡郷名は好字を着けよ」および延喜民部式の「凡そ諸国は部内の郡里等の名は並びに二字を用い、必ず嘉名を取れ」から見て、郡以下の地名は諸国の所管で、大養徳など諸国名は、朝廷で定められたものと見てよかろう。

では何故「大和」なのか。これは、一つには、「倭」が醜いなど、中国が周辺諸国に与えた国号（むしろ種族名）同様、中国において蔑称的色彩の強いものなるがゆえの必然的理由、いま一つは、大養徳を超えるものでなければならない何らかの事情、の二点によると推測される。その事情とは何か。大養徳は天平九年に現われ同十九年に消滅している（因みに大養徳の表記と他の資料から大倭も大和も元来オホヤマトと訓んだものと推定される）。ところで、唐より帰朝し、橘諸兄に鍾愛されて藤原氏の恨みを買った玄昉は、天平九年八月に僧正となり（諸兄は七月に右大臣）、十七年十一月に失脚、翌十八年六月に死去した。この偶合を拠りどころに考えるなら、解答は一つ。大養徳は、玄昉の撰、諸兄の制定、藤原氏の否定である。

天平宝字元年五月に政権の座についた藤原仲麻呂は、唐制への傾斜甚しく、官職名等次々に唐風に改めた。「大和」の採用もその一つであろう。但し、和は現在ワと発音しているが、和氏の璧《へき》の如く漢音はクヮである。漸く遣唐使の往来が繁くなり、長安音すなわち漢音を取り入れ始めた朝廷で、しかも中国通の仲麻呂がこの違いを知らぬはずはない。稲荷山鉄剣銘の「獲加多支鹵《わかたける》」の訓《よ》みが示す如く、漢音クヮ（クヮク）の呉音はワ（ワク）である。幸田露伴の考証に、六朝期には婆和相通じたとした章炳麟説を駁して、「けれども和がクヮ」の音に読まれた場合に通じて用いられたのでは無く、ワと読まれた場合に通じたと説く如く、倭に対しワとクヮとでは音通の前提として同仁視することはできない。それでも仲麻呂は、和をワと読んで、この改称に踏み切ったものと解したい。

その理由。一つは玄昉への敵対感情。一つは旧来の用字・発音に配慮した結果であろう。古辞書等の音注から見て、当時わが国で和をワと読んだ可能性は高い。しかし、仲麻呂は当然漢音呉音の差を熟知していたに相違ない。それでも、対外的には国号「日本」が大宝令で定められており、あくまで国内の諸国名として、倭を承けつぎ、国内的には音通たる和に代え、上音ングゆえ二合に適わぬ「養徳」よりも、聖徳太子以来の理想境を示唆する「大和」としたのであろう。

（日本「歴史地名」総覧、新人物往来社、平成六年十月）

# 姓氏・名乗、あれこれ

「太閤もヒデキチと読めば丁稚なり」と言うが、歴史上の姓氏・名乗には、読み方にも使い方にも複雑なところがある。

例えば、源頼朝（ミナモトのヨリトモ）のように姓（正しくは源朝臣）の場合「の」を伴って読むが足利義政（アシカガ・ヨシマサ）のような氏の場合（家名・苗字等）には「の」は付かない。

また、同じ名乗字としての「朝」でも、頼朝は武家であるから「トモ」と読み、「あふことの絶えてしなくばなかなかに人をも身をも恨みざらまし」の歌（『拾遺集』、百人一首）で有名な中納言朝忠は公家であるゆえ「アサ」と読む。

確かに複雑である。しかし、法則性を知っていれば、さして混乱するものではない。ただ歴史は結果の集積であるから、例外は至るところにある。豊臣は姓であるが、「トヨトミの」とは言わない。東常縁の東は家名であるが「トウの」と読み慣わしている。それでも、法則を知り、制度・慣行を知ることは、歴史とつき合う際の良き道案内となるに違いない。そんなあれこれを記してみたく筆を執った次第である。

なおここでは、珍姓・珍名は扱わない。専門とする制度史の観点から、思いつくことを取りあげていきたい。

## 一、排行をめぐって

正倉院文書に光明皇后の署銘が残されている。その筆写にかかる『楽毅論』の末尾にある「藤三娘」であるが、言うまでもなく藤原不比等の三女であることを示している。太郎・次郎・三郎……を排行（輩行とも）と言うが（石原正明『年々随筆』など）、順序を算える範囲は日本と中国とでは異なる。わが国では兄弟間に止まるが、中国では宗族（主として小宗）、つまり同族間で行われる。先祖から算えて同じ世代の者の間で付されるから、中唐の詩人白居易（白楽天）は「白二十二郎」と称せられる。兄弟のみならず、従父兄弟、再従、三従など一族の同世代男子として二十二番目ということである。曾我兄弟は例外ではあるが、法則性を無視したものではない。兄が十郎（祐成）、弟が五郎（時致）と逆転しているが、弟の五郎は烏帽子親北条時政の実子（宗時、義時、時房、政範＝『続群書類従』北条系図）の次の排行を称したものと解されている（十郎については不明であるが、和田義盛との関係を説くものもある。『続群書類従』の和田系図では八人男子がいる）。また十郎を超えたときは、那須宗高（名字であるが「の」が入る）のように余一・余二とするのが例であるという（『年々随筆』）。

一方、親から子へと世代が移るに従い、コ・マゴ・ヒマゴ（ヒコ）・ヤシャゴと称する親族呼称に倣った通称の付け方がある。平将門を相馬小次郎と称するが如きものである。「小次郎」は父「次郎」の嫡男の意であって、ここから逆に、将門の父良将（良持とも）が高望王の二男であること、将門に兄はいないことが分かる（系図や物語によっては父を三男とし、将門に兄を登場させるものがある）。四郎の嫡男なら小四郎、嫡孫は孫四郎（以下、彦四郎、弥四郎……）で、四郎の次男は四郎次郎となる。六郎の場合は、小六・孫六・彦六であるが、これは、源平合戦期から鎌倉期に当て嵌まる例が多い程度で、後世はほぼ消滅する。

実名の付け方にも排行と関連するものがある。一字を共有し、或いは五行に配して揃える原則で、中国・朝鮮に見られ、顧炎武『日知録』には晋末に起こったとある。牧野巽博士『近世中国宗族研究』に紹介されている明代の茗州呉氏の譜を見ると、特に末二代は、まず徳を共有して日偏の文字を用い、次に存を共有して兄弟ごとに偏旁を共通にしている。

呉氏系図（略）

五行に配する例は今手許にないが、島村修治氏『世界の姓名』に載るモデル（韓国）の如き例が実際に存することは、指摘しておきたい。

韓国の系図（略）

このモデルでは、木（東）、火（列火）、土、金、水（下水）の順に共通字を持ち、且つ代を進めるごとに共通字を上・下・上・下と交互に置き換えている。

わが国にこの使い方はない。戸田氏の「氏」、堀田氏の「一」、渡辺党の一字名など、歴代定まっているものや、藤原氏三条流などに見られる「公」と「実」を交互に用いる例が、法則性をもったものとして知られる。なお三条流の「季」は替字として用いることができる。

三条流の系図（略）

## 二、官職名と東百官

わが郷党の先人林不忘の名作に丹下左膳と称する浪人が登揚する。この「左膳」は律令官制にはない。このような律令官職名に似て非なるものを集めた擬似官職名が、「東百官」と呼ばれるものである。いま主なものを挙げれば、次の如くである。

左門。右門。數馬。左内。求馬。左膳。伊織。頼母。要。多門。斎。小源太。左源太。

「東百官」は「相馬百官」ともいい、伊勢貞丈（一七一七〜八四）は、その著『貞丈雑記』『安斎随筆』で、平将門が定めたというのは付会であるとしている。平将門は天慶二（九三九）年に新皇として除目を行うが、そのとき「但し狐疑すらくは暦日博士のみ」（『将門記』）とあって、暦博士を欠いたとされる。この変則的官制に目をつけ、牽強だとするのである。そして更に考証を加え、

古記に東百官の名つきたる人は見えず、天正慶長の頃より以来の書には、東百官の名つきたる人も見えたり。古今著聞集……に松尾神主頼母……とあるは、神主の実名にて……、鎌倉将軍の時に、最早東百官の名ありしとて、右の頼母を証拠に引かん事は誤りなり。（『安斎随筆』）

としている。

律令の官職名は、事実、江戸時代までは、一部を欠くものの行われており、『公卿補任』等で確認することができる。江戸時代、京都の公家衆が、朝臣として叙位・任官にあずかることはよく知られているが、武家においても、例えば大名の嫡子が家督に際し従五位下、某国の守に任ぜられるように、権官とはいえ確かに任官しているのである。大岡越前守しかり、吉良上野介しかりで、上野国は親王任国ゆえ、親王以外は介が国司としての最上位であり、幕末の小栗上野介も亦その故実を守っているのである。

こうした、酒井雅楽頭、遠山左衛門尉といった官名を、一般には通称と同列に見ているが、実は叙位任官によって与えられた正式の官職名なのである。

そこで、叙位任官に至らぬ武士は、隼人とか主計とか、任官の際に必ず付される四等官（カミ・スケ・ジョウ・サカン）名のないものを使うようになり、更に浪人などは、官職名に似た「東百官」を名乗るようになるのである。

このほか、先祖が「左衛門尉」に任ぜられたことにより、某左衛門を名乗るとか、「兵衛尉」に任ぜられたことから某兵衛を称するといったことは、よく知られており、ここでは省略する。

## 三、夫婦別氏の話

平成三年から足かけ六年、法制審議会の民法部会が「民法改正案」を審議し、法務大臣に答申したことは耳に新しい。それに伴い、〝夫婦別姓〟に関する論議がにわかに注目を集めるようになった。いわゆる〝夫婦別姓〟の「姓」は、ファミリー・ネームのことで、わが国では一般に「苗字」と呼んでおり、日本の民法では「氏」と称しているので、こだわる人は夫婦別氏と称する。

周知の如く、日本で夫婦同氏が制度化されたのは、明治三十一（一八九八）年六月公布、七月施行のいわゆる「旧民法」をもって嚆矢とする。実態としては、それに先行する戸籍法の趣旨が、一つの戸を一つの名で呼ぼうとする要請が強く、戸主（男子）の氏名で一戸を把握する方向性が生じていたことや、江戸時代すでに一つの家において主人（男子）と他の家族の間に主従関係に近いものが醸成されていたことも大いに関係するが、明治三十一年民法の夫婦同氏は、ドイツ法継受の結果として生じたものである。

一方、夫婦別氏願望は、使い慣れた姓氏を変えたくないとの考えに立つか、逆に強固な家制度を背景にもつ。

本来「姓」は中国において宗族、つまり先祖を同じくする血縁集団（男系）の指標として重視され、「同姓不婚」のタブーを強固に守ってきたのである。例えば、中華民国で四大家族の一と称された宋子文の姉妹の婚姻関係を見ると、すべて宋氏以外と結婚している。

（姉）宋靄齢＝孔祥熙

（姉）宋慶齢＝孫文

（妹）宋美齢＝蔣介石

このように厳しい男系の家族制度を社会の根幹に据える中国ではあるが、「姓」が女偏に属するように、本来は母系制社会であった可能性は頗る大きい。夏《か》は姒姓、殷《いん》は子姓であるが、周は姫姓、秦は嬴姓で、他にも姜、姞、媯など、女偏の姓は古代中国において少なくない。それが、いつの頃か男系社会に大変貌を遂げると共に、より強固な男系の血縁原理を中核とする家族制度が成立したのである。

ともあれ、儒教文化圏といわれる東アジア、東南アジアの国々で、日本を除き夫婦別姓が原則となっているのは、この伝統によるものと解される。

一方、キリスト教文化圏であるヨーロッパ社会は、夫婦一体の原則が貫かれており、夫婦同姓が一般化していた。英語ではMr.に所有を示すsを付けたのが既婚夫人の称号であり、ミセスの次には夫の姓名を用いた（近年、名は妻の名に変ってきたが）。その夫婦同姓の原則が崩れ、ミセスがミズになったのは、一九七〇年代の国連婦人の十年に伴う女子差別撤廃運動の結果である。一九七九年に国連総会で採択された「女子差別撤廃条約」一六条には、次の規定が見える。

一　締約国は、……男女平等を基礎とし（一行欠けている）

g　夫及び妻の同一の個人的権利（姓及び職業を選択する権利を含む）

かつて明治民法に影響を与えた一七九四年プロイセン一般ラント法の婚姻に関する規定、第二部一章四節（夫婦の権利義務〈人の関係〉）では、「妻は夫の姓Nameを手に入れ」（一九二条）「夫の身分の諸権利に……参加する」（一九三条）とされていた。一九七〇年代以前のヨーロッパでは一般的な規定であるが、一九七六年に大改正され、日本の戦後民法並みに変貌を遂げたのである。

イスラム文化圏では、正式名は夫婦別姓であり、某（夫の名）の妻で某（父の名）の娘といった形式をとるが、簡略形としては夫の姓を最後に付す欧米型夫婦同姓的表示が一般化している。

しかし、アジア社会で注目されるのは、姓を持たない国の存在である。わが国の誇る北アジア言語社会学者田中克彦氏は、その著『名前と人間』の中で、次のような興味深い事実を紹介している。

モンゴル人には本人の名前だけしかなく、姓はない。ただ第一線で活躍する男に、なぜかバトバヤル（バトは「堅固な」、バヤルは「喜び」）という名が多い。……社会民主党のイデオローグとなったバトバヤル、そして日本の相撲で「旭鷲山」となったバトバヤルである。かれらは必要なばあいにはそれぞれ、自分の名の上に父親の名をつけて区別している。……オリンピックに出場した選手たちは、自分たちの名が決して呼ばれず、その都度、父親、あるいは母親の名が世界じゆうに放送されるので、その当惑は大きなものであろう。

イスラム文化圏の中にも姓のない国があり、アフリカにもあるが、アジアではミャンマー、インドネシア、ブルネイなどは姓がなく（華人を除く）、ラオス、カンボジア、タイなども近代以前においては姓がなかった（これまた華人を除く）。日本もおそらく、文献史料のない時代は無姓の国だったのであろう。少なくとも、中国のような宗族を維持するための家族制度が成立し、その指標としての姓を堅持するような国でなかったことは確かである。

## 四、日本的特性

日本は隣国に姓を重視する大国・中国をもち、古来交流を続けてきたが、韓国のように中国型姓を取り入れることはなかった。

吉田孝氏は、倭の五王は中国において「倭」を姓とする蕃王として扱われていたと指摘する（『家の名・族の名・人の名』所収「天皇と姓」）。確かに『宋書』倭国伝には「倭讃」、「倭隋」、同文帝紀には「倭王倭済」とある。また、『隋書』倭国伝に「倭王あり、姓は阿毎《あめ》、字は多利思比孤《たりしひこ》」とあるのは有名であり、『翰苑』所引「魏略」などにも同様の記述がある。絶対的立場をもつ中国王朝へ朝貢する時代にあっては、無姓を貫くことはできなかったのであろう。中国の史書に姓を持たぬ蛮夷の王がないわけではない。その中で日本は、中国では中国の制に服した。しかし国内的には姓を徹底することはなかった。元来、天皇・皇族は常に無姓であり、前近代の史料には各時代に亘って無姓の者が登場する。要は宗族が形成されなかったのである。

源氏の棟梁源頼朝を支えたものは坂東八平氏を中心とする源氏以外の武士団であり、藤原氏は同族といえども排斥して、近衛と九条の系統のみが摂関となる先例を墨守し、徳川氏は外様の大大名に松平の称号を与えている。中世武家社会の惣領制は、中国の宗族に比べ、きわめて小さな集団であり、時に他氏をも取り込んでいる。これが日本の家制度の規模であり性格であると見てよかろう。

加えて、養子について見ると、宗族を基本とし姓を重視する中国では、養子は原則として同姓の者でなければならない。しかし日本では、古来異姓養子を排斥する風習はない。血の連続よりも家職の継続に重きを置いてきたのである。

そして、養子も含め、代々同じ通称を名乗るとか、代々同じ家号で呼ばれるとかいった、小さな家単位の継続性に日本の特徴が認められるといってよかろう。この傾向性の中に、日本の家名・名字は位置づけられるのである。

振り返ってみれば、日本は中国の制度を学習し、取り入れた。中国には姓、実名のほか、字《あざな》があり号がある。江戸の文人であり狂歌師であった蜀山人は、『詩経』に自分の氏と同じ「大田」篇を見出し、名を覃《たん》、字を子耜《しし》、号を南畝《なんぼ》とした。つまり「大田稼多《たいでんか》し、既《すで》に種《たね》し既に戒《いまし》め、既に備《そな》え乃ち事《こと》す。我が覃耜《たんし》（するどいスキ）を以て、俶《はじ》めて南畝《なんぼ》に載《こと》とす」に出典を求めたのである。実名は正式文書以外には用いない（更に、名を直接呼ばぬ、諱を臣下や子孫は用いないという習俗も知られている）ので、別に字が必要となるが、字と通称とは本来重複しているようなものである。したがって両者を同時に用いることはない。これらも、何でも取り入れ、何でも融合させる日本的受容であるといえよう。

姓氏・名乗りの原則を知ることは、歴史の入口の一つであるが、その正しい理解は、諸外国との比較も含めて、歴史学の深奥に位置する大きな問題である。この雑文からその一端が窺えたなら幸いである。

（日本「姓氏由来」総覧、新人物往来社、平成十年三月）

# 日本の文化と寺院経済

　わが国の歴史において、寺院なり、僧侶・仏教教団・信徒に関係した重要事項は極めて多い。歴史の要素を単純化して、ひと・もの・こと、の三つの観点から抽出してみても、空海・最澄を始め史上に名を留める人物（ひと）、また法隆寺や東大寺の大仏以下今日に伝わる歴史の証言者としての「もの」、そして道鏡事件や一向一揆といった歴史的事件（こと）と、そのいずれの要素にも直ちに数多くの事項が列挙しうる。

　中でも、過去の歴史を今日に伝え、時代の特色を示す「もの」に関しては、考古遺物を別にして、寺院に伝えられたもの、またもと寺院に伝襲されたものの占める比率は高い。建造物・仏像・仏画・経巻といった仏教に直結したものの中にも、平等院鳳凰堂に見る浄土志向、東大寺仁王像の力強さと武家社会の勃興、阿弥陀来迎図と庶民の願いなど、時代を映し出す「もの」は少なくない。そして、この当然の如き事実の裏に、わが国における寺院の位置づけが窺えるのである。

　ここでは、時代の特色を今日に伝える「もの」、即ちわが国の文化の形成と文化財の維持に果たした寺院の役割について、概観してみることとしたい。

## 寺院と史料・文化財

黒板勝美博士の業績については、『虚心文集』（昭和十四・五年、吉川弘文館）において史論が、『更訂国史の研究』（昭和六〜十一年、岩波書店）において歴史研究法が示され、『古文化の保存と研究』（昭和二十八年、黒板博士記念会）によって国家レヴェルでの事業を知ることができる。ここから窺われる博士の歴史学に対する念《おも》いとは、歴史研究の進展のため歴史を語る「もの」を国家レヴェルで調査・保存し、学界共通の財産にしなければならないということであろう。史料編纂所を中心とした古文書・古記録等の調査・複写・刊行への熱意、『新訂増補国史大系』の編纂にみる基礎史料の本文確定の推進、そして今日の国立歴史民俗博物館につながる国史館の構想、加えて国宝を調査・指定して保存する文化財の保護と研究等々。そのいずれもが、歴史を語る「もの」としての史料・文化財への大所高所からの手当てに外ならない。

そして、博士ほど門外不出の史料や文化財をいとも簡単に所蔵者の許で実見できた学者は他にないと言われるほど多くの寺院を訪れ、史料に接した。弟子筋の方々から、黒板博士との卒業旅行、史料編纂所での史料調査、博士の紹介による訪問と単独での訪問の際の寺院の対応の違いなどを聞くにつけ、一つには黒板博士がいかに特別扱いされていたかを知り、また一方で、各寺院がいかに厳しく他見を戒めて来たかを痛感するのである。この後者の伝統により、多くの寺院に良質の史料・文化財が襲蔵されて来たのであろう。

古くは水戸家の彰考館における史料蒐集にしても、安藤為章らによる京都の貴紳家の史料の複写と共に、佐々宗淳らによる諸国の古寺名刹からの史料蒐集が重要な地位を占めている。また、国語学の資料としての訓点資料にしても、寺院に伝えられた資料、殊に内典に施されたものが圧倒的に多い。

正倉院文書は、古代史の史料として世界的にも貴重な文化遺産であり、事実、わが古代史学を支えて来たのであるが、これも東大寺の正倉院に収められていればこそ、主要な堂宇から離れた場所に勅封の倉として護られ、中世の兵火をも潜り抜け、千年余の永きに亘って伝世を全うしえたのであろう。また金沢文庫本といわれる善本の伝来も、称名寺なる寺院に管理させたことが、鎌倉を離れた地にあったことなどと共に、北条氏の滅亡後直ちに亡佚するのを防いだといえよう。その後徐々に散逸して行ったのは、大きな後楯を失った寺院の経済力その他維持力の低下によるものであり、やはりこの関係は重視しなければならない。

時代を超えて人々の崇敬を集め、経済的基盤を有していた名刹に残された史料・文化財は、天寿国曼荼羅繍帳、正倉院文書、百万塔陀羅尼以下数えきれぬものがあり、唐招提寺の講堂のように平城京の朝集殿を偲びうる遺構もあれば、金閣（これは戦後焼亡）・銀閣のように室町期の政治と文化・思想の接点を示すものもある。寺院の力によって護られ伝えられた文化財は驚くほど多く、寺院は文化財の宝庫といって差支えない。

## 文化の創造・維持と経済

わが国において寺院は、常に特権を付与され、特別の保護を加えられて来た。例えば律令制下の寺院については、竹内理三博士の『奈良朝時代に於ける寺院経済の研究』（昭和七年、大岡山書店）以下の研究があり、僧尼は官人と同じく租税が免ぜられ、寺には封戸が与えられ、不輸租の寺田が給され、官寺の造立にあたっては臨時の造寺司が置かれることもあり、後に墾田の所有も認められる等々の特典が付与されたことはよく知られている。

次の荘園の時代、即ち後期王朝国家の時代を迎えると、大寺院は多くの荘園の寄進を受け、揺ぎのない経済力を誇示しえたのである。権門体制下の寺院の政治力や経済力も、また一向宗のもつ力にも目を見張るものがある。そして戦国期以降は有力大名などの庇護をうけ、さらに江戸期には寺領などの経済的基盤を付与されたのである。

それらは寺院のもっている聖的空間としての本来的な性格に根差すものであろう。国家の安寧のため、一族の繁栄のため、父母・祖先の菩提のため、日常の俗世界とは別の聖域として作り置く必要があったからであり、我が家・我が身の栄達と国家の政治とが結びついていた貴族の時代においても、家の安泰に生死を賭けた武家の時代においても、この聖域を立派に作りあげ、その聖なる力に縋《すが》ることは、有力者にとって最優先事だったのである。寺塔を建立し、仏像を安置し、荘厳を施すだけでなく、僧侶を常住させ、法会・写経から灯明・薪炭に至るまで賄うには巨額の経済的裏付けを必要とし、またその継続も必要となるのである。

そして、聖なる空間の創出なればこそ、各時代の思想・技術の粋を聚《あつ》めた最高の文化財としての寺院が建立され、その維持に細心の注意が払われ、その背後に経済的裏付けが不可欠となるのである。またその結果、寺院には学侶が育ち、加持僧が住し、声聞師・読経師が置かれ、画僧・仏師などが関係していき、名士が訪れ、名品が奉納され、まさに文化の創造と維持とに寄与する存在たりうるのである。

## 文化と信仰

わが国の寺院統制の歴史は、一面、寺院保護政策の歴史でもあった。権力者の恣意《しい》的強権の発動だけでは後世に残るような文化的存在としての寺院は建立しえない。ましてやそれを永きに亘って存続することは不可能である。

白河上皇三大不如意の一「山法師」は、やはり意に逆らうとはいえ信仰を結んでいたればこそ不如意として嘆くに止まったのである。これが信仰外におかれてしまえば、まさに信長の比叡山焼討ちあるのみである。

東大寺の大仏は決して奴隷労働の汗の結晶ではない。外形の多くは中・近世に補修されているものの、仏像本体の大都分が千二百年余を経た今日まで保ちえたのは、製作に関わった人々が信仰によって堅く結ばれていたからである。エジプトのピラミッドが今日まで崩れず、スフィンクスがナポレオンの時代まで端正な姿を伝えたのも、信仰あればこそであり、苦役以外の何ものでもない強制労働によって作られたものは、世に永く生命を保ちえず、あっけなく滅び去るのである。

権力者となり、時代を思うがままに動かしたかに見える一代の英傑にしても、人間としては苦しみもあり悩みもある。そこに信仰が生じ、寺院への傾斜が芽生えるのである。

そこで、宮大工に、仏師に、画師に、寺院の建立、寺内の荘厳を依頼することになるが、彼らもまた信仰をもてばこそ、片手間に終わらせることなく、精神を込め、もてる技術のすべてを出し尽くして取り組むのである。こうして寺院そのものが文化財としての価値を有し、時代を代表する文化の香り高き作品に飾られることとなるのである。

また、わが国の文化は、仏教の受容・変容と共に大きくその基調を変化させて来た。飛鳥から平安期にかけての造形上の傾向や色彩感は、鎌倉末期から室町期にかけての禅宗の広まり、即ち南宋文化の流入また五山の抬頭と共に、それまでの華麗な原色系の文化から、渋い墨色系の文化へと大転換するのである。

また後者の時代においては、古典復興の気運が生じ、これが世上落ち着きを取り戻した江戸期に再生し、時代の特色を形成していく。江戸時代とは、文化の思潮としては一面において保守的であり、少なくとも伝統を重んじようとする気風の横溢した時代と見ることができる。古典籍の探訪然り、古寺の復興然り、『大日本史』の編纂、国学の勃興また然りである。この江戸時代の寺院保護政策ならびに伝統尊重の気風が、わが国の歴史を語る「もの」を今日に伝えるのに、大きな力となったのである。

明治以後、国家の制度が変わり、信仰のあり方にも大きな変化が生じ、寺院から所有を移した文化財も少なくない。しかし、わが文化財の多くを今日に伝えた功は、何よりも寺院にあったと言ってよい。それを可能にしたのは信仰の力であったともいえるが、直接的にはそれらを背景にした寺院の経済力に負うところ大であったというべきであろう。

（日本「寺院」総覧、新人物往来社、平成四年七月）

# 印刷文化史と宗教

わが国の文化史を論ずるとき、美術であれ文学であれ、思想であれ芸能であれ、仏教を始めとする宗教との関わりを避けては、何一つ語ることはできない。

それは、印刷という技術、それによって伝えられ遺された文化財、そしてその背後にある思想等をすべて取りこんだ印刷文化史には、宗教による諸外国からの文化伝播がみられると共に、諸外国との比較において遜色のない価値を有する点も見逃せない。

横書きも縦書きも可能なわが国の文字事情の下にあっても、欧文論考を併載する学術誌を除いては、公的機関の書類以外、すべて滔々として流れこむ伝統に裏づけられた縦書きが踏襲されている。漫画ですら齣《こまわ》割りも科白《せりふ》も、原則として縦書きをとっている。

書物の奥付にも、江戸期の板本の伝統が濃厚に受けつがれている。わが国の書物は、一般に書物の末尾に奥付が付される。欧米の書物における発行者等の表示は、書物の末尾というものも無いではないが、よく知られている形式は内扉裏におかれるものである。中国の書物までが、いつの間にか欧米に倣って内扉裏にそれを表示する形式のものが多くなっているのに、わが国では今なお板本以来の伝統が生きている。

また、美本函《はこ》入りといって、然るべき書物は函に入っているが、ここにも、欧米の形式とは異なる、わが国の伝統の帙《ちつ》入り本の系統を承けた形式が踏襲されている。

印刷技術が、中国、朝鮮、西欧から伝えられたものである一方で、こういった比較を通して看取されることは、わが国印刷文化の独自性であり、伝統の強さである。そして、この縦書き、巻末奥付、帙入りの伝統が、仏教の折本経典などにも見られる形式であることに想到するとき、わが印刷文化史と宗教との深い関わりを見出すことができる。

ここでは、史上に著名な文化財、あるいは小印刷物を取り上げ、仏教・儒教・神道・キリスト教などの宗教との関わりを概観することとしたい。

### 百万塔陀羅尼

今日、世界的に見ても現存最古の印刷物といわれるのが奈良の法隆寺に伝わる「百万塔陀羅尼」である。

天平宝字八（七六四）年に、恵美押勝《えみのおしかつ》（藤原仲麻呂）の乱が平定されると、時の孝謙上皇は世の平安を願って、木製の小塔百万基を造り、中に経典を納めて諸寺に奉献する願を発《おこ》された。小塔の相輪《そうりん》の下は空洞になっており、そこに「根本陀羅尼」「相輪陀羅尼」「自心印陀羅尼」「六度（六波羅蜜）陀羅尼」の四種の呪《しゅ》（陀羅尼）のいずれかが納められるようになっていた。これを一般に「百万塔陀羅尼経」といっている。この四種の陀羅尼は、「無垢浄光大陀羅尼経」という則天武后の代（八世紀初頭）に初めて漢訳された仏典中に見える呪で、玄昉が天平七（七三五）年に将来した一切経の一部であり、注目されたばかりの経文であった。

四種の陀羅尼はそれぞれ二二三字（根本）、一二三字（相輪）、一五八字（自心印）、七〇字または七四字（六度）であり、短文で知られる般若心経が、「般若波羅蜜多心経」の八字を加えて二六二ないし二六六字であることに比べ、いかに短いかが分かろう。しかし、これを百万部写すとなると厖大な数の写経生が従事しなければならない。ところが、神護景雲二（七六八）年に、称徳天皇（孝謙重祚《ちょうそ》）は勅願の一切経の書写を諸寺に命じており、この時期、写経生を大量に動員することは不可能であった。

そこで印刷という手段が選ばれたのであるが、遍《あまね》く無垢浄光を弘めるには最も適した方法であったと言ってよい。これはまさに、十五世紀のヨーロッパにおいて、グーテンベルグが印刷機で三十六行または四十二行の『聖書』を印刷したのと軌を一にするものである。

ところで、この百万塔陀羅尼についてはいくつかの謎がある。一つは、本当に世界最古の印刷物かという謎。中国の記録によれば、これより古い印刷が存することになっており、韓国の仏国寺にはしばしばこれより先行するといわれる木版刷「無垢浄光大陀羅尼経」が伝襲されている。ただ客観的にみて、研究者の多くが下した結論は、百万塔陀羅尼を以て世界最古とする見解である。

また、百万塔陀羅尼は印刷物であることに違いないが、これが木版刷りか銅版の印刷物かは、未だ確定をみるに至っていない。藤原貞幹『好古小録』以下、古くは銅版を想定していたが、現在では、印字を拡大して見ると文字上に墨が太く出る部分が字画に斜行して想定される線上に並ぶことから、これを木目による墨だまりと見て、木版刷りとみる見解に傾いている。しかし、一方で、木製原版から鋳型を取れば銅版の可能性も否定できないとの意見もあり、これも謎の一つである。

法隆寺に蔵されてきたところから、近年流行の怨霊説も俗耳に入りやすい。聖武天皇の娘孝謙天皇のち重祚して称徳天皇は、その治世を、生母光明皇后の下でその意向に従っていた時期と、自らの意志を貫かれた時期とに分けることができる。その前期において光明皇后の庇護の下に勢力を握っていたのが恵美押勝であり、光明皇后薨去《こうきょ》の後、孝謙上皇が道鏡を寵愛したため、これを除こうとして逆に平定されたのが押勝であった。また押勝の立てた淳仁天皇（淡路廃帝）も、恵美押勝の乱平定後退位させられ、押勝に与《くみ》した貴族たちも一斉に粛清された。そこでその怨念を鎮めるために作られたとするが、確証はない。

こういったいくつかの謎があるが、何よりも、千二百年前の印刷物が数千巻も今日に伝えられていることこそ、第一の謎と言うべきであろう。

## 平安・鎌倉の寺院版

百万塔陀羅尼の伝統は、平安時代に入って更なる進展を見せるべきところ、残念ながらわが印刷史上、一時的に衰退期を迎える。

平安時代でも、藤原道長が後の後朱雀天皇の安産を祈って、娘の中宮彰子のために『法華経』一千部を印刷したことが『御堂関白記』に見えるなど、印刷文化は全くの空白期に入っていたわけではない。また、木や土に小型の仏像を彫刻して布や紙に押捺する奈良時代の印仏は、平安時代に入り摺仏として盛んに行われるようになるが、今日に伝えられる印刷物として、歴史に大書されるものは見られない。

ところが、平安時代末期から鎌倉時代には南都の諸寺を中心に経典の版行が大いに行われ、中国における《宋版》の位置を占める春日版・高野版などが登場してくる。

源平の合戦の中で、治承四（一一八〇）年に平重衡によって南都の諸寺は灰燼に帰すが、その後、寺塔の再建と共に経典の補充に努め、建築史・美術史と並んで仏教復興の担《にな》い手として、印刷による経典の流布に力を入れるようになるのである。仏像に仏師集団による分業が見られるのと同様の傾向にあるといえよう。

その中で、藤原氏の氏寺興福寺で開版され春日神社に奉献されたところから名付けられた春日版に関しては、治承の回禄に先立つ寛治二（一〇八八）年の刊記をもつ『成唯識論』が正倉院に蔵されており、また建久六（一一九五）年に刻された『成唯識論述記』の版木が興福寺北円堂に伝えられている。

高野版については、僧侶以外に京都の経師屋が一部分担したこと、また四種の開版目録が伝えられ、料紙・装釘の価格など印刷文化史の裏面を伝える貴重な史料が残されていることが特記しうる。なお、記録の上で高野版に「般若心経」一千巻の印刷が見られる一方、叡山版としては『法華三部経』六十巻、註疏九十巻の刊行が知られている。

**起請文**

中村直勝博士に、『起請《きしょう》の心』なる名篇がある（昭和二十七年、便利堂刊。のち『中村直勝著作集』第五巻所収）。古文書蒐集家（双柏文庫）としても名高い博士蒐集の起請文四十一点を掲げ、起請文について分りやすく説明した類書中の白眉である。

起請文とは、誓約あるいは契約に際し、神仏に対し誓いを捧げる文書で、違背した場合、如何なる神罰・仏罰をも蒙るという定式の文で結ぶ。この神仏に対する定式の文言を神文《しんもん》とも罰文《ばつぶん》ともいう。誓約あるいは契約本文に当たる起請文前書《まえがき》に続く後段の文である。古くは起請文全文を牛王宝印《ごおうほういん》の裏に記したが、のち、一般に後段の神文のみを牛王宝印の裏に記すようになる。

牛王宝印とは何か。中村博士は次のように説かれる（前掲書）。

如来や菩薩は、それを表現すべき梵字を有する。それを種子《しゅじ》という。……その梵字を蓮華の台に載せ、それに後背の御光を副えて印章とし、それを以て仏身そのものに代えた。……それを宝印という。宝印を押捺するに用ゆる朱肉に牛玉《ごおう》という霊薬の微粒を加えたものを使用し、それを牛玉宝印と言ったのである。

牛王宝印の図（略）

ただし、よく知られている牛王宝印は、種子よりも「牛王宝印」の文字を装飾的に刻ったものが多い。

牛王は正しくは「牛黄」と書き、牛の胃腸にできた結石である。詳しくは瀧川政次郎博士「牛黄考」（『増補新版　日本社会経済史論考』所収）に譲るが、神妙なる霊薬として貴ばれ、これを加えることにより神威をいやが上にますことになる。

周知の如く、牛王宝印は熊野三所権現の熊野牛王が最も有名であり、その神罰は、平安時代末期以降、上下を通じて畏れられていた。『義経記』に、土佐坊昌俊が義経殺害の命を受けて上洛し、弁慶らに捕えられて起請文を書かされたため、明日になればこの七枚の起請文を神前に捧げなければならず、神罰を蒙ることになるとして夜襲をかけた堀川夜討は、物語とはいえ、当時の人々の思いを十分に伝えるものである。そして執権北条泰時は、『御成敗式目』を制定した際、その末尾に起請文を書いて、御家人との誓約の完《ま》ったからんことを誓い合って、効果の絶対を図った。

中村博士はまた、近松の名作『心中天網島』に言及しているが、男女の恋仲にも起請文が交され、その誓いを破ると熊野の烏が一羽ずつ死ぬという言い伝えが広く知られていた。高杉晋作の作と伝える都々逸「三千世界の烏を殺し……」は、この言い伝えを踏まえ、極度に誇張した戯《ざ》れ唄であろう。

## 五山版とキリシタン版

鎌倉末期から室町時代前期にかけて幕府・貴紳の崇敬を集めた臨済禅は、幕府によって五山の制定をみ、五山版の登場をみる。五山版は、京の五山を中心とする禅僧によって刊行されたものであるが、その特色は、むしろ儒学の基本文献である『論語』『大学』『春秋左氏伝』などを印行したこと、袋とじという和本の形式が完成されたことにある。

五山文化はわが国近世文化の原点であり、中国の文化史において極めて高い水準を示す宋文化の粋をわが国に移植せんとしたところに意義がある。元により遂には亡ぼされた宋の文化を、多くの禅僧が、学問として、文化として、制度として、思想としてわが国に持ちこんだものであり、単に一宗派としての禅宗の教義を深めたに止まらないものがある。

五山文学の名で知られる如く、そこにはむしろ儒学の教養が散見され、朱子学もまたこの五山の僧によって伝えられるのである。そして五山版は、中国の宋版の復刻を通して、応仁の乱に至るまで発展を遂げるのである。

これに対して、キリシタン版は、キリスト教の布教活動の一端として行われたが、わが国文学作品のローマ字による印行等により、今日、言語学上貴重な資料となっている。

天正少年使節をローマに送りだしたイエズス会の宣教師ヴァリニャーノは、インドのゴアまで使節に同行すると、洋式印刷機を入手、ゴアで使節団を待って、天正十八（一五九〇）年、再び来日した。こうして、太閤による天下統一の天正十九年から江戸時代初期の慶長十六（一六一一）年にかけて、島原半島の加津佐、天草、長崎などで印行されたのが、鉛鋳造活字によるキリシタン版である。

当時の口語が随所に見られる『天草本平家物語《あまくさぼん》』、イソップ譚の流布のきっかけとなった『伊曽保物語』など、三十数点が刊行された。

五山版の図（略）

## 江戸時代の版行

江戸期の版本は、まさにわが国文化史の一ページを彩るものであるが、その中で、宗教を背景にもつ二つの印刷について触れておきたい。

一つは、天海版、鉄眼《てつげん》版と呼ばれる大蔵経の版行である。長寿で知られる家康の指南番天海による『大蔵経』開版は、徳川家光の援助を受け、寛永十四（一六三七）年から十二年をかけて完成した活字版印刷であると共に、わが国大蔵経印刷の始まりともなるものである。

鉄眼はもと一向宗の僧であったが、江戸期に中国より伝わった黄檗宗の僧となり、妻を捨てた。ところが、妻もさるもの、黄檗山門前まで追って鉄眼の門を出るのを待ち、一旦はもとの家へ帰らされるも、再び逃げて黄檗山に籠ったという逸話を残す人である。鉄眼の『一切経』開版は、主に市井の人の募金に拠り、一部を印行してはそれを売り、その金で次を印刷するというやり方で完遂した。まさに天海版と好対照を見せている。

いま一つ、江戸期の印刷文化の中で、塙《はなわ》保《ほ》己《き》一《いち》の『群書類従』の版行を逸することはできない。版木は今も東京渋谷の温故学会に蔵されているが、桜の板の表裏に一丁裏表ずつを彫り、四十年の歳月をかけて、一万数千板の板木による開版を完了させた。時に保己一の没した翌年のことであった。しかし、費用を始め、諸々の便宜を保己一の手腕によって受けていたこともあり、旗本御家人に列した保己一の死亡届は、一年延期せざるをえなかった。

この保己一が、若いときから菅原道真を祭る天満宮を信仰していたことはよく知られている。塙天神という屋敷内の天満宮に願をかけ、また般若心経読誦を生涯の日課とし、遂に常人のなしえぬ大事業を完成させたことは、よく知られたところである。

このほか、江戸期の俗信がらみの小印刷物としては、富籤・千社札・ええじゃないかのお札などがあり、盲暦・なまず絵などにも触れたいが、歴史上著名なことがらに止め、小稿では他は一切省略させて頂く。

（日本「宗教」総覧１９９３、新人物往来社、平成五年四月）

# 書札礼とは

歴史学研究において、古文書は、古記録と並び、歴史事象の実態を端的に物語る最も重要な直接史料として位置づけられている。中でも私文書は、限定された時点における個人の思いや行動が如実に示されており、記録における感想などと共に、生身の人物が直接語りかけた生きた史料として受けとめられている。

古記録にも、儀式の次第を詳細に記録し、朝儀の進行や公的な文書を筆録することにのみ終始するものもある。私文書といっても、寄進状もあれば申状もある。純然たる私文書という意味で書簡を取りあげても、単なる命令・報告に過ぎぬものから、内容・発信人・受信人とも余り歴史に関わりを持たぬものまで、生きた史料としての価値に乏しいものも少なくない。しかし史料論一般としては、書状などをその人物の社会的地位や個人史の中に位置づけ、あるいは遣り取りを示す双方の書状が残っていれば、それを見比べることによって、歴史の実態を読み取るということも事実である。

ところで書状・書簡には、一定の書式があり、一般に次のように理解されている。

前文　冒頭の礼詞〔「拝啓」の類〕
時候の挨拶
自他の安否

本文
結尾╱用題の総括〔「右……まで」の類〕
　　╲結尾の礼詞〔「敬具」の類〕
日付
署名
宛名〔「脇付」が付くことがある〕
　（なお末に「添書」が付くことがある）

勿論、「前略……草々」といった略式もあり、極言すれば、かの本多作左衛門の陣中より妻に送ったという「一筆啓上、火の用心、おせん泣かすな、馬肥やせ」も立派な書簡である。が、ここにも「一筆啓上」と冒頭の礼詞があり、基本的には書式に則っていることが了せられる。

ここで、敢えて何のための書式かと問うならば、強引な理解であるかも知れないが、詰まるところ、受信者に快くまた正確に意思を伝える必要から生じたものといってよかろう。言語生活において、挨拶言葉には表面上の意味は全くないが、社会的コミュニケーションを図るうえからは大きな意味を有する。相見《まみ》えぬ人の書簡を信用し、その思いを的確に受けとめ、その内容に従って何らかの行動をとるための書簡の機能は、単に「意思」の伝達に止まらず、意思を正しく「伝達」するところにある。つまりは挨拶を述べ、相手を労《いた》わり、礼を尽くして希望・依頼・気持を述べることによって始めて、気持よく行動がとれることになる。

こうして一定の書式が形作られていった。この書式を、一般に書簡作法などといい、歴史的には

「書札礼《しよさつれい》」という名で呼ばれることが多い。

## 書式の定着までの概要

奈良朝以前にあっては、倭王武の上表文や、聖徳太子による隋への国書が有名であるが、共に『日本書紀』には引載されていない。『宋書』倭国伝では、「臣雖下愚。忝《かたじけなくも》胤《つぎ》先緒。駆率所統《すぶる》。帰崇天極」と遜《へりくだ》る書き振りによって、宋の官職としての使持節都督倭新羅任那加羅秦韓慕韓六国諸軍事安東大将軍倭王に叙され、一方、『隋書』倭国伝では、「日出処天子。致書日没処天子。無恙《つつが》」と対等の書式を採って、臣従関係を断ち切っている。ただこれらは全文が伝わらず、引用もどこまで正確か保し難く、全体としての書式を云々することはできないが、何らかの方式に則った文章であることは読み取れる。

奈良時代に至って、行政上の基本法として養老令が制定される。いま『令義解《りようのぎげ》』『令集解《りようのしゆうげ》』によって養老公《く》式令《しきりよう》（大宝令の一部も復原可能）の内容を知ることができ、官庁間の文書の書式が分かる。しかしこれも、所謂《いわゆる》公文書の書式の要点を規定したもので、実際の書き方を知るには「正倉院文書」などに当たらなければならない。例えば、その「移式」では、

刑部省移式部省。
其事云々。故移。
年　月　日。　録　位　姓　名
卿　位　姓

とあるのみである。

一方、この時代になると、明確に書式が窺える史料が現われてくる。「正倉院文書」には例えば、

謹曰。

先日申校生小寫経二條行事通可仕奉。

右。公足所願儻有応。答垂芳処分。令向彼所。但恐不有応歟。世間煩事屬請也。不勝思情。不伺時節。濫致書御座下。不具謹狀。

八月廿五日信部下任大隅公足謹狀

謹上　楊尊侍者　謹空

（『大日本古文書』巻十六）

と見え、『万葉集』には、例えば次のように見える（巻十八、越前国掾大伴宿祢池主来贈戯歌四首のうち）。

依迎駅使事。今月十五日。到來部下加賀郡境。……尋誦針袋詠。詞泉不竭。抱膝獨咲。能蠲旅愁。陶然遣日。何慮何思。短筆不宣。

勝寶元年十二月十五日　徴物下司

謹上　不伏使君　記室

脇付の「謹空」や「記室」については、瀧川政次郎博士が敦煌文書の例を引いて、唐に用例のあることを説いておられる（『日本法律史話』）。

これらが、唐の書簡文の影響下にあることは、一見明瞭であり、『隋書』経籍志、『唐書』芸文志、『日

本国見在《げんざい》書目録』に「書儀」「月儀」（十二ヶ月の時候の挨拶を中心とした文例）などが見える。しかし、唐代前後の中国の書儀はその後散佚し、僅かに大英博物館の「唐朝書儀」（スタイン文書）などが知られるに過ぎない。一方、わが国には、確実に書儀が舶載されたことを証する文献が伝えられている。正倉院に伝襲されている光明皇后筆になる「杜家立成雑書要略」（一般に「杜家立成」という）がそれである。『唐書』芸文志にいう「杜有晋書儀」と同一書かともいわれ、唐代の文章家杜正蔵の文章になる三十六組の往復書簡（二組は答書を欠く）が引載されており、唐代書儀の一端を窺うことができる。

この時代には遣唐使が頻繁に往来し、我彼の書簡の遣り取りも行われ、書簡の形式が唐代書儀に則って定型化されて行ったであろうことは想像に難くない。

また一方で、文書や文章の集成も行われ、『朝野群載』『本朝文粋』などが現れ、遂には、『雑筆要集』（儒林拾要＝古文書様式集）などをへて、書簡の定型化、即ち書札礼の制定へと進むのである。但し、相田二郎氏は、書札様文書を平安末期を境に書札礼制定以前と以後に明確に分けて扱っておられる。これは様式論から見る場合、当然の帰結であり、内容的にも単なる私信から公的機能の付与へと変化が見られる以上、古文書研究のうえからは峻別すべきことは論を俟たない。ただ、両者の中間に『雑筆要集』を置くならば、このような書式が定型化して行く背後に、書儀の影響による書式の定型化が存したことは見逃せないであろう。

書札礼一斑

橘豊氏は『書簡作法の研究』において、書状法式集として、書儀・月儀、公式令を含め二十五種（「貴嶺問答」を除く）について考察を施し、黒板勝美博士は「古文書学概論」（『虚心文集』第五）の中で、「……書札礼の種類も色々となって来た。今日前田侯爵家のみに伝る書札礼が、その数二十部にも及んでゐる」と述べておられる。

その主なものを挙げれば、文治年間（一一五九～一一六〇）の成立かといわれる中山忠親の「貴嶺問答」、嘉禎三（一二三七）年の識語をもつ守覚法親王の「消息耳底《じてい》秘抄」、弘安八（一二八五）年に諸礼制定の一環として定められた所謂「弘安礼節」（『中家実録』に「書札樞要」の名で載せる）、室町前期の「書札作法抄」、室町後期の「大舘常興《おおだてつねおき》書札抄」、「書簡故実」などがあり、多くは『群書類従』消息部に収められている（「弘安礼節」は雑部）。

これらには、発信人・受信人の位階等による書式が細かく記されているほか、墨・硯から始まる扱いの作法、用紙の種類、封書の書式・封じ方、書簡の前後上下の余白や、平出・欠字など用字・字体・嫌諱・異名などに言及するところがある。

例えば「弘安礼節」では、中納言から蔵人頭に出すときは「無上所（「進上」の如きものを上所《じょうしょ》という）、執達如件《しったつくだんのごとし》」と書き、蔵人頭から中納言へ差し出すときは「謹上、上啓如件。恐惶謹言」と書くといった、発信人・受信人の位階等による書式だけが記されている。

「消息耳底秘抄」になると、最も尊い方へは礼紙《らいし》二枚重ねよとか、「抑」の字は行頭に置いてはならぬ、人名は次行に跨るように書いてはならぬ、「恐惶」と書くのは主人や師匠・父に対し、また莊官（下司）

などが預所（中司）などに対してである、といったことが示されている。
「大舘常興書札抄」では、摂家・清華に書状を出すときは諸大夫宛に出すとか、日野家（名家なれど左大臣に至り、室町期には権勢を誇った）や三条家（大臣家）に対しては「日野（三条）殿 参人々御中」とし、勧修寺（名家なれど内大臣に至る）・冷泉・飛鳥井（共に羽林家）の諸家に対しては「勧修寺殿 人々御中」と書くなどと見え、仮名文の場合でも、「参る人々申給へ」を草書で書く段階から、「人々申給へ」「参る申給へ」の草書等七段階に分けて示している。また自己の被官に対しては、「恐々謹言」を「謹言」とすることもよく、「恐々謹言」を草書に崩してもよいとし、充所《あてどころ》の名の下は「とのへ」と仮名書きすることなど記されている。

この時期の書札礼を古文書学に即して詳述しているものに、相田二郎氏『日本の古文書』（中編第三部第三）がある。本来、この点についても触れなければならないが、様式論と重複するところが多く、ここでは右書に譲って省略することとする。

そこで、かくて書札礼に通じた能書の右筆（祐筆）が登場し定着することに触れると共に以下に江戸期の書札礼（曽我流）の一端を紹介することとし、以て責をふさぐこととする。

まず字体であるが、よく知られているように、御・殿・様などに、次のような書き分けがある。

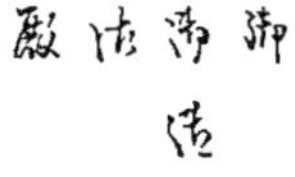

立御字《たておんじ》と称し、上位者に用いる。

引捨《ひきすて》御字と称し、同輩に用いる。

箱《はこ》御字と称し、下輩に用いる。

でんどの。

　宰相どのという。
　中将どのという。
　二つがけ。少将・侍従に用いる。
　一つがけ。四位・諸大夫に用いる。
　ぐるどの。万石以下に用いる。
　ばんでん。凡人に用いる。
（様）永様《えいさま》。上位者に用いる。
（様）美《び》様。同輩に用いる。
　平《ひら》様。下輩に用いる。
　取《とり》様。下輩に用いる。

また、一般に「候文《そうろうぶん》」と呼ぶ文章や文節の末を「候」で結ぶ文体が特に書簡のうえで定着した。「候」は、本来、漢文体が国文へと移る中で「侍る」が多用されていった公家様の書簡から、一一・一二世紀の交を境に、武家様の書簡が表面に現われると多用されるようになり、室町期に全盛を迎え、遂に書簡を中心に候文なる文体を確立するに至ったものである。その「候」の字体も、行書の「候」から「ゝ」に至る数段階があった。これに類して女子の仮名文では、阿仏尼の乳母の文を初見とする「」（参らせ候）が多用される。

墨継ぎとして、「黒字・白字」を忌んだ。行末で墨継ぎをするのを黒字、行頭二字目で継ぐのを白字（行頭が淡く見える）という。天皇・将軍・主君などの名は行を改めて書き（平出《へいしゅつ》）、新たに墨継ぎをする。また、墨色は「間《あい》の墨色」といって、余り濃くも薄くもない頃合がよいとされ、貴人へは草書を避け、行書で詰めぎみに書いたのである。

なお、「抑」字以外にも、「候」「旨」「由」「哉」「之趣」「（二）付」「（二）間」などは行頭に置くことを忌み、また、祝言の書簡と悔みの書簡には、「将又《はたまた》」「且又」「重而《かさねて》」「頓而《やがて》」「尚々」「返々」など重畳の文字を忌むといった、文字に関する約束事も少なくない。また「にて」「とて」など助辞が直前の熟語と離れて次行に移るのも忌んだのである。

書式については、これまた様式論の説くところに譲るとして、一つ、充所《あてどころ》の位置についてのみ触れておきたい。これは日付（多くは「月日」のみ、年の干支《えと》が加わることもある）の書き始めと同じ位置から書き出すのが同輩に対する礼で、半字文上げれば上位者に、下げれば下位者に対するものとなる。連名の場合、連署書《れんしょがき》の奥あがりといって、差出人も充所も下位者から書き出すことになっている。

近代に至り、繁文縟礼として斥《しりぞ》けられるところの多かった書札礼は、新しい生活様式になじまなかったとはいえ、部分的にはなお今日の書簡作法の中に残り、また古文書学の参考としてもなお注目されるものがある。

（日本歴史「古文書」総覧、新人物往来社、平成四年四月）

# 最古の漢和字典「新字」をめぐって

『日本書紀』天武天皇の十一（六八二）年三月丙午（十三日）条に、
境部連《さかいべのむらじ》石積《いわづみ》等に命《みことのり》して、更に肇《はじ》めて新字《にいな》一部四十四巻を造らしむ。
と見える「新字」とは何か。

あとで否定する中世の記録を除けば、「新字」に関する資料は、これが唯一であり、すべての基本をなすものである。この文面・文脈、そして歴史の流れを押さえながら、あとは推測するほかないのである。

## 一、諸説の紹介

最初に、この書についての従来の推測を、ひとわたり概観しておきたい。

従来の諸説を要領よく纏めたものに『国史大辞典』（吉川弘文館）七巻の「新字（しんじ）」の項がある（東野治之氏執筆）。一部要約してここに摘記させていただく。

（一）梵字様の新字体を定めた書。
（二）漢字の訓釈を制定した書。
（三）いわゆる国字を制定した書。

（四）国史編纂のため、古語や国語を、表わすべき文字を選定した書。

（五）北魏に倣《なら》って乱れた字体を正すべく新字体を定めた書。

（六）中国の諸字体の弁別や訓詁を示した小学啓蒙書。

和田英松博士『本朝書籍《しょじゃく》 目録考証』および『国史国文之研究』などを参考に、右の各項について簡単な説明を加えると、（一）はいわゆる「神代文字」で、古い神社や古墳などから出たと称する梵字あるいは李氏朝鮮の諺文《おんもん》に似た文字である。平田篤胤は『古史徴開題記』や「神字《かんな》日《び》文伝《ふみのつたえ》」などで諺文体の「日文《ひふみ》」を積極的に日本固有の文字として位置づけようとしたが、伴信友『仮字本末《かなのもとすえ》』が否定して以来、明治以降の学者はこれを否定してきた。ただ、江戸期の国学者・歴史家の中には神代文字に言及するものが多く、現在なおその存在を主張する著作もあるが、「新字」との関係は否定してよいであろう。なお「新字」梵字説の根拠とされる中世の一資料については、あとで触れることとする。

（二）は伊藤東涯の「盍簪録《こうしんろく》」に見える説で、和田英松博士は『本朝書籍目録考証』で「漢字の訓訳を一定にしたる」ものとしている。

（三）は、「俤」とか「辻」「峠」「畠」「榊」「凩」といった、漢字に倣って日本で造字された国字を纏めた書と見る説で、岡白駒『日本儒林伝』、新井白石『同文通考』や佐藤誠実博士「字体考」、木村正辞博士「文学史付説」（『史学協会雑誌』六）などに見える。

ただし、（一）と（三）は、「四十四巻」という巻数から考えても、成立しがたい説であることが分かる。

次に（四）は和田英松博士『本朝書籍目録考証』および「天武天皇の新字に就て」（『国史国文之研究』所収）に見える説で、今日の通説と言ってよい。『本朝書籍目録考証』の中で、「国史は古語であるから、原文のまゝを伝えなければならない。……然るに漢字で古語の発音をば其まま現す事は到底出来ない」とか、「太安麿が古事記の序文にて、稗田阿礼の諳誦して居る勅語の帝紀、及び本辞を書取る事の困難なる事を訴えて居る」と指摘している（一部（二）説を含むがそれは除く）。これは、日本古典文学大系『日本書紀』の補注（下五九四ページ）に記す次の説明に要約しうる見解である。

　天武朝の修史事業（十年三月条）と関連して、古語の正確な表現のため制定したものとする説。

（五）は岡井慎吾博士『日本漢字学史』の説くもので、わが国の古代金石文には略体が多いことを前提に、中国の正書体制定に範をとって定めたものとする。

（六）は小島憲之博士「文字の揺れ」（『万葉以前』所収）において展開された新説である。『万葉以前』から一部抜萃してその概要を紹介する。

　北斉魏収撰『魏書』巻四上世祖上……、始光二（四二五）年三月の条に、

　　初めて新字千余を造る。……今し文字の世の用いる所のものを制定し、遠近に頒下し、永く楷式と為《なさ》むと。

とみえる。……天武の新字制定の過程がこの『魏書』の記事に相通じることは否定できまい。

……

『新字』四四巻……、新しく付加した「新字」そのものの意味ではなく、むしろ古字との対応を含む広義の新字の意とみるべく、……やはり古字との差、その訓詁、音義などの記事を説く小学

書であろう。

## 二、釈日本紀梵字説の否定

一三世紀末に成立したと見られる卜部兼方《うらべのかねかた》の『釈日本紀《しゃくにほんぎ》』巻十五（述義十一）に、次の記事が見える。

新字一部。

私記曰。師説。此書今在二図書寮一。但其字體頗似二梵字一。未レ詳二其字義所一准拠一乎。

右文中の「私記」とは、『日本書紀』の講書を記録した書物である。『日本書紀』の講書については坂本太郎博士『六国史』に簡明に纏められている。講書は、養老五（七二一）年、弘仁三（八一二）年、承和六（八三九）年、元慶二（八七八）年、延喜四（九〇四）年、承平六（九三六）年、康保二（九六五）年の七回行われ、弘仁度以下のものは『日本紀私記』の名のもとに一括して纏められたものがある（新訂増補国史大系本『日本書紀私記』）。坂本博士は「釈日本紀に単に『私記』として引用されたものには、この時（元慶度）の私記が多くあったと、私は考える」とされ、和田博士は矢田部公望の「私記」と考えている。矢田部公望の「私記」は「公望私記」または「延喜公望私記」として知られ、延喜度のものであり、元慶・延喜のいずれにしても、その「師説」で指摘されている見解は、ほぼ九世紀頃の説と見てよかろう。天武十一年との間には大率《おおよそ》百五十年前後の隔りがあるのである。

その中間の時期こそは、漢籍が大量にわが国に将来されて来た時期であり、中国において則天武后が周（六九五～七〇四）を建国し、新造の文字若干を制定した時期を含んでいる。

則天武后の制定した新字体は、一般に「則天文字」と称されるが、「則天新字」あるいは「武周新字」とも称される。『唐書』には十二字挙げられているが、常盤大定博士「武周新字の一研究」（『東方学報』東京六）および内藤乾吉氏「敦煌発見唐職制戸婚廐庫律断簡」（『中国法制史考証』所収）では今少し多く指摘されているが、二十字を超えるものではない。

一般に「新字」というとき、小島博士も指摘する三国魏の新造した千余字を指す。しかし、時に則天文字を「新字」と称することがある。その則天文字が梵字に似ているかというと、若干異論もあるであろうが、漢字として異様な字体であることは誰しも認めるであろう。

仮に則天文字を梵字様と認め、『釈日本紀』の「新字」を則天文字であるとしても、所詮十数字を四十四巻の書に作り上げることには無理がある。まず一巻本、多くて二巻というところであろう。

また梵字そのものと見る場合でも、撰者について、『日本書紀』白雉四（六五三）年五月条の遣唐使の歴名中の或本に「学生《がくしょう》　坂合部連磐積」とあり、天智天皇四年是年条の遣唐使記事の注にも「坂合部連石積」と見える人物であることからして、儒教か漢字の著作ならともかく、仏典に伴なう字書であると見ることは躊躇される。

梵字様説は、いずれにしても否定されるべきであろう。

因みに、『日本国見在《げんざい》書目録』には、

　周字対語二巻。　（小學家）

の書名が見える。『釈日本紀』において「図書寮に在り」とする「新字」は、則天文字に語釈などを加えたと推定される右の書を指したものであろう。

## 三、新字は漢和字典か

わが国において、漢字に対する「訓《くん》」は、何時ごろ成立したのであろうか。

わが国の古い文字資料を見るとき、漢文脈での音仮名と、訓読も可能であるが漢文脈の中で把えられるものと、訓読あるいは訓仮名としての用法以外考えられないものとに分類することができる。『古事記』の冒頭「天地初発之時、於二高天原一成神名、天之御中主神、……」の「高天原」「天之御中主神」は、注により訓読することになっているが、注を無視すれば漢文脈としてでも把えられる。

一方、『日本書紀』は漢文脈で記された史書であるが、「境部連石積」（天武十一年）、「坂合部連石積」（天智四年）、坂合部連磐積」（白雉四年）と文字を換えて記してあることから考察するなら、この人名は完全に訓読あるいは訓仮名としての用法に則って記されていることになる。

現存する戸籍の最古のものは大宝二（七〇二）年の正倉院文書《もんじょ》中の断簡であるが、それ以前の『庚《こう》寅年籍《いんのねんじやく》』（六九〇）、更にわが国で初の全国的戸籍として永久保存に定められていた『庚午年籍《こうごのねんじやく》』（六七〇）も実際に作られたであろうことが推測されている。そこには氏名を訓仮名交りで記すものがあったに違いない。

一方、稲荷山古墳出土鉄剣銘（四七一か）、江田船山古墳出土大刀銘（同上頃か）、隅田《すだ》八幡宮所蔵人物画像鏡（五〇三か）などは、訓仮名以外に解釈しえない文字はない（訓仮名と疑える文字はある）。それ以前の出土例にも疑わしいものはあるが（出雲の「額田部」銘鉄剣など）、広く訓仮名的用法が行われるようになるのは『庚午年籍』作成時に比較的近い時期に下ると見てよかろう。

このように解釈するなら、時代の要請としての訓釈の書の誕生は、天智・天武朝にあってよいと推測される。

「新字」と命名した書名の意味は今ひとつ定かでないが、（二）の訓釈制定説、ないし（四）の修史のための文字整理説に近い理解が、最も穏当なところとなろう。

つまりは、わが国最初の漢和字典だったと言ってよい。

則天文字と梵字の図（略）

（日本古代史「記紀・風土記」総覧、新人物往来社、平成十年二月）

# 酒式と酒令をめぐって

二十年ほど前に、わが国王朝時代の飲酒礼の細則を定めた「新定酒式」について、短文を草したことがある（『国書逸文研究』九号）。

ただそこでは、わが国飲酒礼の淵源としての唐制に触れることが殆んどできなかった。専門家の垂教を請うべきところその煩を怠り、三十数年前の書である石田幹之助先生の『唐史叢鈔』所収「唐代燕飲小景」の追記を以て文献の渉猟に代えたためであった。因みに、石田先生は右書で次の如く述べている。

> 酒令のことは……「長安の歌妓」の下篇にも一寸触れたが、故森槐南先生の「酒令文学」といふものが雑誌「漢学」の第二編第一巻（明治四十四年一月）に載つてゐるからそれを参看せられれば益を得られると思ふ。但し唐代のことは至つて簡単である。……また幸田露伴先生の「游塵」に収めた「枕の草子と李義山と酒令」（大正十五年七月）を見て、李義山の名を冠した「雑纂」が恐らくは酒令の手引書であつて「ものは付」の戯れの指南書のやうなものであらうと云ふことを知つた。

なお、石田先生には、「酒令瑣談」（『大川端の思ひ出』）がある。ところが遼東之豕《りょうとうのいのこ》の謗《そし》りは甘受しなければならなかった。王昆吾氏の『唐代酒令芸術』（知識出版社）や麻国鈞・麻淑雲両氏の『中国酒令大観』（北京出版社）といった大著は、前記拙文の発表後の刊行であるが、研究情況は変りつつあったのである。

したがって、前記拙文は書き改めなければならないこととなったが、性怠惰にして今日まで果たせずにいるので、随想風にそのいくつかを記すこととした。

## 一、江戸期の拳戯と罰杯

「酒令」は、中国の風俗として中国俗文学の世界で多くの作品に登場している。

その概要は、青木正児博士の『抱樽酒話』によると、「宴会の際、或る遊戯的なる法令を規定して、之に触れたものは罰爵を飲ましめられること」と見え（爵は杯の一種）、石田先生は「長安の歌妓」（『長安の春』所収）において、「戯れに作られた酒席の規則で、罰杯をきめたり、隠芸の披露を促す風流の章程」としている。そして、中国文学の描写を追いながら、宴席における指揮者を「酒糾（或は席糾）という」と記すなど、読者を酒令の世界に誘っている。

一方わが国では、文献や文学作品にその影響の跡を見出すこと稀ではないが、それを「酒令」と称することはなく、またそれを言い換えた呼称もない。

例えば、諸橋轍次博士の『大漢和辞典』には「宴席に於て飲酒しながら行ふ游戯などの規則。これに背いた者は罰杯を飲む」との解説が見えるが、『広辞苑』や『日本国語大辞典』にはその項目すらない。因みに香坂順一氏の『中国語大辞典』には「(罰杯を決めての) 酒席の遊び」と見え、『辞源』などでは『韓詩外伝』を以て初出とする。

そこで、中国文化を摂取した奈良・平安期、五山文化期、江戸期の中から任意にわが酒令的遊戯につき概観し、罰杯との関連を見て行くこととしたい。

江戸時代には、後期の遊里文学として「洒落本」といわれるジャンルがあり、例えばその代表作品の一つ石橋一磨の『辰巳之園』に、利中なる幇間（たいこもち）が客と拳戯を戦わす場面がある。

（客）利中さん一ツ拳まゐらう。（利中）サアめエりやせう。（客）ゴウサイ。（利）ロマデエ。（客）パマ。（利）ロマとつてエ。（客）キウヤア。（利）トゥライとつてエ。……

何やら分かりにくいこの描写に対し、笹川種郎博士は周到な注を付けている（評釈江戸文学叢書『洒落本草双紙集』）。すなわち、「拳を打つ時の指数の呼声で唐音である。一、イイ。二、ルゥ。三、サン。四、スウ。五、ゴウ。六、ロマ。七、チエエ。八、パマ。九、キウ。十、トゥライ等。」と注し、更にその少し前の女郎と如雷の会話中の「拳角力（けんずもう）」に対しては、次の如く解説している。

長崎拳又は本拳ともいひ、支那人の長崎に伝へたもの。酒席の席上で二人が対坐し、互に五指を屈伸し、指の数を呼びつつ出し、其双方の出した指数を合算して、呼びたる数に中（あた）つたものを勝とする。負けたるものには酒を飲ますのである。

負けて飲まされることを「罰杯」というのである。本拳は相撲さながらに軍配を持った行司が立つ。また今日なお存する藤八拳（狐拳また庄屋拳）もある。

今手許にある小西可東著『拳の打振り』なる掌中本（明治四十二年刊）にも、次の如く見える。

拳は素（も）と支那の所産物であるが、其起源は甚だ古く、実に周代以前のものでもあり、……彼の有名な竹林の七賢人が、最も盛に戦はした事は多くの人の知る処である。……拳の我邦へ伝来したのは、何でも其後の唐時代であるが、其頃は一向振はなかつたものと見える。が、漸く盛に成つたのは、徳川の幕末で、殊に享和、文化、文政、天保頃は最も全盛を極めたのである。……惜しい哉、御維新の際に全（すつ）かり廃（すた）つて了（しま）つて昔の迹形（あとかた）もなくなつた。

拳の指南書には、明和八年の菊社波高『風月外伝』、安永八年の大田南畝『七拳図式』、文化六年の義浪・吾雀『拳会角力図会（けんさらえすまいずえ）』、文政一三年の山桜漣々・逸軒揺舟『拳独（ひとり）稽古』などがある。右のうち『風月外伝』を除く諸書は、一部が『古事類苑』遊戯部の「拳」の項に引かれている。詳しくは就いて見られたい。また、近年の概説書にセップ・リンハルト氏の『拳の文化史』（角川書店）がある。

ただ、これら諸書を見る限り、江戸時代の拳戯と本場中国での拳戯との間には、罰酒・罰杯について大きな違いが存する。

すなわち江戸時代の拳戯においては、罰杯が明記されているものは少ない。飲み終わるまで下に置けぬ可盃（べくさかづき）や、成島柳北『柳橋新誌』（但し該書は明治初年刊）など諸書に「罰杯」の語も見えるが、拳戯とは無関係に記されている。

一方、中国の拳戯は酒令の一部に位置づけられ、勝負の結末は負け方の罰杯で終わる。井上紅梅氏の『支那風俗』巻上所収の「支那料理の話」の中に見える「拳と酒令」には次の如くある。

支那の拳……は皆酒令の中に属してゐる。酒令は支那宴会独特のもので、……先づ満座の中より司令官一人を推薦し、其命令に従つて一定の規則を設け、犯則する者にはビシビシと罰杯を食らはす。或は古詩を詠じ或は新詩を作るなど、随分六ツかしい事までもする。
また王仁湘氏『飲食与中国文化』中の「酒令」の項には、次の如く見える（鈴木博氏訳による）。
酒令を酒を勧めるのに使う場合、さまざまな酒飲みが共通して認めるやり方で勝敗を競い、最後に勝者が敗者に罰酒を飲ませる。……古代の酒令は今日まで伝えられ……劃拳が流行している。

## 二、曲水宴とお流れ頂戴

上司・師など上位の者が口にした酒を続いて飲むことを「お流れ頂戴」と称する。『広辞苑』『日本国語大辞典』などにも国語辞典としては例外的扱いであるが、「お」を付けた語形を見出し語としている。例えば大槻文彦博士『大言海』には次の如く見える。

君公ヨリ群臣ニ酒ヲ賜ハルニ云フ語。自身ノ盃酒ノ余滴《シタタリ》ヲ銚子ニ移シ、更ニ加ヘノ酒ヲ増シテ、遍ク飲マシム。

また、物集高見博士の『広文庫』では次の「礼容筆粋」（享保二年刊）などを引いている。

御流とは、大名高家、我が下ざまの家人に被下《クダサル》次第也。主人の御前に、土器《カハラケ》を幾つも台につみかさね、主人のきこしめしかけられたる酒を、其のかはらけにうつし、段々下へうつしつたへ、両銚子のわたりの上にかはらけをのせて、御酌持参する也。

しかし、これらの記述から「お流れ」の理由が判然とするであろうか。むしろ、王朝時代の曲水（ごくすい）の宴に触れ、さらにその儀式における「お流れ」の解釈を試みなければならない。曲水宴についての一般的解釈を示すものとして、鈴木敬三博士編『有職故実大辞典』がある（中村義雄氏執筆）。

ごくすいのえん　曲水宴「きょくすいのえん」「めぐりみずのとよのあかり」とも、流觴《りゅうしょう》曲水ともいう。陰暦三月上巳の日、または三月三日に行われた風流の行事。曲りくねって流れる水のほとりに坐し、水に酒盃を浮かべ、流れてくる盃が自分の前を通りすぎぬうちに詩歌を詠ずる。……『日本書紀』顕宗天皇元年……に曲水宴を行なったことがみえ、……平城天皇の代に一時廃されたが嵯峨天皇が復活、村上天皇のころ盛んに行われ、摂関時代には私邸で催され、……『今鏡』四、藤波の上にも記されている。

これらの原拠たる一条兼良《かねよし》の『公事《くじ》根源』「曲水ノ宴」にも、次のように見える。

是れは、昔王卿など参りて、御前にて詩を作りて講ぜられけるにや。御溝水《みかはみぞ》に盃をうかべて、文人以下是れをのむよし、康保の御記（村上天皇御記、康保三年三月三日条）にのせられたり。……文人ども、水の岸になみゐて、水上より盃を流して、我が前を過ぎざるさきに、詩を作りて、其の盃をとりて飲みけるなり。

いずれにしても、流れてくる盃をいただく光景が窺われる。これぞ「お流れ頂戴」の濫觴と見るべきであろう。なお、胡山源氏編の『古今酒事』の故事の部に「曲水流杯」の謂れが見え、曲水宴については川口久雄博士『平安朝日本漢文学史の研究』、倉林正次博士『饗宴の研究・文学篇』が参考になる。

序でながら、韓国には慶州鮑石亭址など曲水宴を行う池溝が遺されている。そこでわが国でも、戦後、京都城南宮や太宰府天満宮などで韓国の庭園に模した池溝が作られ、観光行事化している。

ところで、わが国においてはどうやら罰酒・罰杯のことは見えない。しかし、中国の小説などには

「酒令」の描写中に頻りと登場する。『紅楼夢』第四十回の一部を紹介してみよう（岩波文庫の松枝茂夫氏訳）。


一同は席に着くと、ご隠居さまがまず笑っておっしゃった。

「まず二、三杯飲んでから、今日もひとつ酒令をやりましょうね。それでないとおもしろくないもの」……

煕鳳は急いで中央へすすみ出て笑いながら、

「酒令をなさいますなら、やはり鴛鴦姉ちゃん……がようございます」……

鴛鴦はいった。

「ではあたくし、骨牌《かるた》のやり方をご説明申しあげます。……まずあたくしが一組を切り出します。その一組三枚の骨牌を切りはなしまして、……一組の名前を合わせませまして、詩詞なり歌賦なり、また成語でも俗語でもよろしゅうございますから、それにふさわしい一句を読みこんでいただくのでございますが、すべて韻を合わせせなければなりませぬ。間違えたおかたは罰として一杯でございます」

「その酒令、おもしろそうだね。さあ早くいいなさい」

と一同は賛成したので、鴛鴦がはじめた。……

「さあさあ一組できました。左はさてさて『大長五』（左辺是個大長五〔ウー〕）」

「梅花朶朶《だだ》風前に舞う（梅花朶朶風前舞〔ウー〕）」と薛《せつ》未亡人。

「右もやっぱり『長五』の札（右辺還是長五張〔チャン〕）」と鴛鴦。

「十月梅花嶺上に香《かんば》し（十月梅花嶺上香（シャン））」と薛未亡人。
「まんなか『二五』で『雑七』よ（当中二五是雑七（チー））」と鴛鴦。
「織女牽牛七夕に会す（織女牽牛会七夕（シー））」と薛未亡人。
「合わせりゃ『二郎神の五岳まいり』（湊成二郎遊五岳（ユエ））」と鴛鴦。
「世人は及ばず神仙の楽《がく》（世人不及神仙楽（ユエ））」と薛未亡人。
終わって一同やんやと賞めそやし、杯を差しあげる。
次は湘雲の番である。鴛鴦がいった。
「さあさあ一組できました。左は『長幺《ちょうよう》』で二点明るし（……）」……

## 三、「新定酒式」に見える罰酒

連歌《れんが》を詠む作法を定めた「連歌式目《しきもく》」など、法令以外にも律令格式《りつりょうきゃくしき》の語を用いた規定書の類がある。かつて、和田英松博士の『本朝書籍目録考証』中に「新定酒式」の名を見たとき、この書の考察を決意した。
その書は、「本朝書籍目録」の「四、政書」中に見える。和田博士の『考証』には次の如く記されている。

新定酒式　一巻　幷序、式部大輔菅清公撰
　飲酒に就いて式法を選定したるものなり。本朝法家文書目録……も同文なり。……
　この書亡佚して伝はらず。西宮記臨時八依新定酒式王卿飲罰酒事の条に三条を引き、令行節会等飲酒事の条に二条、献物事に一条を引き、江談抄六に酒式として引きたるものあるのみ。

……

どうやら王朝時代の「新定酒式」なる書には、罰酒が定められていたようである。そして逸文は、和田博士の『国書逸文』と本稿冒頭で触れた拙稿に収めている（『新訂増補国書逸文』に再収）。

いま典拠ごとに紹介するなら、『考証』に「西宮記臨時八依新定酒式王卿飲罰酒事の条に」とは、改定史籍集覧本『西宮記』（源高明）を斥《さ》すが、増訂故実叢書本では巻八に収める「酒座事」に見える文をいう。そこではまず「延長二年正月二十五日」の例を引き、その方式が正しくないことを醍醐天皇が先例を挙げて指摘されたと記し、それに続いて「新定酒式」の文、及び「延喜三年正月三日」の例を略記する。

次に「節会等に行わしめる飲酒の事」の文が置かれ、前半は「主客献酬之儀」で、それは「酒式に見ゆ」とある。後半は「世俗往来の法」で、その中間に「新定酒式」を引いた注記が見える。

『考証』で「献物事に一条を引き」というのは、改定史籍集覧本では「献物事」の項に見えるが、増訂故実叢書本では「依新定酒式王卿飲罰酒事」の頭書に見える。ここは「九記」（一般に『九暦《くりやく》』という。藤原師輔の日記）を引き、末尾に「事は酒式に見ゆと云々《しかじか》」とする。

また『考証』に「江談抄六」とあるのは、大江匡房『江談抄《ごうだんしょう》』第六（長句事）の「三遅因縁事」（「三遅」については後述）の項を指す。

これだけの資料から「新定酒式」の全貌を窺うことは不可能であろうが、少なくとも、殆んどが罰酒に言及していることは確認できる。

ただ、「新定酒式」が王朝時代の書目類で「政書」「政理」の書とされ、記述に儀式の細則めいた書きぶりが窺われることと、『大唐開元礼』（例えば巻九七、皇帝元正冬至受群臣朝賀〈井令〉など）や杜佑『通典』（例えば巻七三、嘉礼一八の郷飲酒など）、『文献通考』（例えば巻一八七、経籍考一四の「経〈儀注〉」に挙げる「礼閣新儀三十巻」の説明など）等々とも通ずるものが看取されることから見て、『唐代酒令芸術』が説く文人の遊戯としての酒令と、王侯貴紳の儀礼としての酒座の法式とは、恐らく峻別しなければならないであろう。

とはいえ、罰杯などに唐制とわが王朝儀礼とに共通するものが窺われる以上、唐から酒式のみならず酒令の類も取り入れられていたことが看取される。

更に藤原公任撰の『和漢朗詠集』に、「三月三日」の詩序を持つ菅原道真の漢詩が見える。詩序に「曲水遥かなりといへども……魏文（帝）を思うて風流を翫《もてあ》そぶ」とあって、「桃李の深浅、勧盃に似たり」とは、詩宴における勧盃と重ね合わせた詠に相違なく、恐らくは罰杯も行ったことであろう。

同じ公任の『北山抄』正月十八日「賭射事《のりゆみ》」では、「勝方の大将（階上に）昇りて、器酒を以て平を唱う」と見える。「唱平」は酒杯を勧めるときに長寿を祝うことで、また勝った方が「罰酒を以て」とは、続いて「負方の親王以下出居の的付等に行き」とあり、罰酒を負方に持って行くのであろう。

また、藤原頼長の『台記』康治三年六月二三日の請印列見の儀の記事の末尾に、「太后の崩に依り、……罰酒行わず」とある。王朝儀礼に罰酒・罰杯がつき物だったことも窺われる。

その罰杯につき、「三遅」という語がある。語義未詳とすべき語であるが、国語辞典の類には何故か明解な説明がなされている。

例えば落合直文撰の『改修言泉』では、「宴席にて、酒十巡以上に及ぶまで遅刻して参著すること。又その人。七杯を科せられたりといふ。（五巡の後到れるものを一遅、七巡の後到れるものを二遅といふに対して）」とあり、『大言海』には、「酒宴ニ、遅刻シタル者ニ、罰杯ヲ課スルニ云フ語」とし、次の『西宮記』の文を引き、「巡トハ、列坐ノ人人ニ、杯ノ、一タビ巡ルヲ云フ」と注記している。

西宮記臨時八、後到「五巡後到著者、可行三盃、七巡後到者、可行五盃、十巡以上到者、可行七盃、一遅、不得通風、二遅、酒間架韻、三遅、非録事措手籌、云々」

これは『広辞苑』や『日本国語大辞典』にも同趣の文が見え、国語辞典の伝統と見える。その出典を推量するなら、山岡浚明《まつあけ》の『類聚名物考』であろう。政事部九の雑事に「三遅」の項を立て、『親長公記』『西宮記』（上文を含む）を引いた上で、次の注記を記している。

闕巡三遅は諸御宴の時、罰盃を行ふ時の名目と見ゆ。文明の比《ころ》にはその名は同じくして、ただ転々して酒宴の事と見ゆ。朗詠抄は大いに誤なり。江次第のは別の事なり。

これらの注釈だけでは隔靴掻痒の感がある。確定までには姑《しばら》く存疑とする外なさそうである。なお、『広文庫』にも「酒を、三遅といふ」の項はあるが、引用が『塵添壒囊鈔《じんてんあいのうしょう》』であり、『古事類苑』は更に多くの書を引いているものの、共に上記国語辞典の出典とは見られない。

因みに、『類聚名物考』は、「三遅」に続き「続杓」の項を立て、前述した「お流れ頂戴」の出所と思われる記事を引いている。これこそ諸辞書に取り入れられてよかったのではなかろうか（「続杓」等については川出清彦氏『大嘗祭と宮中のまつり』参照）。

脈絡もなくただ思うところを書き綴った小稿に結論とよべるものはないが、教養ある人々の宴席で詩を賦し、短文を叙し、言葉遊びを通して親交を深める風習は、古くから存したに相違なく、その淵源を唐代の儀礼や文人の遊戯に求めることは、見通しとして誤まりないところであろう。しかし、その実態は不明の部分が多く、また殆んど手をつけていない文学作品の分析などにも踏み込まねばならず、残された課題は多い。博学多識を以て聞える本会会員の諸氏からのご教示を切望する次第である。

（『アジア文化』26、アジア文化総合研究所）

# 山びと義経の徴証——語りから実像へ

## 伝承から実像へせまる

国民的英雄である源九郎義経には、中世末以来の伝説のベールが幾重にも重なり、平安末期を代表する武将としての実像は杳《よう》として摑みがたい。

しかし歴史学は、伝承を含む多くの資料の海に分け入って、まずは史実と虚構を峻別し、史実から遊離した伝承についても伝承形成の道程を明らかにする務めがある。とはいえ、脚色部分のみが独り歩きしている義経伝承については、考証史学も半《なか》ばお手上げの状況にある。

明治二十四（一八九一）年、星野恒《ひさし》は「源義経ノ話」を発表し（『史学叢説』第二集、明治四十二年、冨山房）、『義経記』『大日本史』を批判して、『前太平記』『義経勲功記』『鎌倉実記』といった俗書から新井白石や伴《ばん》信友の著作にまで見える義経は平泉で死なずに蝦夷《えぞ》へ渡ったとする稗史《はいし》伝説の類を駁《ばく》し、ほぼ『吾妻鏡』のみに拠るべきことを説いた。

ついで黒板勝美『義経伝』（大正三年、文会堂）、大森金五郎『武家時代之研究』第二巻（昭和四年、冨山房）を経て、渡辺保『源義経』（人物叢書、昭和四十一年、吉川弘文館）、高柳光寿《みつとし》『源義経』（昭和四十二年、文藝春秋）等の諸論著が公刊されるが、最終の到達点には達していないと見てよかろう。

例えば、黒板説の壇ノ浦潮流反転説にしても、のちに海軍史の金指正三による反論（「実証・壇の浦合戦」〈『歴史への招待』六、昭和五十五年、日本放送出版協会〉）が出されている。歴史学としては、このような立論と反論を今後も際限なく繰り返すこととなろう。

一方、言うまでもないが、荒唐無稽というべき伝説を擁護する俗書は跡《あと》を絶たない。中でも小谷部《おやべ》全一郎『成吉思汗《ジンギス》ハ源義経也《なり》』（大正十三年、冨山房）は、今なお実証史学の代表的著作を凌駕《りょうが》する古書価を誇っている。義経の音読ゲンギケイ訛《か》してヂンギスとなるとか、『蒙古源流』にいう成吉思汗の生年一一六二年は義経の生年平治元（一一五九）年に近いといった類似性を強調し、衒学的《げんがく》ともいえる調子で論ずるが、考察の上からは一顧だに価するものでない。

その点、民俗学や説話学・中世文学論といった分野の優れた考察は、義経伝承形成の筋道をほぼ解明しているかに見える。

その出発点は、自らを歴史学徒に位置づけた柳田國男の「東北文学の研究」（『雪国の春』昭和三年、岡書院）に求められる。『義経記』の構成上の不自然さを論拠に、各地での小さな語りの集合と捉え、加えて熊野修験などとの関連を指摘した。やや遠慮がちなこの論文の意図を承《う》けて徹底して発展させたのが角川源義《げんよし》「『義経記』の成立」（『語り物文芸の発生』昭和五十年、東京堂出版）であり、この方向でのその後の研究については三沢裕子「『義経記』成立の問題点」（軍記文学研究叢書一一『曽我・義経記の世界』平成九年、汲古書院）が要領よく纏めている。

さて、鎌倉時代は、鎌倉新仏教といわれるように、新興寺院・再興寺院が経済的基盤の確立と貴紳家以外への布教ならびに宣教のため、寺院絡みの芸能や語りを弘めていくことになる。その傾向は南北朝期から室町時代になると、さらに顕著な動きとなり、語りの競合や荘園制の崩壊も相俟《あいま》って、史実らしさから虚構化へ大きく変貌を遂げることとなる。しかしこれらの展開は、歴史の推移を忠実に反映しており、それを承けての語りの管理集団の意向を如実に示している。

## 史料の読みを通して

ところで、義経に関しては良質な資料は殆んどない。右大将家（頼朝）によって構築された鎌倉幕府が排除した謀叛人《むほんにん》であり、庇護者であった奥州藤原氏も亡ぼされており、同時代史料の残る可能性は極めて少ない。それでも高野山金剛峯寺《こんごうぶじ》に自筆文書が伝えられ、藤原兼実の『玉葉《ぎょくよう》』、藤原定家の『明月記』、吉田経房の『吉記《きっき》』などに公家の高みから見た評や風聞が多いものの、若干の記録が見えることは珍重されてよい。

これに鎌倉幕府による編纂書であり、承久の乱以前は史料的価値が低いといわれる『吾妻鏡《あづまかがみ》』が主要史料として加わるが、幸いなことに義経関係記事については幕府保管の文書を引いたと覚《おぼ》しき資料が少なくない。

さらに鎌倉期の成立と考えられる『平家物語』『平治物語』に、核となる記述が見えるが、これも同時代の記憶が風化しない前に成立した故か、多くの史実を伝えているように見受けられる。

まずは、以上の諸資料を骨子として史実を探り、虚構の上に語りを展開する室町期以降の『義経記』以下を、伝承との関連も踏まえつつ、義経語りを増補し弘めた集団との間に何らかの共通性が認められるかどうか検証していく必要があろう。

そのためにも諸資料の読み取りが決め手となる。例えば、『平家物語』において、福原落ち以降、壇ノ浦に滅ぶまで平家は敗け続けているように見えるが、『玉葉』などには、福原落ちの直後に「平氏其の衆を得て勢力強盛、今に於ては容易《たやす》く進伐を得べからず」と見え、一ノ谷の合戦のあとでも「鎮西多く平氏に与《くみ》し了《おわん》ぬ、安芸国に於て官軍（源氏）と六ケ度合戦し毎度平氏理（勝利）を得」と記している。つまり史実に依拠するところ大なる『平家物語』ですら、平家の亡びを強調する余り平家優勢の部分を省略して物語の展開を図ったと見られるのである。

例えばこのような『平家物語』『吾妻鏡』等の読みを通して見た義経の性格を見るに、どうやら懸命に戦い、御所の警衛を通して後白河法皇に忠を尽くし、鎌倉にいる兄頼朝には忠実な代官たらんと行動した人物であることは動かぬようである。つまり義経は、情の人であり行動の人であり、先の読みよりは目先の懸案にすべてをかけるタイプと見える。そして、その先読みのできぬ点と、当時の武家社会の前提である惣領《そうりょう》制に対する理解に欠けていた点に、義経の弱点があったといえよう。

惣領制下では家の代表は惣領であり、庶子は惣領の命《めい》を受けて行動する存在にすぎない。所領を給付・安堵《あんど》されるのも惣領なら、主家の命に応じて庶子・家《いえ》の子《こ》・郎等《ろうとう》を率いるのも惣領なのである。故に頼朝は庶子を代官に命じたのであるから、鎌倉に留まっても家の勤めを放棄したことにならない。その上、「腰越状《こしごえじょう》」で有名な義経への糾弾《きゅうだん》も頼朝の命を待たずに法皇による補任《ぶにん》を受けたことが惣領制を踏み躙《にじ》ったことになる、武家社会の常識の逸脱に対する懲罰に外ならないのである。

とすると、義経は戦《いくさ》上手であり、目先の課題はうまく対処し、かつ敏速に行動する能力を有する人材であるが、政治家としての資質に欠けるところがあるということになろう。

## 一ノ谷・屋島・壇ノ浦での戦法

義経の戦上手を決定づける一ノ谷、屋島、壇ノ浦の三つの合戦に共通して言えることは何か。一つは、範頼や梶原らとは一線を画し、義経麾下《きか》の者だけで勝敗を決していること。そしていま一つは、『平家物語』『吾妻鏡』には記されていないものの、平家方が圧倒的勢力を誇っていた中での合戦ということである。

一つずつ見ていこう。まず一ノ谷の戦いは、堅牢な防備を固め西方に膨大な勢力圏を擁する平家の前線基地に、東国勢が長駆遠征隊を送りこんだという状況にあり、義経による奇襲がなければ、平家は一ノ谷の陣を守りおおせたに違いないのである。

義経の鵯越《ひよどりごえ》の正確なルートは不明であるが、その研究史に触れる冨倉徳次郎『平家物語全注釈』（下巻〈一〉、昭和四十二年、角川書店）などは、鉢伏の峯とする異本も紹介しつつ、地理的に鉄拐山《てつかいやま》ルートを提唱する。しかし問題としたいのはルートの解明ではなく、地理を知らぬはずの義経がこのような迂回コースに勝敗を賭《か》けた背後に何があったか、ということである。

このあたりには、明石を始め、姫路の書写山、西脇の西林寺など熊野修験関連の寺院もある。また川西や池田を中核とする多田銀山や姫路の西方には山崎の踏鞴《たたら》遺跡などもある。しかし、そのような土地や集団との関係はいずれの伝承にも現れない。『平家物語』でこの場面に登場するのは、鷲尾《わしのお》庄司という老猟師であり、息子の熊王が元服して鷲尾三郎を名乗り、後々まで義経に仕える筋立てになっている。このように間道の途中で迎えて案内するということは、初めから何らかの結びつきのあった人物と見てよかろう。一ノ谷では、義経と山人《やまびと》・猟師との結びつきが何よりも大きな作用をしていることに気づかなければならない。

義経が鞍馬にいたことは『吾妻鏡』にも記述があり、「腰越状」からも諸国を転々としていた若年のころが窺われる。そこに山人の存在を想定することは異とするに足らない。

次に屋島の戦いであるが、逆艪《さかろ》に反対して嵐の中を小人数で紀伊海峡を渡るということは、船の装備に詳しい人々とは無縁であったことを示す。しかも逆艪を主張した梶原の子孫は、のちに沼島・高砂を根城に活躍する梶原水軍となる（佐藤和夫『日本中世水軍の研究』平成五年、錦正社）。また水《か》主《こ》・揖取《かんどり》も義経に反対している。義経と水軍の関係は無いと見てよかろう。

しかしこの無謀とも思える賭《かけ》に出て無事対岸に辿《たど》り着いていることは、この海峡を庭のように知り尽した集団との結びつきを示唆する。嵐の中を対岸に漕ぎ着くと、案の如く平家方はさしたる備えもなく、のちの展開から出迎えの勢と考えられる近藤六の一隊が待ち構えている。

続いて近藤六は、夜を日に継いで阿波と讃岐の境なる大坂越《おおさかごえ》を駆け通す案内人となっている。鷲尾父子と同じ役目を負っているのである。その上、大坂越の途中、白鳥《しろとり》・丹生屋《にゅうのや》という土地を過ぎるが、白鳥は日本武尊《やまとたける》の伝承と関係し、草薙の剣から製鉄と結びつく地名である（谷川健一『白鳥伝説』昭和六十一年、集英社）。また丹生屋（現入野《にゅうのや》）の丹生は水銀鉱脈の地名で（松田寿男『丹生の研究』昭和四十五年、早稲田大学出版部）、ここからも山人との結びつきを読み取るべきであろう。

最後に壇ノ浦であるが、『吾妻鏡』にも、熊野の湛増《たんぞう》と讃岐の橘次《きつじ》公業《きんなり》、そして周防《すおう》の船所《ふなどこ》正利の加勢があって初めて平家方と五分以上の戦いが可能になったことを記す。

ところで熊野の湛増は、のちの伝承では弁慶の実父となる（『義経記』では「弁せう」）。義経が大物浦で遭難したあと吉野の山中を徘徊し、北陸落ちの際に山伏姿になるのも、湛増を介して熊野修験との関連が伝承を支えていったことを示していよう。

また「橘次」は、金売吉次と同名であり、どうやら鉱山師《やまし》と無縁ではないことを示唆している。そして船所氏は、防府の近くに周防鋳銭司《ちゅうせんし》（今、鋳銭寺《すぜんじ》の地名がある）や、さらにそれと関連の深い鋳物師《いもじ》という地名もあって、水軍ではあるが、これまた鉱山師と関係のある集団だったのではなかろうか。

このような山人縁《ゆか》りの勢力を率いて平家方と戦った義経は、戦法においても水軍出では取り得ない奇策を放つ。つまり、平家方の水主・揖取を射殺すのである。これは水軍仲間であれば決して犯してはならない禁じ手である。

いずれにせよ、義経の戦法は、山びと流《りゅう》であり、各地に勢力をもつ山人との結びつきの上に作りだされたものといえよう。

## 金売吉次と蝦夷渡り

所領をもつ武士を配下に持たず、伊勢三郎、鷲尾三郎を始め山道に明るい山人系の剛の者を従え、やがて弁慶など修験系の荒法師を活躍させる義経伝承が伝える義経の実像とは、武家貴族にして武家の棟梁源家《げんけ》の御曹司《おんぞうし》ではなく、山びと義経であった。

その義経が金売吉次《かねうりきちじ》に見出され（『平治物語』以下）、いつしか伝承の中で平泉で死なずに「御曹子島わたり」（『室町時代物語集』所収）などに蝦夷行きが語られる。これは単なる追放や逃避ではなく、

「金《きん》」との関係があり、山びと義経が鉱山師と結びついていたことが核にあることを示唆する。そこで最後に、義経の実像と伝承を結びつけていた「金」との関係に触れておきたい。

吉野の金峯山《きんぷせん》であれ、黄金咲く奥州平泉の藤原秀衡であれ、義経と関係のある土地は何故か「金」と結びつく。どうやら義経と「金」との結びつきは、そもそもの初めから存在し、後年ますます強められていったものらしい。おそらく奥州藤原氏滅亡後も、奥州の砂金は京に運ばれ中国大陸に流れ、その対価として勝れた文化を伝えるルートが永く廃《すた》れなかったことによるものであろう。

語りの徒は、金売吉次を以て奥州藤原氏の代役を勤めさせたと見ることもできる。「吉次」は、柳田國男「炭焼小五郎が事」(『海南小記』大正十四年、大岡山書店)に指摘がある如く、父は炭焼藤太、息子は金売吉次として登場することが多い。砂金取りであり、鋳物師(鉱山師)であり、金売商人でもあるのだろう。

その主な伝承については太宰幸子「『金売吉次』の伝承」(『金属と地名』平成十年、三一書房)に纏めがあるのでここでは略し、義経伝承の核となる奥州へ誘《いざな》った「吉次」の名について考察しておきたい。

「吉次」はいうまでもなく「橘次」であり、橘《たちばな》の名を負う。その橘は金色の実であり、南殿《なでん》(紫宸殿《ししんでん》)の右近《うこん》の橘も、秋に実がつく(左近の桜は、春に花が開く)だけでなく、五行で西方に当たることから西に植えられ、木火土金水の「金」とも一致するなど、二重三重の意味を持たせていることになる。

この橘が、永遠の生命の象徴であることは、記紀におけるタジマモリの伝承により広く知られている。また、橘を井戸の傍に樹えると、その水は万病に効くという「橘井」伝承が古代中国に伝えられている。

　葛洪（二八三〜三四三）の『神仙伝』蘇仙公の条に次のように見える。「先生曰く。明年、天下疾病あらん。庭中の井水、簷《えん》（軒《のき》の意）辺の橘樹、以て食に代るべし。井水一升、橘葉一枚、一人を療すべし。……来年、果たして疾病あり。……皆水及び橘葉を以てするに、愈《い》えざる者なし」。『続日本紀』天平八（七三六）年の橘諸兄《たちばなのもろえ》らに橘宿禰《すくね》姓を賜う条では、「寒暑を経て彫《しぼ》まず……金銀と交わりて逾々《いよいよ》美し」と言って杯の中に橘葉を浮べて賜姓の詔《しょう》を下す。井水ではないものの、橘と水が結びつき、その神秘性に肖《あや》かろうとしている。『日本書紀』の反正《はんぜい》天皇（瑞歯別《みずはわけ》）の段では、「是に井あり、瑞井《みずのい》と曰《い》う。則ち汲みて太子《ひつぎのみこ》を洗いたてまつる。時に多遅《たぢ》の花、井の中にあり。因《よ》りて太子の名《みな》とす。多遅の花は今の虎杖《いたどり》の花なり」とある。虎杖か橘樹かは問わぬこととするが、よく似た名の花である。

　新井白石『藩翰譜《はんかんぷ》』（巻四）に載せる井伊家の伝承は次の如くである。「系図の伝うる所、……遠江国に下り、……此国井の谷という所に八幡の宮居《おわし》まします。其瑞垣のほとりに御井《みい》ありけり。かしこの宮司、ある正月元日の朝、社頭に参りしに、今生れたらん頃の赤子、忽《たちま》ちに御井の内より現れ出づ。……ゆえに井桁を採て幕の紋とす。また橘を紋につける事も彼の現はれし時、橘一つ御井のほとりにありしを見て、宮司此児の産衣に絵がきてければなり」。

　日蓮伝承も同類ゆえ、井伊と同族ではないかと考えられているが、右の井《い》伊谷《いのや》とのちに移った彦根に、竜潭寺《りゅうたんじ》つまり竜の住む池の名をつけた寺がある。古くは井伊谷八幡の神宮寺に出るものであろうが、ここでも橘、井戸、竜（蛇）が揃って出る。しかもこの地は、古く和田峠の黒曜石の交易が行われ、鉄鐸《さなき》・銅鐸を運んだ古道のほとりにある。

因に、韓国にはさほど古くないかも知れないが、「薬水」の伝承がある。秋葉隆『朝鮮民俗誌』（昭和二十九年、六三書院）に見え、薬水の近くには蛇または竜が出ると伝える。

蛇にはまた鉱脈に現れる伝承が多く、出雲の八岐《やまたの》大蛇《おろち》も、砂鉄を産する川の赤錆《さび》と、洪水などで暴れる状《さま》から出ていると解されている。

これに、柳田國男以来知られている如く、鉱山師たる鋳物師を「井戸掘り」（勿論「芋掘り」も）と称する点を勘案すれば、「金売吉次」の「吉」すなわち「橘」の意味が明らかとなろう。

山びと義経の存在を鉱山仲間から聞き知ったであろう吉次は、黄金の都平泉へ義経を誘《いざな》う。京と平泉を往復する吉次と結びついた義経は、『義経記』では鞍馬山から平泉、そして再び鬼一法眼の許へ、そこからまたも平泉へ、ついで黄瀬川で兄頼朝の陣に参上し、京へ、さらには西国へ赴き、また京へ戻っては兄と仲違《なかたが》いをして今一度平泉へと、聴き手には何度となく行き来する印象を与える。

鉱山師は特殊な技術と組織を必要とする。そこへ地域的に重なり合い、語りの組織を持つ修験との結びつきが発生すれば、いくつかの物語が形成されることは自然の成りゆきであろう。戦国以後、大名は鉱山師の他領移住を禁じたであろうから、その後は伝承が独り歩きすることになる。

こうして山びと義経が黄金の御曹司となるに及んで、橘の如く永遠の生命と黄金郷の主としての資格が伝承上に加わることとなる。

衣川で義経は泰衡らに討たれるのであるが、文治五（一一八九）年閏《うるう》四月三十日に持仏《じぶつ》堂で自害しても暫《しばら》く放置され、六月十三日になって首実検されている。一ト月半たった首が本物か偽物か分かるだろうかとして、義経は蝦夷《えぞ》へ渡ったとする伝承が形成されていくのである。

蝦夷にはまた、古くから黄金伝承が伝えられている。紙幅の関係で以下の考証は省略するが、金田一京助「義経入夷伝説考」(『東亜之光』九巻六・七、大正三年、東亜協会)、「日の本夷の考」(『國學院雑誌』二〇巻九・一〇、大正三年、國學院大學)など先人の論も少なくない。それにしても、義経を蝦夷に逃がすところまでは、山人系の黄金伝承の影響下にあることは間違いないと言えよう。

(筆名・吉岡吾郎、『図説源義経』河出書房新社、平成十六年十月)

# 地上の王、天上のカミを律せず――わが国の国家と宗教の関係史

歴史上、宗教は、国家にとって時に聖俗二分の関係以上に大きな存在となる。信仰の力を国家権威に利用することは、古今にその例を見出すところであり、ローマ帝国における教皇などはその尤《ゆう》たるものといってよい。さらにはヨーロッパ絶対王政期の王権神授説や、イスラームのカリフ、旧チベットにおけるダライ・ラマ、古代中国における天帝と天子の関係など、王権が宗教と密接に繋がっている事例は枚挙に遑《いとま》がないほどである。

そして一般には、国家と宗教の歴史は、祭政一致から政教分離へと進み、国政から宗教性を排したうえで信教の自由を保証する今日のわが国の如きものへと進化するかのように見る向きがある。しかし、果たしてそのような単純な進化論で説明しうるものであろうか。

確かに人間の生活は時を逐って進歩し、国家のあり方も歴史の教訓を生かしつつ変貌を遂げているように見える。が一方それでは、今日世界各地でひき起こされている紛争の多くが宗教と国家の関係に起因していることを何と解すべきなのであろうか。

例えば今次の湾岸戦争を取り上げてみよう。永く戦争の論議すら回避し、宗教の対立を身をもって体験したことのない今日の日本人にとって、戦争ばかりか宗教もまた、およそ思考の外なる存在に過ぎないことは明白である。

宗教の絶対性を背景に「教会」からの自由を通して形成されたヨーロッパにおける学問・信教の自由の如き歴史すら有《も》たないわが風土にあっては、世界史的視点でこの問題を論ずるチャンネルは未だ通じていないかも知れない。ここでは、この問題へのステップとして、わが国の歩みを概観しておくこととしたい。

## 家の信仰・氏族の信仰

律令制以前のわが国の宗教制度は、史料も乏しく、個別具体的に論ずることは不可能であるが、わが国の宗教を考える際の基本形を探るうえから、若干触れておきたい。

神祇令義解、月次祭条に「宅神祭」が見える。庶人の宅における祭であり、旧習を伝えるものであろう。また儀制令集解、春時祭田条には、古記に村ごとに社神があって祈年祭の如き祭を行うと見え、跡記に郷村ごとに社を立てて人々が集まって祭ると見える。

いずれにせよ、神祇令そのものには規定されていない。村や庶人が行う神祭であり、国家が行う祭祀ではない。この規模の大きさの違いに着目したい。村落の規模程度の社会では、伝統的な信仰が伝え残されて行くのであろう。

それがいつに始まるか定かでないが、わが国が漸く国家として成立をみる段階にあっても、氏族としての独立性は十分保たれており、そこに結果として氏族内での祖霊への信仰が、氏上を主祭として維持されていたであろうことは想像に難くない。

一方、この時期の国家には、国家形成の契機ともなりうる絶対的権威を有するカミと、その子孫であり司祭でもある天皇を中核としたシャマニズム的信仰が認められる。これも社会の大きさに関係しよう。血縁集団にあっては祖霊にのみ信仰を執り結ぶことで宗教的秩序は保たれるが、血縁を超え氏族を超えた規模の大きな社会にあっては、祖霊を超えた絶対的権威を有するカミが必要となり、そのカミに最も近い家を中心に国家形成が進められるとみてよかろう。

### 律令制下の宗教制度

明確に国家の制度として宗教を位置づけた律令時代を見てみると、しかしその取りこみ方は極めて稀薄である。

まず仏教については僧尼令を置くものの、寺院の運営、僧尼の管理はすべて僧綱に委ねられている。ただ、寺院には寺田等が給されるなど特典が付与されており、僧尼は課税が免除され、僧尼の戸籍は民部省ではなく治部省が管理し、僧尼の身分を剝奪する還俗《げんぞく》を含め処罰が定められるなど、凡人と僧尼の境界に関しては律令に規定が置かれている。

とはいえ、仏教界は太政官と同格ともいえる独自の僧綱組織をもち、国家や豪族・個人の帰依《きえ》、そして保護を受けながら、自治が認められていた世界である。その結果道鏡は、短い期間とはいえ、太政官に代る政治を行い得たのである。

ただ、当時の仏教は鎮護国家を旨とする宗教で、行基で知られているように、寺院以外での個人済度のための布教は禁じられており、庶民へ信仰が弘まるにはかなりの時間を要したのである。

一方神道は、未だ明確な形を見せておらず、太政官と並ぶ神祇官を設置して、国家的規模の限られた祭祀について神祇官主導のもとに執行すべきことが神祇令に定められ、また神田の付与が田令に、神域への乱入の罪などが衛禁律に規定されているだけである。

仏教界に比べ組織立った制度は見られず、各地の神社について、伊勢神宮を除いて神紙令に明確な位置づけがなく、他の史料から、貴族の氏神や、国造が祭祀を行う神社が窺える程度で、古くからの伝統的信仰が基本をなしていたと考えられる。

こうして、奈良時代を主とする律令制下にあっては、国家に関わる大枠だけを律令の網の中に収め、そこから逸脱しない限り、宗教活動をそれぞれの維持組織に委ねる図式であることが見て取れる。

この状況は、概《おおむ》ね平安時代に入ると急速に変化を来たすが、それは、結局のところ、宗教界の組織が固まっている中国の、自治を認めつつ儒仏道のバランスを考えながら統制を図ればよい図式を、未だ確固たる組織の成立をみないわが国に移したため、他の制度同様、自ずと氏や家を単位とする律令施行以前の姿が復活することとなったのであろう。そして平安時代以後、僧侶は個人的に皇室や貴族と結びつき、神社は社格制度などで国家と結びつくと共に、仏教との習合を速めて行ったのである。

こうして社寺は個人的信仰を深め、荘園などの寄進をうけ、世俗の世界にも大きな力をもつようになったのである。その結果、宗派間の争いが国家に持ちこまれる事態も生じ、のちに、親鸞や日蓮のような朝廷や幕府による処分が見られるようになるのである。

### 鎌倉・室町期の武士と信仰

禅宗は公家に対抗しうる精神文化を模索していた武士の間にもてはやされたというが、それは、鎌倉時代末期以後のことである。鎌倉時代の当初は、むしろ武士の信仰によって神道が漸く光を浴びる時代とみてよい。勿論それは独立した神道ということではないが、ともかく、神が信仰の対象として前面に姿を表わすのは、武士の時代を迎えてからのことと解される。

その一証が武家の法典たる『御成敗式目』に見える。五十一条の式条の後に置かれた起請がそれである。右の条々に違犯することあれば「梵天帝釈四大天王、惣じて日本六十余州の大小の神祇、殊には伊豆箱根両所権現三嶋大明神八幡大菩薩天満大自在天神、部類眷属、神罰冥罰各おの罷り蒙るべき者也。仍て起請件の如し」というもので、武士が個人として如何に神仏に帰依しているかを裏から証明する史料である。頼朝既に亡く、源家将軍も絶えた後、いわば執権政治の核としての意味合いすらある武家の基本法は、鎌倉武士の信仰心に訴えて定着したのである。

起請の図（略）

またこの式目の第一条は、神社を修理し祭祀を専らにすべきことであり、第二条は寺塔を修造し仏事等を勤行すべきこととあって、三条に至り始めて諸国守護人以下武士の規定が登場するのである。勿論どのような信仰をせよといった規定はなく、社院を含めての敬神の精神を根底において定められたものと解せよう。

一方、個人レヴェルでは、平安末以来、専誦念仏の浄土宗・浄土真宗以下鎌倉新仏教の興隆と共に信仰はますます盛んとなり、いわゆる旧仏教にも明恵、叡尊、忍性らが出て、各層の人々の信仰を集めた。

個人あるいは家・村落といった小規模な社会での信仰と、全国規模の制度における宗教との扱いが截然と峻別されていることは前代以来変わらないが、個人レヴェルでの信仰の深化には目を見張るものがあり、この信仰に根ざした武士の活躍が、公家を徐々に追いつめ、元寇に際しても腹の据わった対応を可能とし、竹崎季長のような奮闘を呼び、降っては、村落に惣を生み、一揆を起こし、自治組織を可能として行ったのである。その結びつきの核として、神水起請という、起請を灰にして神水（よるべの水）を盛った盃で回し飲みすることも行われた。

## 近世における寺社統制

織豊時代、家康も含め、強国を次々に倒して行った信長以下三人が最も頭を痛めたものは、一揆であり寺院勢力であった。味方の意志を結集し、敵の油断を誘いながら、奇襲をかけ、間隙に乗じて攻めこむ戦法を得意とするこの三人も、信仰によって死を惧《おそ》れず、叩いても叩いても戦意を喪失することのない一揆や寺院勢力には、何度も苦杯を喫し、徹底した処断をもって臨んだ。キリスト教禁教にもこの一面が見え隠れするが、とにかくこうして叡山を焼き払い、根来寺を焼亡させ、真宗教団を徹底して弱体化させたのである。家康による本願寺の東西二分の策はよく知られているが、織豊期、徳川初期の国造りにとって、宗教はこのように巨大な力を有していたのである。

これに対して、国家規模での法制は江戸時代になって整備されるが、まず法典としては、高野山法度条々、曹洞宗法度、関東天台法度、浄土宗法度など、諸宗本山諸法度が慶長から元和にかけて出され、寛文には諸国寺院法度と並んで諸社禰宜神主法度が出されている。このほか、老中の下に寺社奉行を置いて寺社領の管理や寺院統制の監督に当たり、寺請制を敷いて戸籍の代りとしながらキリシタン禁制の実を挙げた。

その一方で、将軍家・大名などは各地の寺社を保護し、修理などに巨額の費用をつぎ込み、幕末に近づくにつれて庶民信仰も盛んとなった。

ここでもまた国家規模で取締るのは、紫衣事件の如き、大枠での統制に関する部分であり、沢庵個人はこれをきっかけとして家光の帰依を受けるのであるから、実に奇妙な関係と映るであろう。不受不施派の禁教や、各藩の宗教統制なども見られるが、村落の祭儀などには不介入であり、全国レヴェルでの禁教に対し大名家以下の信仰には寛大であった。

## むすび

古代の律令法継受期と、明治の近代国家形成期との間には、結果として極めて類似した様相が窺える。

唐の進んだ制度を基盤の強弱に拘らず導入を急いだと同様、明治においても、西欧諸国におけるキリスト教の立場を、神道におきかえようとした神道国教化の動きが見られる。その結果、排仏毀釈という伝統文化の破壊に至ったが、大教宣布運動も数年を出ずして罷み、神社に国家予算がつき、神官が公務員になったほか、神仏への信仰は本質的には以前とさほど変わることはなかった。

むしろ、宗教界自体に変化が見られ、神道では教派神道や以前からの根強い庶民信仰を有する神社に信仰が集まり、仏教は一気に近代化を図り、特に真宗はキリスト教に倣って教誨師にも人材を送るなど顕著な動きを示した。一方、時代が進むにつれて思想統制との絡みで宗教弾圧が見られるようになるが、戦後はその反動で宗教団体と信仰に対しての国家の介入は殆んど見られなくなる。
こうして、わが宗教制度の歴史を概観してみると、確かに時代の変革期に統制色を強めることはあっても、それは国造りなり、政治の支柱となるか障害となるものへの対策としての意味合いが強く、結局は、国家として宗教を規制することは大枠に止まり、個人あるいは家、村落といった小規模な集団での信仰にまで立入ることはなかったのである。この人々の信仰を核にわが国の宗教活動は続けられてきたが、遂に国家規模での宗教にまで発展することはなかった。ここに、冒頭述べた世界各地の国家と宗教の関係とは異なるわが国の信仰ないし宗教の風土が認められるのではなかろうか。

（日本「宗教」総覧、新人物往来社、平成三年十月）

## 『日本書紀』と訓表記

二十五年ぶりに母校に戻り、『日本書紀』を講ずることとなった。かつて親しく業を受けた瀧川政次郎・坂本太郎・西田長男・柳井己酉朔《きゆうさく》の諸先生の講義や講話を偲《しの》びつつ、また中村啓信・渡邊直彦・菅野雅雄・小島瓔禮といった諸先輩との出会いの中での『書紀』との関わりを思い出しつつ、俄か勉強での講義を始めたところ、今ごろになってふと気づいたことがある。

### 『書紀』と『古事記』の文体

『古事記』と『日本書紀』の文体上の違いとしてよく言われることに、『書紀』は純漢文で書かれ、『古事記』は変則漢文で書かれているという指摘がある。

その点で最も信頼の措ける岡田正之博士の『近江奈良朝の漢文学』の記述を引いておこう。

古事記の文は平田氏（篤胤）の「ひたぶるの漢文にもあらず」と説きし如く、純然たる漢文にあらざるなり。然れども、全体の結構は、何処までも漢文の形式なり。……斎藤拙堂嘗て書紀の文を評して曰く、「……史漢（史記と漢書）ヲ模倣スルトコロ有リト雖モ、……叙事法有リ、用字亦皆格ニ合ヘリ……」と、……

また本居宣長も、『古事記伝』巻首の「書紀の論《あげつら》ひ」において次の如く述べている。

書紀を訓読こといとかたし。……漢籍のふりをならひて、其かざりの文多ければなり。これを文のままに訓まむには、……をりをりは訓注を加へて……言は皇国の言になりても、その連接と意とは、なお漢なること多し。……言のつづきざまなども、もはら漢籍訓なり。

このように、『日本書紀』は純漢文であって、『古事記』はやや変則の準漢文であるということは、既に常識化している。

例えば、神武天皇の条における『古事記』の次の文を見ると、

……亦従其國遷上幸而、於吉備之高嶋宮八年坐。故従其國上幸之時、乗亀甲為釣乍打羽挙來人、遇於速吸門。尓喚帰問之、汝者誰也。答曰僕者國神。……

少なくとも、「故」の遣い方は、純漢文としては落ちつかない。「故」は因果を示す語であるから漢文としてはおかしいが、訓の「かれ」に充てた字と解すれば、『古事記』らしい表記といえよう。

参考までに、対比しうる『書紀』の文を引いておく。正統派の漢文であると言ってよかろう。

……至速吸之門。時有一漁人、乗艇而至。天皇招之、因問曰、汝誰也。対曰、臣是國神、名曰珍彦。……従入吉備國、起行館以居之、是曰高嶋宮。積三年間……

## 固有名詞の訓表記

かくて、『書紀』が純漢文体、『古事記』が変則漢文で記されているとなると、固有名詞も『書紀』では音仮名で表記されているのではないかと思えてくる。

例えば、『三国志』魏書倭人伝の、次の如き表記、

……始度一海千余里、至対海（対馬ノ誤）国。其大宮曰卑狗、副曰卑奴母離……

また『隋書』倭国伝の、

開皇二十年。倭王姓阿毎、字多利思比孤、號阿輩鶏弥。

『翰苑』巻七に見える雍公叡注の、

今案、其王姓阿毎、其國號為阿輩鶏（彌脱）、華言天兒也。……長子号（傍書「知」、「和」ノ誤カ）哥弥多弗利、華言太子。

などに見られる傍点部の如き音から仮名表記を想定するのである。

ところが、『書紀』の固有名詞は圧倒的に訓表記が多い。『古事記』と比較しても、訓表記の割合は『書紀』の方が高い。

例えば、歴代の帝諱（和風諡号）にしても、次の如き差が認められる（上は『古事記』、下は『書紀』）。

| | | |
|---|---|---|
| （神武） | 神倭伊波禮毘古 | 神日本磐餘彦 |
| （綏靖） | 神沼河耳 | 神渟名川耳 |
| （安寧） | 師木津日子玉手見 | 磯城津彦玉手看 |
| （懿徳） | 大倭日子鉏友 | 大日本彦耜友 |
| （孝昭） | 御真津日子訶恵志泥 | 観松彦香殖稲 |
| （孝安） | 大倭帯日子国押人 | 日本足彦国押人 |
| （孝霊） | 大倭根子日子賦斗迩 | 大日本根子彦太瓊 |
| （孝元） | 大倭根子日子国玖瑠 | 大日本根子彦国牽 |

（開化）若倭根子日子大毘々　稚日本根子彦大日日
（崇神）御真木入日子印恵　御間城入彦五十瓊殖
（垂仁）伊久米伊理毘古伊佐知　活目入彦五十狭茅

以下省略するが、『古事記』は三十三代中、宿祢（允恭）、比売（推古）を含め、十八代の帝諱に音仮名が用いられている。一方、『書紀』は四十一代中、弘計、億計（顕宗・仁賢）と宿祢（允恭）の三代を除く三十八代が訓表記を貫いている。

これを更に確認するため、神武天皇の条から固有名詞を抽き出しておく。

○『古事記』の固有名詞表記

神倭伊波禮毘古　五瀬　高千穂　日向　筑紫　豊国　宇沙　宇沙都比古　宇沙都比売　竺紫　岡田　阿岐　多祁理　吉備　高嶋　速吸門　槁根津日子　浪速　白肩　登美能那賀須泥毘古　楯津　日下　蓼津　登美毘古　血沼海　紀国男之水門　竈山　熊野　高倉下　天照大神　高木神　建御雷神　葦原中国　八咫烏　吉野　贄持之子　井氷鹿　石押分之子　宇陀之穿　兄宇迦斯　弟宇迦斯　訶夫羅前　大伴連　道臣　久米直　大久米　血原　忍阪　大室　八十建　兄師木　弟師木　迩芸速日　登美夜毘売　宇麻志麻遅　畝火　白檮原　阿多　小椅君　阿比良比売　三嶋湟咋　勢夜陀多良比売　美和　大物主神　富登多多良伊須須岐比売　比売多多良伊須気餘理比売　高佐士野　狭井河　日子八井　神八井　神沼河耳　當芸志美々　建沼河

○『書紀』の固有名詞表記

神日本磐餘彦　彦火々出見　彦波瀲武鸕鷀草葺不合　玉依姫　海童　日向　吾田　吾平津媛　手

研耳　高皇産霊　大日孁　豊葦原瑞穂国　彦火瓊々杵　塩土老翁　饒速日　速吸之門　珍彦　椎根津彦　倭直　筑紫　菟狭　菟狭津彦　菟狭津媛　天種子　中臣　岡水門　安芸　埃宮　吉備　高嶋　難波　浪速　浪花　河内　草香　白肩之津　龍田　膽駒山　長髄彦　孔舎衛　五瀬　盾津　蓼津　母木　飫悶廼奇　茅渟　山城水門　雄水門　紀　竈山　名草　名草戸畔　狭野　熊野　神邑　天磐盾　稲飯　鋤持神　三毛入野　荒阪津　丹敷　戸畔　高倉下　天照大神　武甕雷神　葦原中国　韴霊　頭八咫烏　大伴　日臣　大來目　菟田　穿邑　道臣　兄猾　弟猾　菟田血原　吉野　井光　首磐排別之子　国樔　苞苴擔之子　阿太養鸕　八十梟帥　女阪　男阪　墨阪　見磯城　磐餘邑　天香山　磯城邑　磯城八十梟帥　高尾張邑　赤銅八十梟帥　丹生川　厳媛　厳香來雷　厳罔象女　厳稲魂女　厳山雷　厳野椎　磯城彦　弟磯城　兄倉下　弟倉下　菟田川　到邑　鳥見　天磐船　櫛玉饒速日　三炊屋媛　可美真手　天羽々矢　物部　層富　波哆　新城戸畔　和珥　居勢祝　臍見長柄　猪祝　葛城　磐余　片居　片立　猛田　城田　頬枕田　埴安　畝傍　橿原　事代主神　三嶋溝橛耳神　玉櫛媛　媛蹈鞴五十鈴媛　神八井　神渟名川耳　高天之原神　日本磐餘彦火々出見　築阪邑　來目邑　倭国造　猛田県主　菟田主水部　黒速　磯城県主　剣根　葛城国造　葛城主殿県主　上小野榛原　下小野榛原　腋上嗛間　秋津洲　伊弉諾　浦安国　細予千足国　磯輪上秀真国　大己貴大神　玉牆内国　虚空見日本国

律令の規定と訓の成立

その違いは歴然というべきであろう。

では何故『書紀』はかほどまで訓表記にこだわるのか。

それを解くヒントは、『書紀』成立の二十年ほど前に施行された「大宝令」、また『書紀』成立時には施行されなかったが、その二年ほど前に編纂されていた「養老令」に求めることができる。

公式令の冒頭に規定されている詔書式には、次の書式が定められている。

明神御宇日本天皇詔旨。……

明神御宇天皇詔旨。……

訓みは、前者が「アラミカミトアメノシタシラシメスヤマトノスメラガミコトラマト……」で、後者は「ヤマトノ」が省かれた形である。

なお、公式令の引用等は養老令によった。また、圏点（略）を付した部分は大宝令として復原しうる文言である。

その上で、右の二つの詔書の書式は、令義解等によると、「蕃国の使に宣ぶる辞」とあって、蕃国すなわち朝鮮半島三国への詔書の文体として定められている。特に令集解の「古記」は「蕃国とは新羅なり」としているが、それは当時の国際情勢を考えれば分かることであって、大宝律令の施行された大宝元（七〇一）年ごろには、朝鮮半島三国のうち百済・高句麗は既に亡びているのである。

また「唐」が挙げられていないが、これも、白村江の戦以後国交途絶し、大宝律令編纂時には規定中に盛りこむべき国ではないと判断されていたらしい。

大宝律令の編纂完了前にほぼ三十年ぶりの遣唐使を任ずるが、結局出発は律令施行後の大宝二年であり、慶雲元（七〇四）年に帰国する。そこから考えて、唐に対する国書の書式についてどの程度議されたかは不明であるが、その後の展開から見て、除外されていた可能性が高い。

それは十八年後になぜ同趣の律令（養老律令）を編纂しなければならなかったか、という疑問と絡むのであるが、大宝律令が編纂時に見本とした唐の律令は正式な法令そのものではなく巷間に出廻っていたテキストで、「疏議」といわれる三十巻から成る注釈も、極めて僅かな引用に止まっていたと考えられるのである。それでは困るということで、辞を低くして使を唐に遣し、正式の法典を入手して養老律令編纂へと踏みきるのである。

因みに、令義解編纂時には、又もや唐との国交は停止され、新たに渤海が加わるものの、半島国家は新羅だけとなっていた。

このような事情により、公式令に見える詔書の書き出しは、新羅だけを対象としたように注記が施されているが、本来的には唐を含む対外文書の書き出しと捉えてよい一面を有していたに相違ない。唐をモデルとしたであろう大宝・養老律令制定時の対外国書が、訓を母体として作られた漢字表記になっていることは『書紀』の訓表記と絡めて考えてよいのではなかろうか。

翻って、わが国における訓の成立というのは、律令編纂期を遡ることとさして遠くない時代であるかも知れない。

埼玉県行田市の埼玉古墳群から四七一年の年記を刻してあると見られる金象嵌鉄剣銘が解読されるまで、ほぼ同様の内容を刻した熊本県江田船山古墳出土の銀象嵌大刀銘は、「治天下蝮宮瑞歯大王世」と読まれ、訓表記の可能性を疑う人は殆んどいなかったが、埼玉古墳群の稲荷山古墳鉄剣銘と同じく、波線部（略）が「獲加多支鹵大王」に訂されると、両銘文中に明確に訓表記と見倣しうるものは無いことが明らかとなった。また、稲荷山古墳鉄剣銘と半世紀も違わぬ成立と見られる和歌山県の隅田八幡神社人物画像鏡の場合、「費直（アタイ）」に関してはまだ訓表記的用法かとする疑問も残るが、これも「男弟（オオド）王」が否定されるなど、かつて訓表記と解された文字が音仮名説に訂され、百済献上説が有力になっている。恐らく、五世紀末から六世紀前半より以前のわが国文字資料には、訓表記は無かったと見てよかろう。それが崩れるのは、六世紀末から七世紀前半のことと考えられる。

六世紀末には、推古遺文といわれる一群の金石文および逸文が知られている。但し、その殆どは、一世紀近く成立を遅らせるべきだとする見解が有力視されている。

しかし、島根県の岡田山古墳出土の大刀銘の「各田卩」が「額田部」の略体文字であるとするなら、六世紀前に訓表記が成立していたと解することも可能である。

そして、大化改新（六四六）を承けて書き出された庚午年籍の書式は正倉院文書の大宝二年戸籍により推測されるが、そこには氏名の訓表記が多く見られる。例えば、「六人部牛麻呂」「石作部小麻呂」等々、圧倒的に訓表記が多い。

そこに、天武天皇十一（六八二）年の境部石積らの『新字《にいな》』四十四巻の成立を訓を中心に編纂した辞書として捉えるなら、天智・天武朝以降の律令国家建設の中での「訓」の重要性に注目せざるをえない。骨格は唐制を享けるが、到るところに日本の独自色を出そうとする念いの強さを感じずにはいられないのである。

『書紀』固有名詞の訓表記の背景にも、そういった念いが貫かれていたのではなかろうか。講義を受持って、いろいろと気づいた中の一つを述べてみた。

（初出不詳）

# 日宋文化交流史のおさらい

古代史を研究していると、実態が摑《つか》めぬ、文献の意味が深いところで通じぬなど、千年の隔りの大きさにただただ溜息をつくばかりである。詰まるところ、生活実感がないことと、文章の綾が読み取れないところに、真の限界とは別にかなり狭いところで障壁を造っており、これがネックとなっているように思われる。

明治期の論考でも、國學院の法制論纂・国史論纂・国文論纂や考証学の佐藤誠実博士の論文など、文語調漢文調の短かい表現の裏に短歌の本歌取りのような典故をもった深い意味が隠されており、我々にとって一読ですべてを読み取ることはむずかしい。古代文献とは、それが一桁違う昔に遡るのであるから、当然といえば当然なのかも知れない。

そこで、この高山を登るには、途中に一つ二つベースキャンプを設ける必要があるのではなかろうかと思いたった。

そういえば、わが偉大な先学を想い起こしても、近世の芸能に通じ中世の説経節を民俗学的に解明した、歌人で民俗学者であり国語学にも造詣の深かった折口信夫先生の古代学の読みの深さ、近世に強く中国史料に通じていた瀧川政次郎先生の制度史・社会史の奥深さ、近世・中世の文献を広く蒐集され中世説話を土台にわが神話等を解明された西田長男先生の柔軟な思索など、古代文献以外には眼も呉れぬという姿勢ではなかったことに改めて気づくのである。

例として適切かどうか分からぬが、思いつくまま述べるなら、かつて、雅楽、平曲、幸若舞などを始めて鑑賞したころ、そのテムポの悠長さについて行けず、結局、所作も筋も様式美も分からなかった。ところが、やや時代の下る文楽や歌舞伎、あるいは長唄などが分かるようになると、あの悠長なテムポにもついて行けるようになったのである。古代史料を深く読み取るためには、そのような中間期の文献についての修練が役立つように思えてならない。

徒らに長いばかりの研究歴の中で、ほんの少し確からしいことを論じた若き日の習作でも、一時代後の文献をいじり廻した結果見えてきたものがある。わが律令の原形を論じたテキスト論で、一つは原テキストより一世紀ほど後に編纂された『令集解』を用いると共に、集解編者惟宗直本の曽孫惟宗允亮が編纂した更に一世紀ほど後の編纂物である『政事要略』を徹底して利用したものであった。これを更に、平安後期から鎌倉期の逸文の世界へ繋げようと逸文研究に向ったが、その成果はまだ形になっていない。而も、そこには何か欠けているものがあるのではないかとの囁《ささ》やきが脳裡を離れない。

そこで、古代よりは現代に近く、平安後期から鎌倉期、更にはそれ以降の日本文化を裏から支え、高めて行った、宋文化受容史の勉強を始めようと思った次第である。昔、森克己先生の著作に惹かれたこともあったが、結局、手つかずに終わってしまった分野である。研究テーマではなく、古代文献を少しでも深く読むための下地作りの勉強であり、今まで食い散らかした考察を一つに纏める受け皿として、今年あたりからおさらいを始めたいと思っている。

平氏政権の経済基盤が日宋貿易にあることは余りにも有名であるが、悪左府藤原頼長が『愚管抄』の中で平忠盛の富を称《たた》えているだけでなく、中山忠親の『山槐記』によると、平清盛は国外持出禁止であった宋の『太平御覧』を初めて入手したとある。定朝様から慶派の仏像、あるいは奈良の大仏再興にも宋の文化が色濃く投影されている。また、これより先、奝然《ちょうねん》は宋より一切経を将来し、ついで藤原佐理の息子成尋も多くの経典の将来に尽力している。これらが五山文化を生む一方、わが国古典研究の道を拓いていった点も見逃すことはできない。

このような展望の下、前の職場での仕事の一つとして歴史教育の場への日宋文化交流の導入を手がけたが、自分自身でもやっておこうという念は今も強い。永く手がけてきた律令論を纏めるためにも、このおさらいはとにかく早く着手しなければならない。気持が定まったら、『宋史』列伝、日本国の条に、長々と紹介されている奝然の精神に触れるべく、また京都嵯峨野の清涼寺を訪れてみたいものである。

（初出不詳）

# 第四部

# 塙保己一・瀧川先生

# 四ッ谷西念寺横町と塙保己一

## ○「塙先生伝」と雨富検校

### 一、はじめに

塙保己一の平曲（『平家物語』を琵琶に合せて語る音曲）の師、雨富検校について語る資料は少ない。「検校」といえば、琵琶法師の最高位であるが、塙検校に関する限り、学問以外のものとの結び付きは考えられなかったものであろう。因みに、雨富検校につき多少触れてある文献を数えてみても、まず中山信名の『温故堂塙先生伝』（文政二年撰）。これが唯一の基本文献と思われる。明治二十五（一八九二）年に編まれた渡辺知三郎の『空前絶後盲人之王塙検校伝』はこれを基にしている。そして明治四十三（一九一〇）年には、旧津軽藩士の家に生まれた平曲家館山漸之進が『平家音楽史』を著わし、「雨富検校」として雨富検校の伝を引いている。[1] 次いで、明治四十五（一九一二）年には埼玉県教育界の編にかかる『則育資料』第壱編「塙検校詳伝」が出、以後重宝されてきた。又、水戸学の栗田寛は塙家とも親しく、明治十（一八七七）年『温故堂塙先生伝』を校訂・補足したが、頃日、弟子や勤などに雨富検校の話を語っていた模様で、大正二（一九一三）年、水戸の好文亭に於いて栗田勤

が「雨富検校について」と題する講演を行なったと言われる。(2)

大正八（一九一九）年の石川二三造編『本朝盲人伝』は明治初期の著作に似た古風な感じで資料を纏めているが、曩《さき》の『平家音楽史』同様、利用には注意を要する。昭和十二（一九三九）年の大野武男著『少年塙保己一』、並びに、昭和十七（一九四二）年の森銑三氏著『物語塙保己一』は、少年児童を読者対象としながら、示唆に富む文献として名をあげておきたい。昭和十八（一九四三）年には、結解治氏の調査・研究が始められ（『温故叢誌』斎藤茂三郎先生追悼録）、以後、諸家の論考には等しく結解氏の調査が引かれるようになる。結解氏が最初に寓目した資料は、茨城県西茨城郡—現友部町—大原村の『大原村史』中に見える「雨富検校伝」であると言われるが、これを基に、翌十九（一九四四）年には、温故学会の斎藤茂三郎前会長が「塙検校の師雨富須賀一」（『温故叢誌』第十三編所収）を発表されている。昭和三十一（一九五六）年に出された温故学会の前監事山県長州著『盲目の大学者塙保己一と群書類従のお話』は、小冊子ながら本稿にとっても有用な筆遣いが見られる。(3)

そして、昭和三十七（一九六二）年には、結解氏が「塙検校の師、雨富検校について」（茨城県郷土文化研究所『郷土文化』第四号、『温故叢誌』第二十号所載）を草され、昭和四十一年、東京学芸大学の太田善麿教授が人物叢書『塙保己一』のなかで、それらを補足・批校され、昨年昭和四十三年の中江義照氏「雨富須賀一と雨富流謙一」（『温故叢誌』第二十四号）に至っている。

大まかな研究の流れを見ても、雨富検校について見るには、『温故堂塙先生伝』によるのが至当であろう。この書は中山信名の撰。その執筆時は塙検校存生中であり、栗田寛の補訂を経ており、栗田寛の書写補訂本が温故学会に蔵されている。

然し、人物叢書『塙保己一』のなかで、著者の太田善麿先生は、『水母余音』に見える御作事奉行笹山摂津守について、「相当する実在人物が見当ら」ないことを指摘され、更に『温故堂塙先生伝』に見える高井山城守についても、「高井大隅守実員の誤りではないか」と訂されている。『塙先生伝』にしても、斯《かか》る誤りが放置されているのである。平曲の〝当道資料〟などは較べものにならぬ程の疑わしい書付が多い。使用に際しては充分に慎重を期すよう心懸けたい。考察の序《つい》でにあたって、心覚えとして先人の戒を叙す。

## 二、雨富検校の本苗

（引用）塙は其師須賀一検校の本姓を冒されし也。

雨富検校の生家の姓は「塙」という。結解氏の調査に明らかである。引用中、本姓といい、又「冒す」とあるが、「本姓」とは〝源平藤橘〟の類を指すものではなく、三章に引用する処にも「本氏」とあるように、検校の在名に対して〝本《モト》の姓〟なのであろう。子に「宿題は」と問えば「まあ九分通り」と言う。「それはよかった」と喜ぶと「いや、あと九割一分が手付かずだ」という笑い話もあるように、「本姓」だから「冒す」だからと簡単に解してはならない。「冒称」といえば〝偽称する〟〝詐称する〟意にとられ勝ちであるが、「仮称」を「冒」といい、〝仮に名乗る〟が正解となろう。

その「ハナハ」という姓は、太田亮博士の『姓氏家系大辞典』によると、「塙」には大別して、常陸の塙氏と尾張の塙氏が認められると言う。常陸の塙氏は、第一が中臣氏の流れで鹿島の大宮司家。鹿島神宮は常陸の一宮で、後世に至り多くの神職名が見られる。云く、大宮司、大禰宜、大祝、権禰宜、権祝、総大行事、検非違使、追捕使、総追捕使、押領使、検校、判官、傔仗、和田祝、益田祝、等々、この諸職の最高位にあるのが大宮司である。その第二は桓武平氏の出で常陸の大掾家。常陸は親王任国であるから常陸介が事実上の長官で、これを「介」と書いても時に「カミ」と訓む習いがある。故に大掾は事実上の次官であり、それを世襲するような家柄であれば、名家であることが知られよう。又、清和源氏の塙氏もいて、これは頼朝や家康が幕府を開く際に恐れたといわれる佐竹氏の一族。次に尾張の方、ここには桓武平氏の常陸大掾家の流れと、藤原氏を称する塙氏があると言われる。

更に「花輪」氏、「鼻和」氏も見られるが、主に甲斐、陸奥に住し、直接の関係を有するとは思われない。『姓氏家系大辞典』から雨富検校の家を検出することは不可能であるが、ただ、「塙」氏が常陸の古い名族を示す苗字であることだけは動かないと思われる。

温故学会の斎藤政雄会長が執筆された『えびす附近 実態調査第一集』（昭和三十年、渋谷区立長谷戸小学校）には、渋谷の地名につき、その「渋」を〝『語源辞典』によれば、「ある土地が、風蝕されたり、水に浸蝕されたりして元来の土地が凹凸地形となる過程、あるいは、その結果の土地の形状をいう」〟と説明されている。その頃考えられたそうであるが、「ハナハ」とは、この反対で浸蝕から残された、周囲より高くなった土地であろうと言われる。『言海』に「山嘴ノ端ノ義カ」と見え、『説文』『集韻』には夫々「堅ク抜クベカラザル也」、「土ノ高キモノ也」と見える。又、鏡味完二氏は、『日本の地名』（角川新書）付録の「日本地名小辞典」で「河岸段丘や一段高い土地、関東地名にとくに多い」と説明されている。

関東平野を擬らえるなら、寧ろ東京湾の部分の欠けた擂鉢であり、栗橋を鉢の底と見る方が分り易い。文化は周縁部から起り、漸次中央低地へ浸透したものと思われる。中央には古代大鬼怒湾が広がり、永年を経て湿泥地へと変化したもので、これを「アヅマ」と呼んだものと考えられる。(4)「アヅマ」の原義は未開湿泥地、即ち〝開かれる土地〟又は〝顕われる土地〟と解してよかろう。「吾嬬者耶」とは東国の天皇の詔であり、〝開かれよ〟の意であったものであろう。日本武尊の地名説話は特に牽強の度合が甚だしいようである。ともあれ、清和源氏の出を名乗る者が土着する頃には、扇状地が最も新しく草生い繁る土地であったと思われる。又、平家の世になって系図を調えた新参者は更に低い平野部へ居を求めていよう。坂東武者の系図は保元の乱頃から作られ始め、鎌倉中葉までに調ったものであろうから、その時期に古い由緒を持つ氏族は、国造家や古い有名な国司辺りに仮託させねば周囲も承知すまいと思われる。塙姓も、中臣氏とも伝え、常陸の東部高台の地に住した古い氏族の一つと見てよいのではなかろうか。

## 三、雨富検校の名と住居

（引用）十三といふ歳の春（宝暦十年庚申三月）父に請て絹商と共に東都にいたり、雨富検校須賀一が門人となり、彼家に寄宿し名を千彌と改む（須賀一検校、本氏は塙と云ふ、常陸国茨城郡市原村の人なり、雨富といふは、盲目の座のならひに、在名といふ者にて、別称なり、本氏を其まゝに、在名に用ふる人もあり、殊に設けて称ふるものもあり、雨富の家は四谷の西念寺横町にあり）。

＊括弧内は割註部分。以下同。

（引用）又雨富が家の隣は、松平乗尹（織部正）の家なり……。

（引用）此とし雨富の家を離れて番町厩谷の北坂上なる高井山城守の宅地に移り住む。

（イ）「雨富」という在名

雨富検校の師匠は後述もあるが、「雨谷」の在名で呼ばれていた。雨谷検校には弟子が二人検校となっており（『三代関』）、兄弟子の須賀一は「雨」を与えて「雨富」を名乗らせ、弟弟子の右近一には「谷」を授けて「谷川」と名乗らせている。他の例から推して、この形態が普通のものと思われるが、それ故、本苗を与えた雨富検校の塙検校に対する心情が却って偲ばれるものである。「雨富」とあれば、「アメトミ」か「アマトミ」と訓むものであろうが、栗田寛は『温故堂塙先生伝』に朱で「アメトミ」の傍訓を入れており、従うべきであろう。「雨富」を「天富」とする書も見受けるが、師匠の在名と見合せ「雨富」がよい。然し、「天下富栄」に通じさせる気持ちがなかったとは言えない。日本人とは概して祝辞の好きな民族らしい。又、市原村近傍には「雨」の付く地名が少なくない上、師も「雨谷」を名乗るので、豊富の「富」を添えたものかも知れない。雨引山、雨巻山など、所の少児も知る名であろう。

（ロ）「須賀一」という名

雨富検校の住んでいた、今の新宿区若葉一丁目、文化放送から学習院初等科の辺りを地図帳で見るとき、程遠からぬ処に「須賀町」を見出すであろう。然し、ここで喜んではならなかったのである。『新宿区史』などには、須賀神社の名によって町名とする旨記されており、須賀神社も大抵の地図帳に見える。そこで神社本庁の『神社名鑑』を抜けば、大略次の如く記す。

須賀神社（天王様）　舊郷社　新宿區須賀町　祭神　建速須佐能男命　宇迦能御魂大神、氏子八千戸、崇敬者　二百人

四谷の鎮守として尊敬される。稲荷社は一つ木村の鎮守で、寛永二〇年祭神として神田明神社内の牛頭天王（須佐之男命）を勧請。明治元年に須賀神社と改称。

詰り四谷の地名「須賀」は明治以降のものとなる。それでも納得せず、もしや江戸期に俗称として用いられてはいないものかと考えた。須賀神社という社は全国的に殆ど須佐之男命を祀っている模様である。然し、須賀神社で「明治元年以前には須賀神社とは言っておりません」との言葉を承った上は、すごすごと引き上げるのみであった。

須賀神社作戦を失敗で終ったあと、ふと考えたことは、須賀一の名の謂れを信仰に求めることは、存外正しいかもしれないということであった。「スガ」といえば、今一人「天神」菅原道真公が思い出されねばならない。竹内秀雄氏の『天満宮』（日本歴史叢書）には、「近世の天満宮」の章に「菅神崇敬」の項を設け、塙検校にも触れられている。そこには豊臣秀吉から松浦武四郎まで、特に学者の名が多く見える。歴史は記録類に基いて叙され、記録類は文人・学者の手に委ねられることが多いため、庶民はつい歴史の闇に置かれるが、天神信仰については、学者の崇敬が多かったことを特色と見てよかろう。その結果、塙検校と天神との中間に学問を置いて理解する方式が目立つのであるが、或いは塙検校の天神崇敬は雨富検校の勧めによるとも考えられるのである。好き者の想像かもしれないが、塙検校は死後師の雨富検校の眠る墓石の脇へ葬るよう遺言したと言われる。その師雨富検校は菅

公の墓所と同称の安楽寺に葬られ（『海録』）、そして「須賀一」と名乗ったのである。この師弟関係から見て、両者の信仰は同様のものと考えることが可能になりはしないであろうか。光のない盲人の社会で、頼りは信仰であり、師弟なのではなかろうか。

雨富須賀一の師匠は「雨谷すん一」という。この師匠の一番弟子となり、「雨」と「ス〇一」を頂いた訳で、雨富検校の為人がここにも知れるようである。この「須賀一」の訓み方であるが、保己一を「ホキノイチ」と読まぬように（『一話一言』の振り仮名による）、「スガイチ」がよいと思われる。『三代関』辺りの当道資料では、「何々の一」という場合、或いは「之」（又は「乃」や「ノ」）を入れることを見かける。然し、管見では「須賀一」「菅一」「寿賀一」等であって、「之」を入れたものを知らない。姑く「スガイチ」に従うべきであろう。

猶、「須賀一」の「一」は用字として誤りであるが、[5]江戸時代の座の慣行として、拾両以上出金する者に許されたと言われる（『平家音楽史』）。盲人が「イチ」を名乗る慣習は中国からの輸入ではなく、日本古来の「市の巫」に始まるものである。江戸時代の慣用は、古い本義の忘れられた結果であり、和学を興された塙検校も制度であれば踏襲したのであろうか。

（八）雨富検校の住居

雨富検校の隣りに松平織部正乗尹という旗本が住んでいたという。詰り逆に調査して行けば雨富検校の住居が知れる道理である。

まず『寛政重修諸家譜』（文化九年撰。塙門下屋代弘賢も編纂初期に於いて林述斎を輔け、浄書の人数にも加わっている）に松平乗尹の経歴を一瞥するなら次の如くである。

○延享二年（一七四五）五月十九日　西城、御書院番
○寶暦元年（一七五一）五月十二日　（本城）御小納戸
○　（同）　七月十八日　西城、（御小納戸）
○　（同）　十二月十八日　布衣を許さる
○（同）十年（一七六〇）五月十三日　本城、（御小納戸）
○安永四年（一七七五）十一月十九日　（同、御小納戸）頭取
○　（同）　閏十二月十一日　従五位下織部正
○天明六年（一七八六）十一月十五日　御作事奉行
○　（同）　（日）　三百石加へられ六百石

そして、寛政二（一七九〇）年八月二十七日に歿している。

次に渡辺一郎氏編『徳川幕府大名旗本役職武鑑』にあたって、江戸の屋敷を求めた。

〔第一巻〕

○寶暦六年（一七五六）燕屋彌七版「袖珍萬代 有司武鑑」一三二頁
　西御丸様御付衆、御小納戸衆。　松平伝七郎（乗尹）（31才《ママ》）
　三百石、四ッヤ

○寶暦七年（一七五七）須原屋茂兵衛版「袖玉武鑑」一五四頁
　大納言様御付衆、御小納戸衆。　松平伝七郎　（32才《ママ》）
　三百石、四ッやしを丁

○寶暦八年（一七五八）「袖珍萬代 有司武鑑」　一八六頁
御小納戸衆。松平伝七郎。三百石、四ヤ　（33才《ママ》）
○寶暦十年（一七六〇）「袖玉武鑑」　二〇一頁
御小納戸衆。松平伝七郎。三百石、四ヤしほ丁　（35才《ママ》）
○寶暦十二年（一七六二）「袖珍萬代有司武鑑」　二二七頁
御小納戸衆。松平伝七郎。三百石、四ッヤしほ丁　（37才《ママ》）
○明和五年（一七六八）「袖玉武鑑」　二五六頁
御小納戸衆。松平伝七郎。三百石、四谷しほ丁　（43才《ママ》）
○明和八年（一七七一）「袖玉武鑑」　三二五、三二六頁
御小納戸衆。松平伝七郎。三百石、四谷しほ丁　（46才《ママ》）
御小納戸衆。　松平伝之助（乗識）（24才《ママ》）
三百俵、四谷西ねんしよこ丁
○安永五年（一七七六）秩父屋・板木屋・伊勢屋共版「日光御社参御用掛り」
御小納戸衆。　三百石、松平伝之助
四ッ谷しほ丁（伝七郎ノ誤）三九九頁
○天明元年（一七八一）「袖玉武鑑」
御小納戸頭取衆。　松平織部正（乗尹）（56才《ママ》）
三百石、四谷しほ丁

御小姓衆。　　　　松平佐渡守（乗識）（34才《ママ》）
　　　　　　　　　三百俵、四谷西念寺よこ丁

○天明三年（一七八三）「袖玉武鑑」　四五二頁

御小納戸頭取衆。松平織部正。三百石、永田ばゝ（58才《ママ》）

御小姓衆。松平佐渡守。三百俵、四谷西念寺よこ丁（36才《ママ》）

○天明六年（一七八六）「袖玉武鑑」　四八七、四八九頁

御小納戸頭取衆。松平織部正。三百石、永田ばゝ（61才《ママ》）

御小姓衆。松平佐渡守。三百俵、四谷西念寺よこ丁（39才《ママ》）

○天明七年（一七八七）「袖玉武鑑」　五二一、五二三頁

御作事奉行。（丸ニ蔦）六百石、黒たゝき
　　　　　松平織部正。（62才《ママ》）
　　　　天明六ヨリ、永田ばゞ（鎗）馬

御小姓衆。松平佐渡守。三百俵、永田ばゝ（40才《ママ》）

○寛政四年（一七九二）「袖玉武鑑」　五六〇頁

御小姓頭取衆。松平佐渡守。六百石、永田ばゝ（45才《ママ》）

○寛政五年（一七九三）「袖玉武鑑」　五九一頁

御小姓頭取衆。松平佐渡守。六百石、永田ばゝ（46才《ママ》）

○寛政九年（一七九七）「袖玉武鑑」　六六五，六八五頁

大納言様御付。　（丸ニ蔦）六百石、黒たゝき
御小姓組御番頭格。　松平備後守（乗識）。
　　永田ばゝ（50才《ママ》）（鎗）馬
御小納戸衆。　松平伝七郎（乗功）（22才《ママ》）
　　三百俵、永田ばゝ

（以下略）

松平家の西念寺横町の家は、乗尹の息子、伝之助乗識の屋敷と思われる。乗識は保己一の実の年より二つ若い青年で、天明七年には父乗尹の永田馬場の屋敷へ越しているが、保己一はこれより前、安永四年に番町厩谷の高井家へ寄宿しており、若い頃は隣りしていたのであろう。松平乗尹が永田馬場へ移った年は、天明二年のことと思われる。『袖玉武鑑』では天明元年は「四谷しほ丁」、三年は「永田ばゝ」とある。国会図書館蔵、旧幕引継書類の「屋敷渡預絵図証文」は安永十＝天明元年〔その二〇四冊目〕と天明三年〔二〇五〕を伝えるが、乗尹の記事は見えず、天明二年の分を欠いている。同書は又天明六・七年を伝えるが、これには乗識の移転は見えない。天明六年十一月には乗尹が御作事奉行に昇り六百石になっており、それまで乗尹一人で住していた永田馬場の土地に父子で一戸を構えたものであろう。同町に別屋敷を持ったとは思われない。文政十二（一八二九）年の「国字分名集」にも「大給、家紋丸蔦、六百石、永田馬場、松平伝七郎（乗尹ではない、その子孫）」とあり、以後永く永田馬場に住したものであろう。

塙検校が雨富検校の門人になったのは、宝暦十（一七六〇）年。保己一も十三歳といっており（当

時、千彌を名乗り、実の年十五歳)、乗尹の息子乗識も十三歳、元服も間近の頃と思われる。西念寺横町の屋敷は、乗識の小納戸役になった明和六（一七六九）年以降の持有と見ることが出来る。然し、それでは、宝暦十一年に萩原宗固、川島貴林等に師事するに当り、紹介者として松平乗尹を考えることは不可能となろう。保己一の学問を考える上には乗尹との出会いが早くなくてはならない。そこを考慮するなら次のように考えてみたい。まず、乗尹の養父乗明（実は伯父）は、先代致仕の日に家を継ぎ（養子）、乗尹の継いだ年の正月に歿している。その間に、二人の実子が父に先立って死去しているのである（長男乗芳は乗尹の実家へ養子に出る）が、次男乗道は御小姓組に列しており、乗明の屋敷（四谷塩町か）と、義兄乗道の屋敷（四谷西念寺横町か）を別に想定することが出来る。その伯父の屋敷に乗識が住したのであれば、雨富検校の隣家は以前から松平家であったとされよう。

西念寺横町の旗本屋敷の一軒々々が知れる絵図は、曩の「屋敷渡預絵図証文」か「江戸切絵図」のようなものであろう。「分間図」などではそこまでは見えない。最も手軽に求められる切絵図は、角川文庫の『江戸切絵図集』か平凡社の『古板江戸図集成』巻八であろう。然し、これは嘉永二（一八四九）年近江屋及び三（一八五〇）年尾張屋の版で、塙検校歿後のものであって、松平家は永田馬場へ移って久しい。東京都の復刻した（信陽堂印刷）『天保改正御江戸大絵図』は、元禄九（一六九六）年の旧版を文政五（一八二二）年に補改し、天保十四（一八四三）年に再板したものであるが、これには「西子ンジ」の裏（今は前になる）に「マツ平」が見える。何時頃の書入が残されたものか不明であるが、或いは乗尹の屋敷を示しているかとも思われる。

四谷大木戸の通りから西念寺横町に入ると、平坦な直線路が西念寺正門の脇まで敷かれている。そこで右側から張出しているのが西念寺で、その前を左折すれば、五間程で路は右折する。そこ辺り迄はまだ平坦な路であるが、角から四、五間を過ぎて、路は下りと言うより滑らん許りの急坂となる。西岡秀雄氏の気候七百年周期説によって冬の固く凍てついた情景を想像するまでもなく、盲人の歩行は考えられない。嘗て温故学会の斎藤会長が付近の人に尋ねられた処、西念寺の前で折れた突当りの辺との話を聞いており、曩の「マツ平」家、嘉永二年の江戸切絵図「四ツ谷千駄谷内藤新宿辺絵図」に見える「横田小一郎」家こそ乗尹の旧宅ではなかろうかと推定するのである。(6)そこで、その一軒奥、嘉永二年の切絵図に見える「北村家」が雨富検校の住居だったのではないかと思われる。現在四谷パークマンションの建てる土地の見当となろうか。今後とも資料を求めて行きたい。

## 四、その他の問題

（引用）はじめ大人雨富の家に入りし時、其教にまかせ三絃を習ひけるに、今日ならひ得しものは、一夜が程に忘れて、明日は知らずなりけり、すべて三年が間に、一曲をも覚え得ざるのみか、調子さへ合はざりければ、雨富もせんすべなくて、針治の術を旨と習はせけるに、医書よむ方は人にすぐれて、二度よますれば、次の度には一文字もたがえず読む程なりけれど、術にかくれば人よりは遙かに劣れり。

雨富検校は平曲家であるから、勿論平家琵琶にも堪能であったと思われる。この引用からは三絃と針が認められる。三絃とは所謂三味線で、既に柳川検校応一が出ており、当時は三絃を表芸とする盲人も多かったようである。腕は確かなものであったと思われるが、今言う何流であったか知る由もない。

鍼では、御薗意斎の打針が出てから久しく、杉山検校和一の箱鍼も完成しており、医書の講釈も出来る程の師匠であったことが知れる。

○

（引用）雨富あまりに覚えて、せめいひけるは、凡そ人の郷里を去りて他郷に赴くことは、なす事あらんとての意なり、汝父母の家を出てここに来るもしかなるべし、されども産業となすべきこと、一つも習ひ得る者なし、且つ朝夕汝がなすところ、露ばかりも我心にかなはず、さはあれど、門人のなりはひとなる術ををしふるは師の職分なり、汝が好まざることを為せといふにあらず、賊と博とを除きて外は、何にまれ心にかなひたらん者をつとむべし、是よりして三年が間汝を養ふべし、三年経て為すことなくば速に郷里に送りやるべしといふ。大人肝にしるして、昼夜となく読書をつとめしかば、終には名を顕はすまでになりにたり。されば大人意を得て後常にいへらく、我素より読書を好まざるにあらず、然れども業をなし名を顕はすものは、皆師のたまものなり、たゞ恨むる処は、師在世の程、かばかり幸を聞かしむることなきのみなりと。

（引用）大人もと病多し。雨富よくやしなふに猶癒えず。一日雨富、大人に告て云く、為すことあらんと思ふ者、病多ければ果たすこと能はず、病ある人旅に赴く時は、まゝ癒えることあり、思ふに汝が病も又しかる事あらん、我金五両を与ふべし、我に代りて伊勢の神宮に詣でよ、雨降らん日は行くことなかれ、必らず悪しき気をうけぬべし、費余りあらばなほ他方に行き、尽るに随ひて帰り来るべしと云ふ。（中略）なべて六十あまりの日を積みて東都に帰られにけり。果して雨富の言のごと、病は皆癒えたりき、いとあやしきことになん。

（引用）翌年（天明四年）雨富やみて死なんとせし折、大人を呼ていひけらく、吾さきに人にかし置る金若干あり、其中に我世にありてすら、かへし得ざる人あり、其券契をば皆やき捨たり、さもと思ふ券契をばこゝに残し置けり、譲るべき子もなければ、われ死ん後には、うべとりて汝が用にあてよかしと聞えければ、大人うなずしていらへしやうは、やつがれ郷里を出でし折は、露ばかりの蓄へなかりしに師のめぐみによりて検校にさへなりにけり、徳これよりは厚かるはなし、此外に何をか賜はりなんや、其券をばいまだ職にもあづからである門人にたび給へかしとて、かへされけり。これを聞く人めでざるはなし。

雨富検校の弟子塙検校に対する心遣いについては、こゝで喋々することを要しない。信名の文が痛い程の実感を与えよう。

〇

（引用）其日は雨富の師なりし雨谷といひける検校の、事に当りて総録のつかさとられし日に当れりとか。

雨富検校の師を、『温故堂塙検校伝』は「雨谷」と記すのみであるが、栗田寛は「アメカヒ」の傍書を残している。『三代関』には「雨ヶ谷すん一」と見え、「アメタニ」とは訓まなかった証を示している。この「アメカヒ」は、今言う「アメガイ」となり、「アメガヤ」と訓んではならない。仮名本『平家物語』諸本の「熊谷」や、『寛政重修諸家譜』の「小長谷」も「ガヤ」ではないのである。「雨谷」は下野都賀郡の地名に見える（『大日本地名辞書』）が、或いはそこの出身かもしれない。東北線小山駅の南一里とあるから、市原村の雨富検校と何らの縁故が生ずるかもしれない距離と思われる。

（引用）○

此頃豊一といふ衆分の盲人あり、金若干を蓄へもたりしが、俄に死てゆずるべき子もなかりければ、或人大人をして其家を継がしめなば善かりなむと、雨富にすゝむる者あり。雨富このよしを聞ゆ。大人うけずして言へらく、豊一生けりし折おのれと心よからず、死たりとて其家を継ぐべき筋あるべからず、且つ彼が家を継がでありとも、さるべき果報のありなむには、かばかりの財たくはへんこと難かるべからずと答へければ、雨富我もしか思へりとて、其事止てけり。

（引用）さて大人の学業日を追て進みける儘に、雨富もいたくめでゝ、一日大人をよびてさとすやう。当世一座の様を見るに、序を進むる者皆金をむねとして術芸にかゝはらず、かくて有りなば、後には一座のうちにわざ学ぶ者たえ失せなん、汝が学業はやう人に越えたり、然れども財も持えざれば序を進むることを得べからず、吾これを思ふが故に、汝が為に金百両を蓄へ置けり。うべこれをもて序すゝむる料とせよとて出したびたれば、遂に安永四年といふ歳の元日、階を進めて一座の勾当となり、塙勾当と称す。名を保己一と改む。

雨富検校の門下の様子が知れる文章である。たゞ、これらの記述が塙検校の徳を讃えようとして徒らに他の弟子をこのような情けない恰好に描いたのだとするなら、気を付けねばならない。

## ○師匠隣家松平氏の周辺

森銑三氏は『物語塙保己一』のなかで、「十三歳の盲の少年が落ちつき所もなく江戸へ出て来るといふのは、あまり無謀な話です。やはり保己一は、最初から高井家の世話になることに極まってから出て来たのではなかろうかと考えたくなります。」と指摘されているが、正にそういったアテとかツテがあってのことであろう。太田善麿先生も「江戸へ出た保己一は、大御番といって城内や江戸府内の警備をつとめる役の東条源右衛門の土手四番町の家に一時落ち着いたという。（中略）恐らくだれかの依頼があって、暫定的に長屋にでも入ることを許したものであろう。紹介者は判明しないが、根岸鎮衛あるいは永島家(7)のだれかであったかも知れない。」（『塙保己一』）と述べておられる。その点につき、更に深く経路を辿ることは出来ないものであろうか。

その一例を試みに述べるなら、次の如き一条の物語が書けるであろう。これは松平乗尹の姻戚を結ぶ大系図に基いての仮説である。

保己一を江戸へと勧めたのは永島長兵衛恭林なる五百石取りの旗本である。恭林は平曲を愛好するばかりでなく、もっと積極的に盲人の人格を認め、力になった人だったのであろう。後年恭林は我が聟養子として、師堂派の検校豊楽如意一の息子に家督を譲るのである。この人は保己一の郷里である武蔵国児玉郡のほか、同榛沢郡の一部も支配していた。榛沢郡を領する旗本のなかに、横田半十郎尚松という二百石取りの西之丸御小姓組番士がおり、恭林はこの人に保己一のことを依頼しようと考えたのであろう。尚松は小禄ながら、すぐ下の弟は二千石余の大坂町奉行興津能登守忠道であり、末弟は横田本家を継ぎ、後に九千五百石の秩禄に至った和泉守（後の筑後守）準松であり、有力な旗本とも交わりのある好人物と思われる。この横田尚松の妹が妻となった旗本が、松平伝七郎（後に織部正）乗尹なのである。

乗尹は由緒ある大給松平家に生まれ、三百石の秩禄を後に倍の六百石に迄した人物であり、なかなかの出来物と思われる。恭林が相談したであろう尚松の義理の弟が乗尹で、その乗尹の息子の家の隣りに、乗尹も挨拶ぐらいは交したであろう若い検校が住んでいたのである。話は直ぐついたことであろうし、このような関係によって保己一は、その若い検校雨富須賀一の門人となったのであろう。

乗尹も仲立ちをしているから、保己一には何かと心を配っていたものであろう。軈《やが》て保己一は、公務に忙しい乗尹から初学の手解《てほど》きを受け、後には、乗尹の学問の師萩原宗固からも直接学べるようになるのである。川島貴林、山岡浚明らの口添えで師事するようになったのであろう。横田袋翁、大田南畝、屋代輪池などは宗固の門に連なる者であり、後年の保己一の事業はこれらの人の援助を受けてなされるのである。

勾当になって、塙保己一を名乗ると、師匠の家から離れることになった。この時には横田尚松は既に歿しており、引越しなどの世話は松平乗尹あたりが考えてやったものであろう。当時乗尹は御小納戸の頭取になるくらいの時で、御小納戸衆は既に二十年を経ていた。うち十年間程は西之丸付にもなっていたが、そういった御小納戸衆の後輩に、高井隼之助実員という五百石取りの旗本がいた。この人も当時まで十五年近く御小納戸を勤めており、勉強家でもあったらしく、先代・先々代よりも出世するのである。両人が良き友人であったであろうことは想像に難くない。番町厩谷（千代田区三番町八番）の実員の家に空室があるというので、乗尹が世話をして保己一を移させたのであろう。高井家の蔵書については太田善麿先生も触れておられるが、ここでも保己一の学問は更に進んだものと思われる。後に実員の後嗣の養子が亡くなってから、乗尹は義理の兄横田尚松の遺児（二男）で元服したばかりの従松を実員の養子とし、名も隼之助実徳と改めさせている。そのような事があって高井の家も事情が変ったため、実員は、母親の実家で、直ぐ近く（一丼内）の土手四番町（千代田区富士見二丁目十番）の東条源右衛門長祇方へ保己一を移させたのであろう。

永島恭林の志によって、保己一は松平乗尹の知遇を得、その縁に連なる人々の援助を受けて行ったのである。なかでも乗尹には終始変らぬ庇護を受け、保己一も一生恩を忘れず、『千草の種』に言う、乗尹の位牌を拝みに永田馬場の家へ寄ったことも事実の一面を伝えるものと思われる。雨富検校の葬地安楽寺を推めた者があるとすれば、乗尹であったかもしれない。乗尹の義理の兄興津忠道（神田川町に住す）の墓所は西念寺であるのに、雨富検校は安楽寺を選んだ。乗尹の墓所は浅草の東光院、山号を薬王山、又は医王山という。この山号は天台宗に多く、安楽寺も医王山というのである。共に東叡山寛永寺の末寺に当り、安楽寺は雨富検校の住所に近く、菅公の墓所と同称の縁を持っていた。こゝに乗尹周辺の人々、ここに保己一の第二の家族があったと見ることが出来よう。

## ○むすび

森銑三氏は、近著『近世人物夜話』の末尾に於いて、「人物研究に就いての私見」の題下、次の如き警句を述べておられる。

資料の取扱い方さへ心得たら、そして資料さへあれば、いかなる人物の研究も出来るなどと思込んだら、大間違ひである。同時にまた、最初から自分の力に余った大人物と取組むのもいかがであろうか。意気込みだけは壮とすべきかも知れないにもせよ、到底十分にその人物を処理することは出来ないであろう。

仏造って魂入れずといふが、履歴書がいかに精細に書かれてゐようと、それはつひに履歴書といふに止まる。（中略）その人の精神に触れること、それが人物研究の最初の目的であり、同時に最後の目的であらねばならぬ。

雨富検校に関しては、依るべき資料など殆ど無いのであり、何か結び付きがあれば、前後もなく飛びつく危険が多いのである。厳に戒めて行きたい。今日的生活のなかにあって、昔日の人物像を実証的に調べる。言葉の上にも難儀が現れているが、心して行く時、途は自から開けるものであろう。

（本稿は昭和四十四年温故知新会正月例会講演原稿をもとにして若干の補綴を加えたものである）

註

（1）拙稿「平曲家系譜における塙検校」『温故叢誌』第二十四号

（2）結解治氏「塙検校の師、雨富検校について」

（3）同書三二頁に「松平織部正集尹《ママ》というお武家は、雨富検校の家からあまり遠くなかったので」と述べておられる。隣家と見ずに、四谷塩町の屋敷を調べ当てられたのであろう。

（4）小金丸研一氏「あづまとあづみと」『國學院雑誌』第六二巻第十号（特集、文学と民俗）。拙稿「夕映鈔」國學院大學文學會『文學會會報』第三十九號

（5）拙稿「瞽名『イチ』について」『近世文学会会報』第二号

（6）切絵図等の江戸期の絵図、『東京市史稿』市街篇の屋敷請渡証文等の文献も、刊本で容易に閲覧出来るものは殆んど目を通してみたが、宝暦・明和・安永・天明頃の四谷西念寺横町の模様は知れなかった。『御府内沿革図書』及び『御府内場末往還其之外沿革図書』「屋敷渡預絵図証文」享保八年「伊賀者」。享保十二年分未見。天明六年欠。

（7）大野武男著『少年塙保己一伝』は「永島直之丞」とするが、元治元（一八六四）年苗字帯刀許可申渡覚書に見える領主永島直之丞に引かれたものであろう。

（『近世文学会会報』第三号、國學院大學近世文學會、昭和四十四年）

# 塙検校における学問の意義

わが国の宝である『群書類従』全冊が刊行されてから百八十年という節目の年に、塙検校の業績について改めて考えたいと思う。中でも、『類従』刊行の立願と塙検校の天神信仰との関係、また『群書類従』編纂の背後にある塙検校の学問の意義という二点は、検校の業績を考える際の中心課題であろう。これに絞って日ごろ考えているところを述べてみたい。

ところで、学問とは何であろうか。簡単に言えば、手に摑むとか、他の五感を通して明瞭に知覚するとかのできない人間生活における重大事についての真理・真実を知ること、あるいは一般法則を立てること、とでもいうことになろう。といって、学問は単なる理解とは異なる。統計学的分析に堪えるだけのデータ・資料の蒐集・吟味と、体系化を可能とする資料の量と多面性・偏在性があって始めて学問体系として成立する。それに対し、学問体系の一部の理解は、如何に正確で深いものであっても、それは単なる教養であり、学問そのものにはならない。

我々が世の学問進展の恩恵を受けていることは、断片的知識・理解の深化と普及度において、これを自覚することができる。しかし、これが必ずしも学問そのものを身につけていることにならないのは、基本的・根源的問いかけに対して適切な解を即座に自分の言葉で説明しえぬところに端的に現われている。

日本の文化の特徴とは何か。自らその伝統を負い、最も深い関係を有しているにも拘らず、答えに窮するのは何故か。日常的話題・情報に登場する断片的問いかけに束縛されているからであろう。経験豊かな教養人は、それに対して、基礎資料の蒐集・吟味から取組み、分析・綜合を通して知識の体系化を図り、そこから日本文化の特徴を述べることになろう。

そのようなとき、『群書類従』は、右の「基礎資料」のそのまた基礎として最適な基本文献を収めている宝庫となる。『群書類従』は、行き当たりばったり目に触れた文献を印刷したものでもなければ、希少価値のある文献を模刻したものでもない。日本を知るに必要な、言い換えれば国学研究上の基本文献を、類を分って全体を体系的に把握できるように編集された資料集だからである。

塙検校は、今日の東京大学史料編纂所の中心事業となっている『大日本史料』の先縦たる「塙史料」を編纂している。また塙検校は、水戸光圀によって始められた『大日本史』の史料校訂にも参加している。幕府の命を受けて『武家名目抄』も編纂している。国学の研究機関である和学講談所の設立も幕府から許されている。これらは単に検校が稀代の事業家であったということを示すものではない。検校の遺業の裏に学問があったからであり、幕府、朝廷の貴紳、大寺名刹、矜持高き彰考館、等々をも揺り動かす信念を持っていたからである。

## 菅公千歳の学問的集成を目ざして

塙検校の学問と信念は、検校の天神信仰に端的に表われている。江戸切絵図の番町の屋敷には「塙天神」の名を明記する版もある。日々天神に祈り、般若心経を読誦して『類従』を完成させたことはよく知られている。門弟中山信名が検校生前（検校は文政四〈一八二一〉年九月十二日の歿）に執筆した『温故堂塙先生伝』（文政二〈一八一九〉年撰）にも、

> 異朝には漢魏叢書などよりはじめて、さる叢書どもゝ聞えたり。皇国には、いまだそのためしなし。さらばこゝにも、かしこにならひて、かしこゝにちりばめたる、一巻二巻の書をとり集めて、かの木にゑりおきなば、国学する人の、能たすけなるべしと、思ひとりて、同（安永）八（一七七九）年己亥の元日より、天満宮に誓ひ、心経百万巻願だてし、なかばよまむほどに、千部の書をあつめ、よみをへなんまでには、上木の功なりねかしとて、これよりあしたあしたには塩だちし、日ごとに寅の時（五時ごろ）より起いで、百巻づゝ看経おこたらず、

などと見えるところである。

また、安永四（一七七五）年には、勾当に進むと共に名を保木野一から「保己一」に改めている。保木野一というのは、検校の出身地武蔵国児玉郡保木野村の名に由来するが、「保己一」はこれを響かせつつ、天神に重き思いを托した名なのである。

天神、つまり天満大自在天神とは菅原道真のことである。王朝時代の大学者菅原道真は、承和十二年、西暦八四五年の生まれ（延喜三〈九〇三〉年の薨去）。一方塙検校は、延享三年、西暦一七四六年の生まれ。つまり、菅公生誕九〇一年目の誕生なのである。「保己一」の名は『温故堂塙先生伝』にも言える如く、『文選』に「保㆑己安㆓百年㆒といふによれり」ということで、百歳まで生きるという意味をこめた名である。これは即ち、菅公千歳の寓意に外ならず、自分は菅公の学問を大成するのだという決意とも読み取れる。

実際、千という数字は検校にとって大きな意味を有しており、『群書類従』は千二百七十三部の書を収めているが、概数千部であり、『温故堂塙先生伝』にも「千部の書をあつめ」とある。また同『先生伝』は、勾当に昇ったことを述べた次に「これよりさき、大人この職に昇んことを、天満宮にいのり、日参し、あした毎に火の物たちて、心経百巻を読誦し、千日にみてんといふ願をおこさる」と記す。更に検校の事業をみると、寛政五（一七九三）年和学講談所の設立を願い出ると、その四年後、同九（一七九七）年春に国史律令の校正・開板を願い出、その二年後の同十一（一七九九）年暮には堂上家記（日記類）の書写・校正の願い、三年後の享和三（一八〇三）年には史料についての願いを出している。その三年後、文化三（一八〇六）年に武家名目抄編纂の命を受ける、といったように、どうやら三年を単位とする事業計画で進めていたようであるが、これまた言い換えると千日単位の事業計画ということになろう。

これらはすべて、菅公との関わりにおいて「千」という数字に重きを置いた結果なのではなかろうか。

では、検校と天神信仰との関わりは、いつ、何を契機に結ばれたのであろうか。残念ながら、その点は未だ明確にすることができない。検校は、宝暦十年に十五歳で江戸へ出て雨富須賀一の許に入門した際「千弥」と名乗っており、子供の頃からの信仰かも知れない。心経の千日読誦は、『先生伝』や大田南畝の『一話一言』において、勾当の下の職分である「衆分」昇格の際にも記されている。ただこの段階までの「千」には、天満宮への祈誓の文言は併記されていない。天満宮との関わりが明記されるのは、衆分に進んだ宝暦十三（一七六三）年から三年後、明和三（一七六六）年のことである。

『温故堂塙先生伝』には次のように記されている。

廿一といふとしの春、父宇兵衛と共に、海道をのぼり、まづ伊勢にまうでゝ、両宮を拝し、（中略）又伊勢より京都に上りて寺社仏寺など詣でありきけるが、北野にまゐりて、ことにたうとく思はれければ、永く一身の守護神とせられき。

「廿一」というが、満年齢で言えば十九の春である。検校は、師匠の雨富検校より金五両を与えられ、父に連れられ、伊勢・京を歴訪し、更に難波から播磨へ、そして堺を経て高野山、粉河寺、紀三井寺から大和へと進み、「弥生の程なりければ、吉野に行て、花をめでつゝ、西行庵にしばしやすらひけるに」という旅行をしたのである。検校は五月五日の生まれであるから、弥生（三月）かそれ以前（一、二月）は、まだ十九だったのである。

ともあれ、右の『先生伝』の記述によれば、この時の上洛で北野天満宮に参詣したことが検校の天神信仰のきっかけであったと解してよさそうである（とすると、千弥の「千」や衆分昇進を願っての千日読誦は、天神信仰と別に考えなければならないが、この点については小稿では触れぬこととする）。しかし何故北野天満宮へ参詣したとき、かくも強固な信仰を結ぶに至ったのであろうか。右の文では「ことにたうと（尊）く思はれ」としか書いていない。『先生伝』は、右の文に続けて、検校が天神を一代の守護神とした理由を記しているが、以前より私にはどうしても理由としての説得力が弱いように思われてならなかった。ともかくその部分を引いてみると、次の如くである。

これより先、大人思はく、凡人は神明をたのみて、心を決《さだ》むるにあらざれば、業をなすことを得ず。抑　皇国の神明の内にては、伊勢石清水は、いふもかしこし。人臣の分にては、北野か、もしくは豊臣太閤か。北野はもと文筆の家より起り、官は大臣を極め、死ては神となり、上は公家よりはじめて、下は凡民にいたるまで、帰敬《うやまう》事よの常ならず。太閤はもと尾張の賤民也。一たび起《おこる》に及びて、天下悉く服従《したがひ》つき、威風異邦におほへり。本朝文武の名を揚られたる鏡なり。この二人を除ては、又よるべきの神なしと。然れども心未だ定まらず。或はおもはく、太閤をいのらん。又おもはく、北野をたのまん。こゝに至て、定て北野をいのる。この後は百度詣千度詣など、年毎に絶ることなし。

この旅行が明和三年、西暦一七六六年の春、勾当に進んだのが安永四年の正月で、その千日前は安永元年、西暦一七七二年のことであろうから、北野天満宮に参詣して六年後には確実に天神を頼みとして心経の千口読誦を励行しているのであるが、私には、北野参詣の際に何らかの出合いがあったように思われてならない。

## 北野文庫での奉納版本との出合い

満十九歳の塙検校（当時は保木野一という衆分であるが）が、明和三（一七六六）年の春に北野天満宮に詣で、一体何を「たうとく」感じたのであろうか。その答えを提供してくれたのは、竹内秀雄氏の『天満宮』（日本歴史叢書、昭和四十三年、吉川弘文館）という専門性の高い概説書であった。その「九　北野学堂」の章には、「1　教学の道場」「2　講筵と連歌」「3　文庫の成立」の三節、およそ八十ページに亘って、北野天満宮における学問の講義と、書肆による版本の奉納の詳細が記されているのである。私がこの書から蒙った学恩は大きく、その後の検校研究に新しい視点を付与せしめて貰うこととなった。その一部は、既に昭和五十一年の『温故叢誌』第三十号所収の拙稿「近世律令学と塙検校」（のちに「塙検校と近世律令学」と改題の上『塙保己一論纂』上巻に再録、昭和六十一年、錦正社）などでも触れたが、独立した論文に纏めるには至っていない。その後、『神道大系』での「北野文叢」一部翻刻の手伝いを機に、『北野社家日記』などの史料集に注意を払ってきたが、塙検校が明和三年に生涯計画の啓示を得たことの史料には、未だ逢着していない。

そこで、以下の指摘は、現在のところ残念ながら推測の域を出るものではないが、その蓋然性は頗る高いと考えている私の現段階での理解である。

学問の神を祭る北野天満宮（といって、御霊信仰に始まる天神が学問の神となるのは率ね近世に至ってからのことである）の教学機関の中心は「北野学堂」である。延宝九（一六八一）年ごろには学問所らしき機能を持つに至ったが、正式な創立は天和三（一六八三）年とされている。これは、室町期に始まり、元禄十五（一七〇二）年に整備された上加茂三手文庫や、貞享四（一六九六）年創立の伊勢林崎文庫（神宮文庫の前身）などと並んで、わが国近世民間研学施設・文庫の先達と言えるものである。この「学堂」で、「神歌儒」の講筵、つまり「中臣祓」など神道の教学の外、特に連歌を講じ、また『源氏物語』『伊勢物語』などの講義や、『大学』『論語』など儒学の講義がなされていたのである。

これが、後に和学講談所設立に繋がる塙亭の会読のモデルになっていたのではないかという推定は、当たらずといえども遠からざるものといえよう。因に、学堂の「学堂勤学之定書」（貞享三〈一六八六〉年制定）には、

一、何茂為稽古処、講可有之旨被仰渡。歌書、儒書、順講有之講者被聞旨也。
一、筆跡稽古、是亦可被勵旨被仰渡。八月廿一日毎々清書致持參可被出也。
一、連歌宗匠能順坊、能拝、能東。歌書・源氏物語能貨坊、伊勢物語順講。隨営古文、能諷三體詩、順講論語有之。

此外考撰有之。定書之法、各学堂之壁書トス、故略之。

一方、温故堂の「定」（文政十一〈一八二八〉年制定）には、

古事記、六國史、律、令義解、三代格、內裡式、儀式、延喜式、符宣抄、西宮記、北山抄、江家次第、日本紀略、扶桑略記、百練抄、帝王編年記、……

右三拾三部の書中、毎月九之日、自午中剋至申中剋まで申合、会読校正可致事……

とあって、趣旨相似たものがある。

この「学堂」に対し、『群書類従』のヒントとなったものは何かといえば、「北野書蔵」の版本である。『拾遺都名所図会』に「北野御文庫」とあるのが、この「書蔵」である。

ただ、「書蔵」について述べる前に、「学堂文庫」に触れなければならない。学堂文庫は神宝や社家の記録等を収蔵するもので、元禄十五（一七〇二）年八月に着工され、翌十六年九月に竣工、十一月には文庫への収納が行われている。その後、享保十五（一七三〇）年の大火の際には町奉行の図らいで類焼を免れ、直ちに屋根を瓦葺きに改め、寛保元（一七四一）年に上塗りを施し、寛政八（一七九六）年には表窓を閉鎖するなど万全の措置がとられている。

これに対し、「北野書蔵」は元文五（一七四〇）年に計画され、翌年には竣工していたと推測され

ており、創立は学堂に比べ大分遅れている。しかし、この「書蔵」には京都の出版書肆より貴重な出版物が奉納されていたのである。竹内秀雄氏『天満宮』より、該当する個所を引用させていただく。

さて、爾来文庫としての崇敬により書肆の聖廟を尊崇するところより、新刊は必ず北野社に奉納して初めて世上に発売する風習があって、京都書林御文庫組なる講組織にまで発達し、梅椿坊がその宿坊となっていた。かくて奉納書籍が次第に累積して文庫設立の必要が生じたのである。……文庫設立以来、新刊本は必ず一部は献納するようになっていたが、版木の消失その他の事故によって湮滅に帰するときは、その献本を借出して再版を起こしたり、またのちにはかかる予備のためにも書籍の奉納を行なうようになった。

つまり、学堂文庫よりも、「北野書蔵」（北野御文庫）こそが、版本を大切に収蔵している施設として、これを知った若き日の塙検校に何らかの重要文献の板行を決意させた存在だったと推測して誤りないのではなかろうか。竹内氏前掲書より、書蔵へ奉納された典籍を検してみると、次のような書名が見られる。

二十一史（康熙版）、類聚國史、河海抄、

いずれも寛保三（一七四三）年の献納である。

勿論、兼永本『日本書紀』や『珉江入楚《みんごうにつそ》』など手沢本も蔵されていたが、『群書類従』を考える際に見逃せないのは、京都書林の手になる版本の奉納である。

北野天満宮の祭日は八月に行われるが（北野祭）、菅公の命日二月二十五日にも祭礼があり（梅花祭）、『温故堂塙先生伝』の記述から見て塙検校の北野参詣は恐らく二月の梅花祭の前後かと思われる。既に萩原宗固について和歌・文学を学び、山岡浚明について律令を学ぶなど学問を身につけていた検校は、北野に詣でてわが学問成就を祈誓すると共に、菅公の学問について祠官に問い、天満宮における教学について質問したであろうことは想像に難くない。そして検校は、その折、北野学堂の講筵について知り、北野書蔵に蔵されている版本の存在を知ったに相違ない。

しかし、それはすぐに『群書類従』を生んだわけではない。『群書類従』の具体的立案には、まだ多くの要素が加わらなければならない。北野での出合いは、若き塙検校に『群書類従』への歩みの中で、第一歩というべき大願の〝芽〟を植えつけたということであろう。そしてその芽は、塙検校の業績を考える上で無視することのできぬ重要な〝芽〟であったと言えよう。

なお、偶々入手した大阪出版協会の『文の庫』の本年（平成十一年）七月号は、『天神祭』の特集で、北野書蔵と類似の文庫についての寄稿があるので、ここに紹介しておきたい。

一つは「大阪天満宮御文庫」（高島幸次氏執筆）、今一つは「住吉大社御文庫」（川嵜一郎氏執筆）である。一部引用させていただくと、前者には「当宮御文庫が注目されるようになるのは、江戸中期の享保十五（一七三〇）年に、大阪書林（出版元）の有志が『天満宮御文庫講』を結成し、自家開版の『初摺（初版本）』を当宮に奉納する習慣ができてからである……その後、同講は住吉大社の御文庫と合併して『大阪書林御文庫講』を結成」と見え、後者には、「享保八年（一七二三）九月、京都・江戸・大坂の三都市の書林仲間の有志（二十八）により『住吉御文庫建立発願文』が各地の書林仲間に配布され、多くの賛同参加のもとに享保十二年に四年の歳月を経て建立されたものである。」と見える。

## 『群書類従』編纂に見る独創性と考証学

次に、『群書類従』が如何に当時の学界にあって卓越した叢書であったかについて述べると共に、『群書類従』編纂を通して窺うことのできる塙検校の学問の意義について述べることとしたい。

自動車、テレビ、ワープロといった文明の利器が普及した今日、これらの無かったときの乗り物、映像装置、文書複写の役割を担っていた馬や駕篭、写真集や細密な絵画、右筆、代書そして複写機などがどれほど便利であったかを想起することは、かなりむずかしい。

『群書類従』が刊行されたから、『史籍集覧』ができ、『新訂増補国史大系』が編纂され、各種文庫本や『日本古典文学大系』『全集』『集成』が出版されるに至ったのである。

今日、『群書類従』よりも、何という叢書に収められているテキストの方が優れているとか、何という全集の方が読みやすいとか言うことがある。それは正しい指摘と言ってよかろう。しかし『群書類従』には、今日的価値も十分認められるのであるが、大きな歴史的価値が存在することを見逃してはならない。

例えば『群書解題』第一中（昭和三十七年、続群書類従完成会）を見ると、巻末の方に春日大社関係文献の解題（いずれも永島福太郎氏執筆）が集められている。そこに次のような解説が見える。

慶安二年春日卅八所造替記……「原本は存していないし、類本も見えない。」

若宮殿臨時御遷宮日記……「すでに原本は見あたらない。」

率川社注進状……「原本が見あたらない。」

このように、今や他の写本がなくなり、『群書類従』に収められたことによってのみ今日見ることのできる「天下の孤本」ともいうべき文献が存すること。これは『群書類従』の今日的価値の一つである。

また、和紙に木版刷りという形態は、洋装本に比べ、百年以上経ったときの保存状態において決定的な差が生じる。蠹蝕を唯一の弱点とし、その他において版本は、百年・二百年経っても印刷に劣化は現われない。この点は、百年以内に紙質・印字共に劣化の見える洋装本とは根本的に異なる版本の長所である。これも今日的価値と言えるであろうが、あるいは将来的価値というべきかも知れない。

しかし、『群書類従』の真の価値を論ずるなら、やはり歴史を遡って、その成立期における価値を見極めねばならない。

今年は、『群書類従』の見本版として刊行した「今物語」の刊行から二百十三年目に当たる。そして二百五年前の寛政六（一七九四）年には、『群書類従』は四十三冊を版に起こしている。とにかく、話を二百年以上前に遡らせる必要があろう。

その頃、『群書類従』のように基本文献を類聚し印刷に付した大叢書があったであろうか。以前書いた短い拙文をここに紹介しておきたい（「墒保己一」、『歴史を変えた人物二〇〇人』所収、新人物往来社）。

書物を大量に流布させるには、印刷に頼るほかない。古代・中世にも百万塔陀羅尼、高野版・五山版と印刷はあったが、仏教か儒学の典籍に限られていた。所謂和書の印行は、朝鮮から活字印刷術が伝わって以降のことで、嵯峨本以下、慶長古活字本・元和整版本など、木版本による古典の印行を嚆矢とする。しかしこの段階では、今見る国史・国文の基礎資料の印行は全くといってよいほど行われていない。……西欧の歴史学・文献学は十九世紀初頭のドイツの古代史家ニーブール（ランケの師）周辺に至って本格的歩みを始め、中国の考証学は率ね十八世紀中葉に本格化する清朝考証学によって進められる。その成果として、ドイツでは一八二六年に『モヌメンタ・ゲルマニエ・ヒストリカ』の第一巻が刊行され、中国では一七八一年に『四庫全書』が纏められる。ただ……『四庫全書』は八万巻近い大叢書であるが印刷ではなく書写本である。

このように、当時にあって、印刷物として国史・国文の基本文献を類を分って編纂した叢書は、世界的にも類がない、と言ってよい。『温故堂塙先生伝』にも見える『漢魏叢書』は、明の万暦中の刊行であるから西暦一五七三年から一六二〇年頃のことで、『群書類従』より二百年ほど前に印刷された叢書である。しかし、収めるところは百種、巻数にして六十巻にすぎない。つまり、『群書類従』のような大叢書は、近代国家への胎動期に現われ、刊行年代から言っても、量的な面、網羅する分野の広さから言っても、その当時、他に例を見ないもの、即ち検校の独創性が見られるものなのである。

しかし、独創性と量的卓抜性が認められるだけでは事業家としての才であり、ある意味では政治家として評価しなければならないかも知れない。しかし『群書類従』は、決して量的な面だけで評価されるような叢書ではない。「類聚」でも「類集」でもなく、『続群書類従』以下の計画を有ちながらも、まず千種を選んで「類を以って相従」わせたところに、検校の深い考えが秘められていたのである。

まず部立からして、菅公に学ぶと共に必要な考慮がなされている。ただ、ここでは逐一の説明は省き、各部の名のみ挙げておく。

神祇、帝王、補任、系譜、伝、官職、律令、公事、装束、文筆、消息、和歌、連歌、物語、日記、紀行、管絃、蹴鞠、鷹、遊戯、飲食、合戦、武家、釈家、雑。

そして、それにも増して配慮されているのは、同様の事柄を記述した文献を複数収め、しかもこれらが系統や主題において多少異なるところのあるものを選んでいる点である。これは、清朝考証学の成果を十分に採り入れた編集方針で、系統を異にする複数の文献を比較研究することにより真実が考究されるとする考証学の実事求是の精神に則った極めて高度の学問的判断に基くものである。今日では新出史料によって否定されている「花咲松」も、そのような方法論に立った考証であり、検校が水戸の文公（治紀）に招かれたのも、このような考証学の実力が認められた結果である。

それ以前の、学問・文化の進んだ国の文献のみを拠りどころとし（即ち漢籍や仏典）、師匠や先人の言うところをそのまま覚えるだけの学問（即ち訓詁の学）から、対象とする時代の資料、または対象とする時代に近い頃の資料を複数索め、文献批判を徹底し、時代背景を探り、対象とするものの真の姿を明らかにするという新しい学問、即ち考証学へと切り換えた時期の、その新しい学問を検校は身につけていたのである。

そのような眼で改めて『群書類従』を見てみると、書目の選定には、方《まさ》に細部にまで考証学的研究に有用の文献を集めようとする意思に貫かれていたことが認められる。そして、巻立・構成を併せ考えてみると、塙検校は『群書類従』によって、わが国の歴史と文化を明らかにすることを最大の目的として企画・編纂したことも見えてくる。

検校は、「国学」と言わずに「和学」と言っているが、これは林家との関係上、儒家は中国学を「国学」と称する癖があることを考慮して言い換えたものである。清末民初の考証学者・王国維が「国学」と言って中国学を名づけるのは当然ながら、わが国の儒学者達でそれに倣うのは可笑しな癖であるが、林家の学問所の支配下に和学講談所を位置づけられることとなる状況下では、「国学」は使えなかったのである。したがって、検校の考えは、今日言うところの国学の研究にあると言って差支えない。

そして国学の本領は、本居宣長、塙保己一、伴信友などを見る限り、日本考証学の確立にあったと見てよかろう。

塙検校の学問の意義については、まだまだ語り足らないのであるが、その一端を指摘することはできたかと思う。一部には大胆な推定も加えたが、多くは先学諸賢の永年に亘る研究の成果を拠りどころとして纏め直したものである。これらの学恩に対し深く感謝すると共に、新しい角度からの研究をこれからも模索して行きたいと思っている。

最後に、『群書類従』について一点付記しておきたい。それはまた、塙検校の学問の確かさにも繋がることであるが、『類従』には殆んど偽書がないということである、同じ頃に西欧など外国でこのような大叢書が編まれたら、かなりの数の偽書が混在したに相違ない。そして日本にも多田義俊など疑惑の人物もおり、偽書はあるのであるが、『類従』はそれを排除している。尤も「大倭神社註進状」は、その数少ない偽書の一つであるが、かつて西田長男氏は、その偽書中に引用してある貴重な史料について研究されたことがある。検校も恐らく、その一部に史料価値ありと見てこれを採取したものであろう。塙検校の学問の深きこと、この一事からも窺うことができると思うのである。

（『温故叢誌』第53号、平成十一年十一月）

# 江戸時代後期の天神信仰——塙保己一の事例を通して

このテーマに関し、遠藤泰助・竹内秀雄両先学の研究[1]に新しい考察を付加することはむずかしい。もし残された領域があるとすれば、個人の伝記研究との関わりであろう。

そこで、塙保己一の事例を取りあげることとする。『群書類従』の編纂者として有名な塙検校は、自宅庭内に天満天神を祀っており[2]、それが事業と大きく関わっていたようである。検校にとって天神信仰とはどのようなものであったのか、改めて考察を加えてみたい。

「番町で目明き盲に道を聞き」の川柳（作者不詳）で知られる検校の番町の屋敷の一部をのちに住居とした石村貞吉氏[3]は、次のように塙邸の天満宮について述懐している[4]。

明治の初年に至《いたり》て、保己一大人《うし》の孫忠韶《ただつぐ》氏、五回に亘《わた》つて、この地を分割売却せられ、酒商升本氏は二度に、一、二番地二百余坪を購ひ、……忠韶氏自らは、三番地四百坪の地に居住して居られた。……塙氏の宅には、……庭前に土蔵造の天満宮のあつたこと……。その階廊灯篭、などの作り様、手法精妙を極め誠に小じんまりした美しいもので、日々供物などの鄭重に供へられてゐたことも、朧げながら記憶に残つている。この天満宮は、もと一番地の鬱蒼たる森の中にあつたもので、明治十一年頃に庭前に移されたものと聞いてゐる。

残念ながらこの塙天神については、江戸切絵図や『江戸名所図会』の類いには記載がない。

とはいえ、既に嵐義人「塙検校における学問の意義」[5]が指摘している如く、『群書類従』の編纂・刊行や、温故堂[6]すなわち和学講談所[7]での講義は北野天満宮参詣の折に、学侶による和漢の書の講筵や書肆による版本・板木の奉納に接したことから着想を得たものと見られ、「保己一」という都名（いちな）や、三年を単位とする事業計画なども、天神信仰との関係に立脚しているのである。

そこで、塙検校の伝記中最も信の措ける『温故堂塙先生伝』[8]に拠りながら、塙保己一と天神信仰の関係を見て行くこととする。

### 伝記に見える天満宮との関係

まずは『温故堂塙先生伝』から、検校と天満宮との関係の見られる箇所を書き抜いてみよう。

一、廿一といふとし（明和三年丙戌）の春、父宇兵衛と共に海道をのぼり、……伊勢より京都にのぼりて神社仏寺などまうでありきけるが、北野にまゐりて、ことにたうとく思はれければ、永く一身の守護神とせられき。これより先、大人（塙保己一）思はく、凡人は神明をたのみて心を決むるにあらざれば業をなすことを得ず。……こゝに至て、定て北野をいのる。この後は百度詣千度詣など、年毎に絶る事なし。

二、安永四年といふとしの元日、階を進めて一座（当道座）の勾当となり塙勾当と称す。……これよりさき、大人この職に昇んことを天満宮にいのり、日参し、あした（早朝）毎に火の物たちて心経百巻を読誦し、千日にみてんといふ願をおこさる。こゝに至りて九百日にして其望を得たり。……

これまさしく天満宮の御はからひにして、心経薫陶の功力なるべし。猶二千日の願を起しなば検校の職にもあがりなんことかたかるべからず。しかれどもそは一身のはかりごとぞかし。……かしここゝにちりぼひある一巻二巻の書をとり集めてかたぎにゑりおきなば、国学する人の能たすけなるべしと思ひとりて、同八年己亥の元日より天満宮に誓ひ、心経百万巻願だてし、なかばよまむほどに千部の書をあつめ、よみをへんまでには上木の功なりねかしとて、是よりあした〳〵には塩だちし、日ごとに寅の時（午前四時ごろ）より起いで、百巻づゝの看経おこたらず。

三、文化二年正月、……表六番町にて敷地八百四十坪を給はり、講談所をこゝに移したつ。……天満宮を宅地中にいとなみ、年比の宿願を賽す（報いる）。

次に、塙保己一の天神信仰を証する重要な資料が存するので、ここに引いておく。鈴木淳氏の「塙保己一と天神崇拝[9]」で紹介された東京大学付属図書館本居文庫の「拝天満宮祝詞」である。

四、掛毛畏支天満皇大神能大前尓塙保己一畏美畏美毛申久……

今年二月廿五日、塙保己一我宅能奥之屋乎掃清弖斎場登定米弖……塙保己一乎此祭乃主登定弖……物學能道乃彌遠尓彌広尓伝波利行禮弖……夜乃守日乃守尓守給比幸閉給閉止……畏美畏美毛申。

江戸花輪検校学問所ニ而二月廿五日天満天神之祭有之。其時之祝詞《のりと》之由ニ而大人（本居宣長）へ添削頼来候《なり》。……

寛政十年戊午正月廿六日　意富平《おおひら》（本居大平）

以上のところを年次に従って纏めてみると、次の如くなろう。

明和三（一七六六）京へ上り北野社へ詣ず。天満天神を一身の守護神とす。

安永四（一七七五）元旦に勾当に昇る。天満天神への心経読誦九百日の功なり（開始は安永元年）。

同八（一七七九）叢書成就の願を立てる。心経一日百巻、一万日の願（二十八年を要す）。

寛政十（一七九八）自宅斎場にて天満天神に祝詞奏上。

文化二（一八〇五）宅地内に天満宮を建てる。俗に「塙天神」と称す。

## 平河天神から塙天神へ

ところで、塙保己一の江戸における住居を一覧すると、面白いことに気づく。いずれも平河天神と極めて近い距離にあるのである。

平河天神はもと江戸城平河門内にあって、慶長十二（一六〇七）年、徳川家康入府に際して麴町に移されたため、俗に「麴町天神」ともいう[10]。麴町の通（現新宿通）を挟んで北は番町、外堀を挟んで西は四ッ谷に接する。

さて、塙保己一の江戸出府については、伝記の類は宝暦八年とするが、太田善麿氏『塙保己一』[11]と嵐義人「塙検校修養期の恩人」[12]は宝暦十（一七六〇）年とする。そして直ちに①四ッ谷西念寺横丁なる師匠雨富須賀一の家に同居する。近吾堂（近江屋吾平）版にせよ金鱗堂（尾張屋清七）版にせよ、幕末の江戸切絵図で雨富検校家を比定してみると、例えば近吾堂版の「四ッ谷千駄谷内藤新宿辺絵図」の左下「横田小一郎」家となる。四ッ谷御門がや丶市ヶ谷寄りにある点を考慮しても平河天神まで二キロメートル弱である。

安永四年、勾当《こうとう》に昇り、名を保己一と改めると共に、②番町厩谷の北坂上なる高井実員《さねかず》の家に移る。勾当からは独立した師匠となるので、雨富検校の家の居候ではいられないのである。これも近吾堂版「番町絵図」では、中央のや、左寄り角屋敷に「塙次郎」(13)と見え、その上方にある「高井鉄之丞」家に相当する。平河天神まで一キロ強である。

安永八年には③土手四番町の東条長祇《ながまさ》の家に移る。実員の仕えていた将軍世子（家基）が薨じ、実員の実子（実輝）も死去したためである。同じ近吾堂「番町絵図」で左下に「東条源右ェ門」とある家で、平河天神まで約二キロ。

寛政四年、麻布笄橋から出火した大火により土手四番町の家を焼け出された保己一は、④本郷御茶水の大屋正巳《まさみ》の家(14)に仮寓する。一年だけの寄寓であるが故《ことさ》らに「仮居」「仮住」と伝記が記すのは、大屋正巳が当時生涯で最も不遇な時期であったこと(15)以外にも、蔵書が乏しかったが、平河天神まで一里半（約六キロ）という問題などが存したことによるものであろう。

但し、この寛政の初年は保己一にとって重要な出会いが続く。寛政二年には水戸家に召出されて『大日本史』の校正に加わる。老中松平定信に見出されて座中取締に任ぜられたのが寛政三年。同五年には上野国（群馬県）浄聖院亮衍の来訪があり、国学研究機関設立を奨められる(16)。

そこでいよいよ、寛政五年に、⑤裏六番町に和学講談所を建てることとなる。幕府からの拝借とはいえ完全独立である。近吾堂「番町絵図」では右下に「逸見《へんみ》八左ェ門」と見えるその地（小泉新三郎上地《あげち》六百坪のうち三百坪）である。『和学講談所御用留』(17)と『御府内沿革図書』(18)とから推定できる(19)。平河天神まで一キロ弱。

なお、寛政十年の品川御殿山下に給わった板木倉庫用地などについては略す。

享和三（一八〇三）年、当道座の総録《そうろく》という関八州総支配に就き⑥本所一ッ目の総録屋敷[20]に移り住む。これは役目上、また出世の道程として仕方ないことではあったが、劇務に加え、平河天神まで大川（隅田川）を挟んで二里（約八キロ）近くあった。

二年間で総録を辞し、その年、文化二年に⑦表六番町に八百坪余の土地（もと小林権太夫拝領地）を幕府から借り受け、保己一終焉の地でもあるそこに和学講談所を移した。平河天神との距離は高井家の時とほぼ同じであるが、邸内東北の角に天満宮を建立した。人呼んで「塙天神」。

つまり、塙保己一は若い時分から平河天神に日参し[21]、住居もすべて坂の険しい所ながら平河天神まで一キロから二キロの地に求め、ついには自宅に天満宮を勧請するのである。それは記録上敷地の広くなった表六番町の時期に始まるが、若干の推測を逞《たくま》しくするなら、総録の時代既に、弥勒堂もあり弁天堂（現杉山江島神社）もある総録屋敷内に天神の祠を建てていたかも知れない。

## 『群書類従』における天満宮の位置

神祇部・帝王部に始まる『群書類従』の部立てが、菅原道真『類聚国史』の部立てを襲ったものであることは夙《つと》に知られている[22]。

その『群書類従』神祇部の収録書目の選定ならびに配列を見ると、塙検校の天満宮に対する尊崇の度合が十分に察しられる。

一目瞭然。ここに『群書類従』神祇部の書目を目録に従って列記してみよう。便宜上書名のみとする。

皇太神宮儀式帳　止由気宮儀式帳　太神宮諸雑事記　神宮雑例集　二所太神宮例文　内宮長暦送官符　外宮嘉禄三年山口祭記　貞和御餝記　内宮臨時仮殿遷宮記　治承元年公卿勅使記　正応六年七月十三日公卿勅使御参宮次第　神鳳鈔　古老口実伝　詔刀《のっと》師《し》沙汰文　元亨元年十一月廿二日高宮仮殿日記　高宮御装束奉餝日記　小朝熊社神鏡沙汰文　八幡愚童訓　石清水八幡宮護国寺略記　宮寺縁事抄　石清水放生会記　権別当宗清法印立願文　石清水宮御願書　賀茂皇太神宮記文永十一年賀茂祭絵詞　賀茂社御願書　春日権現験記　春日社記　春日大明神垂迹小社記　春日神木御入洛見聞略記　さかき葉の日記　大三輪神三社鎮座次第　大倭神社註進状　広瀬社縁起日吉社神道秘密記　日吉神輿御入洛見聞略記　北野縁起〔真名〕　北野縁起〔仮名〕　両聖記菅神入宋授衣記　天満宮託宣記　菅家御伝記　最鎮記文貞元二年　梅城録　廿二社本縁二十二社註式　大和豊秋津嶋卜定《うらさだめの》記　大日本国一宮記　延喜式神名《じんみょう》帳頭註　尾張国内神名牒《ちょう》　伊豆国神階帳　上野国神名帳　藤森社縁起　尾張国熱田太神宮縁記　荏柄天神縁起　宇都宮大明神代々奇瑞之事　竹生《ちくぶ》嶋《しま》縁起　走湯山《そうとうざん》縁起　筥根山縁起　松浦廟宮先祖次第并本縁起　造殿儀式　八幡御幸《ごこう》次第　平野行幸次第　神馬引付　太神宮参詣記　八幡社参記　春日社参記　東家秘伝　宝鏡開始　詠太神宮二所神祇百首和歌　雲州樋河上天淵《ひのかわかみあめがふちの》記

伊勢神宮関係（20）が圧倒的に多く、石清水（8）・賀茂（3）・春日（6）・日吉（2）の大社がそれに次ぐのは誰の眼にも自然に映るであろうが、実は伊勢神宮の次に文献数の多いのが天満宮関係（8〜9）だったのである。

勿論、塙保己一の畢生の大業に私情が加わることは万《ばん》あり得ないのであるが、塙検校と天神信仰を考える上での興味深い一事として注目される。

## むすび

さて、江戸での天満宮の活動を見ると、宝暦二（一七五二）年の菅公没後八百五十年祭ならびに享和二（一八〇二）年の九百年祭が、開帳行事を伴って平河天神その他で大々的に行われていた。

宝暦二年とは、奇《く》しくも保己一が失明した年である。保己一の郷里の領主永島家関係の伝承[23]によると、領主永島恭林《ゆきもと》は番町に屋敷を持っていたらしい。恭林の耳には、平河天神の評判が聞こえ、やゝ遅れて領地の有力農民の悴の英明さと失明の報が届いたと考えることは決して不自然なことではない。その恭林は、『寛政重修諸家譜』などによれば、雨富検校の隣家の松平乗尹《のりただ》とは、乗尹の義理の兄弟と領地が近く、それを通じて昵懇であったらしい。[24]つまり恭林の口添えで乗尹から当道の師の雨富検校や学問の師の萩原宗固を紹介されたようで、高井実員・東条長祇・大屋正巳は乗尹の友人であり縁戚関係にもなる。また山岡浚明《まつあけ》や賀茂真淵に弟子入りしたのは宗固の推挙で、大田南畝・尾代弘賢といった学友を得ることになるのも宗固の縁による。

こうしてみると、塙保己一の人脈形成に関わる一本の筋は、恭林・乗尹の線から出ていると見ることができる。しかしここで強調したいのは、保己一の内面を貫くもう一本の太い筋が存したのではないかということであって、いうまでもなく天神信仰である。

保己一が勾当となった年は、菅公生誕九百三十年に当たり、保己一は三十歳になっていた。そこで、

「百年己を保つ」という意味を篭めて、都名《いちな》を「保己一」としたのである。[25]真の意味は、保己一が百歳の寿を保ったとき、菅公千歳の記念すべき年になるということにあった。

そこで保己一は、「千」を最終目的とし、「百」をその中間に設定する人生計画を次々に立てて行くのである。心経百巻読誦一千日を始め、千部の書を集めて版におこす『群書類従』六百六十五冊の編纂・刊行、塙『史料』（今日の『大日本史料』の前身）百六十六冊、『武家名目抄《みょうもくしょう》』十八冊、『蛍蝿抄《けいよう》』六冊を編纂、また『日本後紀』八冊、『令義解』十冊、『百練抄』十四冊などの校勘・刊行をなし遂げるのである。

各地の天満宮や寺子屋を中心に天神信仰が隆盛を見せていた江戸時代後期に、天満宮や寺子屋で「天神経」[26]（一〇一字）を天神の神像に向って誦すことが見られた。これとよく似た塙検校の般若心経（二六二字）読誦の日課を考えると、天満天神を諸芸や書道の神から、完全なる学問の神に昇華させて行ったのは塙保己一だったのではないかとの確信を強くするのである。

註

（1）遠藤泰助『菅原道真と天満天神』（帝国出版協会、昭和一九年）。同『天満天神信仰の教育史的研究』（講談社、昭和四一年）。竹内秀雄『天満宮』（日本歴史叢書、吉川弘文館、昭和四三年）。

（2）太田善麿『塙保己一』（人物叢書、吉川弘文館、昭和四一年）。花井泰子『塙保己一の生涯』（紀伊國屋書店、平成一三年）など。

（3）国文学者。愛知一中時代に久松潜一らを教えた。明治九（一八七六）年～昭和四八（一九七三）年。『有職故実の研究』（『有職故実』講談社学術文庫、昭和六二年）等の著書がある。

（4）石村貞吉「和学講談所の事ども」（『風俗と文学』愛知一中　石村先生還暦記念刊行会、昭和一一年）。のちに『塙保己一研究』（温故学会編、ぺりかん社、昭和五六年）に再録。
（5）嵐義人「塙検校における学問の意義」（『温故叢誌』53号、平成一一年）。
（6）和学講談所設立時に、松平定信に依頼して命名された校名。ただし塙氏の家塾と官立の講談所の区別は曖昧で、一般には家塾の名と見られている。
（7）塙検校立案による官立の国学研究機関で、初め「国学講談所」といっていたのを、林家の支配下に属したことから、儒学者の間で中国学を称する「国学」を避けて「和学」に替えた。「和学講談所御用留」（注17参照）寛政五年五月廿八日条や同年七月廿三日条には「国学講談所」として寺社奉行（脇坂安董《やすただ》）とのやりとりが見える。
（8）保己一生前の文政二（一八一九）年に、高弟中山信名《のぶな》（『常陸国誌』などの著者）によって撰述。温故学会蔵の写本には、明治十（一八七七）年の栗田寛《ひろし》による朱注と識語が記されている。
（9）鈴木淳『江戸和学論考』（ひつじ書房、平成五年）。
（10）『麴町區史二』（東京市麴町區役所、昭和一〇年）。
（11）注（2）の太田氏著作。
（12）嵐義人「塙検校修養期の恩人」（『塙保己一研究』温故学会編、ぺりかん社、昭和五六年）。
（13）保己一の嗣子。次郎忠宝《ただとみ》。和学講談所等父の事業を継ぐ。文久二年に伊藤博文・山尾庸三に暗殺された。
（14）鈴木理生「番町と塙検校」（『温故叢誌』四一号、昭和六二年）に考証が見える。それによると、近吾堂版「谷中本郷駒込小石川辺絵図」の左端中ほどに見える「内田中務」家と推測される。
（15）『寛政重修諸家譜』に、京で不首尾をし、この時期逼塞していたと見える。
（16）小沢賢二「塙検校と浄聖院亮衍」（『塙保己一論纂』下、温故学会編、錦正社、昭和六一年）。
（17）和学講談所の業務日誌。寛政五（一七九三）年から慶応四（一八六八）年に及ぶ。早稲田大学図書館と塙家に一部の原本が、国会図書館に写本が、東京大学史料編纂所に類本がある。先年、塙保己一の事業を継承・顕彰する温故学会の会長斎藤政雄氏により『「和学講談所御用留」の研究』（国書刊行会、平成一〇年）として翻刻され、近く最終年次の分も翻刻されると聞く。
（18）正しくは「御府内往還其外沿革図書」。『東京市史稿』市街編の付録および「江戸城下変遷絵図集」（原書房）として刊行。

(19)『御用留』寛政五年八月五日の絵図では、西に「河内八兵衛」、北に「布施藤兵衛」とある。切絵図にも両家（子孫の家）は見えるが位置関係が不正確なため利用できぬ。『沿革図書』の文久図には「河内金七郎」「布施隼太郎」が『御用留』と同じ位置関係で見え、これにより確認できる。

(20)中山太郎『日本盲人史』（成光館出版部、昭和九年）は労作ながら欠陥の多い書で、総録屋敷は杉山和一のあと廃されたかに読める。しかし次郎忠宝が保己一没後に幕府へ提出した「塙前総検校年譜」には、「本所一ツ目総録屋敷え転居」と明記している。

(21)保己一の友人、大田覃（南畝）の『一話一言』巻二「塙保己一」に、次の如く見える。

かつて上京して北野に詣でしより、深く天満宮を信じ、江戸に帰りても麹町平河天神に日参し、また他所にあればいづくの天神にても日にひとたび拝せざる事なし。

また『武江年表補正略』（江戸叢書12、江戸叢書刊行会、大正六年）文政三年九月十二日条にも、次のように見える。

塙検校いまだ卑賤の時、桃花蘂葉《とうかずいよう》［一条兼良の有職書］をもとめたきに価料なし。平川天神に其頃日参しけるに、途中ある屋敷長屋の窓より是を見て、問ひ尋ね、志を感じて右の書の料を借したりと、自らかたれりとぞ。

(22)注（2）に同じ。

(23)永嶋啓二・内野富夫「塙保己一少年の江戸行きを支援した人々」（『温故叢誌』別冊、平成一六年）。

(24)以下、注（12）に同じ。

(25)雨富検校に入門してすぐ「千弥」を名乗ること、雨富検校の名が「須賀（菅）一」であること、恭林が後年養嗣子に迎えた恭当《やすまさ》（豊濼如意一《とよなみ》の息子）は雨富検校を通じて紹介されたとの伝承が永島家にあることなどから考えて、恭林が保己一に天神信仰を奨めたと推測することもできよう。今後の研究に俟ちたい。

(26)注（1）の遠藤泰助著作に見ゆ。

（荏柄天神社　論考篇、平成十六年十月）

# 慈愛の郷土文化研究——山本修之助先生を偲ぶ

一月の末に、永年佐渡の郷土文化研究の灯を護り通してこられた山本修之助先生の訃音に接し、昨年一月末の恩師瀧川政次郎先生のご逝去に続き譬えようもない大きな衝撃に襲われた。

幼時から郷里の佐渡に心惹かれ、父の書棚に並んだ修之助先生の著作を眺めてきた私にとって、先生との思い出は少なくないが、今改めて先生を偲ぶとき思い出すのは、瀧川先生ご夫妻を佐渡にご案内したときのことである。

昭和五十三年五月十九日、式内社研究会の会長として佐渡班結成ならびに九社神巡拝のため佐渡を訪れた瀧川先生は、ジェットフォイルで両津港に降り立った。同行は瀧川先生の奥様栄子様と式内社研究会理事長の田中卓氏と私とであった。このときの見聞を纏められた瀧川先生の「佐渡紀行」(『史跡と美術』四八六、四八七号)によると、「午前十時四十五分」の到着。そして埠頭には修之助先生が立っておられた。時に山本先生七十五歳、誕生日直前の瀧川先生は八十歳、学徳共に周囲を圧する両碩学の出会いであった。私は当時、お二人はこのときが初対面とばかり思っていたが、瀧川先生は戦前佐渡へ渡ったことがあると言われ、山本家荏川草堂の「軒過録」にも昭和九年七月二十二日の署名が残されている。お二人の記憶には鮮明なかたちで残ってはいないようであったが、恐らく半世紀前に出会いがあったのであろう。九年の折には静古先生がお相手をされたようであり、瀧川先生は修巳様に至る山本家三代との奇縁をいたく感じておられた様子であった。そこに九年のころの両先生と同じくらいの年齢の、佐渡を郷里とする若輩の私が同席していたのである。翌日にかけての一酌々々は今も鮮やかに記憶に残っている。

修之助先生と最後にお会いしたのは、ご逝去のちょうど百ヶ日前、恰も真野町において「順徳天皇七百五十年祭」が厳粛な中で催され、その記念講演会にお招きを受けた昨年の十月十七、十八日のことであった。所功氏を中心に進められていたその講演会に講師の一人としてお誘いを受けた私は、由来その方面にくらいものの、郷里でもありお引受けすべきものかお断りすべきか迷っていたが、『芸林』への執筆がはずみとなり「順徳天皇の御生涯」なる題でお引受けせざるを得ないこととなった。本来この題であれば修之助先生こそ最適任であり、それを知りながらお引受けするのは甚だしい筋違いであるが、今思うと、その結果お元気な先生のお姿に接し、親しくお話を伺うことができたのである。光栄であると共にありがたいことであった。そして、その時の顔色や声、お話などを思い出すにつけ、私にはどうしても、最後に重い病で入院され不帰の客となられたとは信じられないのである。改めてご冥福をお祈り申し上げたい。

そして最後になるが、修之助先生終生のお仕事であり、山本家累代の蓄積のうえに萩野由之博士を始め佐渡の先賢の想いを酌まれた『佐渡郷土文化』誌の発行、『佐渡叢書』の編纂・刊行等の、佐渡の郷土文化研究の功績について一言させていただきたい。私ごときが言うのは甚だ僭越であるが、先生の取組まれ方にこそこの方面の指針となるべき姿勢が端的なかたちで示されていると信じるからである。一国の文化について、その淵由を尋ね、深く沈潜してきた根元を掘り起こし、広く他の文化と比較することが学問として形成されたのは、存外新しいのではないかと思う。中国でも明末清初の考証学の勃興と軌を一にするであろうし、西欧の歴史学、文献学の成立も、一般に十九世紀初頭のニーブール（ランケの師）に始まるといわれる。わが国でも、幕末の考証学、国学の興隆の中で育まれたものと思うが、郷土の偉人顕彰やお国自慢の域を脱した本格的な郷土文化研究の歩みは、民俗学の成立などを見てもほぼ今世紀に入ってから始まったのではなかろうか。それも理屈を先行させる多くの研究者は、つい日本とか世界というとてつもない広がりの中で文化を論じなくてはならぬという考えに囚われ、どこか大事な部分を落してしまうことになるであろうし、勿論思い込みだけの文章では世間に通用するはずがない。言葉で言えば至極簡単であるが、結局、血の通った、真の文化研究というのは、一応の学問のルールに則ったうえで、父祖の地に根づいた郷土文化の具体的研究を積み重ねる以外成り立たないと言ってよかろう。ただ、言うは易く行うは難いのであって、見事にしおおせた人は極めて少ない。そのお一人である修之助先生の場合、更にその郷土文化研究の一つひとつに慈愛の心がこめられている。俳人であり、民謡蒐集家であり、郷土玩具コレクターであり、郷土史家であればこそ、慈愛の心をこめた郷土文化の研究を永年続けてこられたのであろう。山本修之助先生の郷土文化研究の浩瀚な遺著は、永く後世に伝えるべき文化的遺産であるが、それと共に先生のあの慈愛のこもった取組み方を忘れることなく、永く後代に伝えて行けたらと思うのである。

（『追悼　山本修之助』佐渡郷土文化の会、平成七年）

# 日本法制史の興隆と瀧川博士

## 一、前提としての条約改正

日本法制史の興隆は、条約改正の動きと無縁ではない。いわば、開国・維新期を通して漸次《ぜんじ》締結され拡大解釈されていった不平等条約の一方の争点、領事裁判権（一般に治外法権《ちがいほうけん》ともいわれるが厳密には区別される）の撤廃に絡む法典編纂に対するアンチテーゼとして、当然興るべくして興ったものである。

米使ペリーにより開国を迫られ、その威圧的な態度に屈して結んだといわれる安政元年春の日米和親条約（神奈川条約）には、実は領事裁判権に関する一項はなかった。続く下田追加条約でも、「日本法度《はっと》に悖《もと》る者あらば番兵是《これ》を捕え其《その》船に送るべし」とさえ規定されていたのである。これはペリーが、随行通訳ウィリアムズの中国における経験から忠告した献言を容れた結果であるといわれている。

その後、英、露、蘭と和親条約を結ぶごとに、領事裁判権設定への方向性が窺われてくる。しかしそれは、明瞭な規定として取り交されたわけではない。安政元年秋の日英長崎条約の場合などは、「日本の港に入津《にゅうしん》する英船は日本の法律に従うべし」となっており、また「其《それ》（指揮官）以下の人々之《これ》（日本の法律）を犯す時は船の指揮官に引渡し罰を加うべし」とあって、米国の場合と大差はない。同年冬の日露下田条約も、法文こそ「若《も》し法を犯すものあらば……各其本国の法度を以てすべし」とあるが、一般に、刑事上の属人《ぞくじん》主義を示すだけのものと解されている。

どうやら領事裁判権らしき規定が姿を現してくるのは、翌年冬の日蘭長崎条約からで、これは、英・米・露とも既に限定条件のない最恵国条款《さいけいこくじょうかん》を取り交していたため、手続き上、直《ただ》ちにこれらの国に対しても認めることとなった。しかしこの段階では、日本と締約国との間で相互平等の建前が保たれており、また内容も薪水《しんすい》食糧の補給のため二、三の港に入港するを許すに止まるなど、実際上の問題として、領事裁判権により不利益を被むる事態が惹起《じゃっき》することは考えられない。

実効規定として領事裁判権の設定をみるのは、いわゆる安政の五箇国条約（修好通商条約）からであり、強《し》いて遡らせても、安政四年五月に二、三の港町で相互平等をうたいながらも米人に居住権を与えた日米約条《やくじょう》（下田条約）以前には遡りえないであろう。しかも、それが実際問題として注目を集めるのは、明治初年に至り、これら領事裁判権条款《じょうかん》の解釈を繞《めぐ》り、西欧流の近代法の確立していない日本に対する不信を背後に欧米列国が拡大解釈を強要しだしてからである。また折あしく、条約面でも明治二年九月に不平等条約の典型といわれる日澳《にちおう》（オーストリア）条約が締結され、例の制限条項のない最恵国条款により列国にも適用される事態を生じ、その傾向を更に助長した。日澳条約そのものは、英使パークスの斡旋《あっせん》により明治政府が不用意に調印したもので、法権条款の趣旨は従来と大差なかったが、他に種々の特権を認めた結果、領事裁判の裁量権は飛躍的に拡大されていったのである。

それまでの攘夷《じょうい》の声をかき消すようにして、西欧文物の摂取に傾注した当時にあっては、領事裁判権の撤廃は最優先課題であった。岩倉遣欧使節に始まる条約改正の交渉は、明治の大半を費やして撤廃をかち取るものの、日本法制史の誕生からいえば、この動きはまさにその胎動をも否定するものであった。

すなわち、明治四年の岩倉遣欧使節は、さきざきで条約改正案を協議しているが、その中で「日本政府は……法を編制するを務めり、其《その》体裁は……各国中良好なる立制と同一なるべし」との方針を示している（擬定《ぎてい》条約）。また明治十九年、幾多の折衝の末、外相井上馨《かおる》は、領事裁判権の早期撤廃のためなら外国人判事の任命など譲れるものは最大限譲るべしとの姿勢を示した。これに対して同年六月、英独はその妥結条件として、「二箇年以内に」「泰西《たいせい》（ヨーロッパ）の主義に従い……左記法典の編制を実施すべきこと」を要求、法典名として刑・民・商・訴訟法などを挙げた。これを承けた井上外相は、八月、司法省ならぬ外務省に法律取調委員会を設置して民商法典の審議を行うに至ったのである（翌年秋、井上外相の辞任とともに司法省へ移管）。しかも、当時既に、民法をはじめ、刑法・商法・訴訟法とも、明治初期以来の方針に則って西欧流の法典編纂が強力に推し進められていたのである。

## 二、西欧法継受と法典編纂

こうした維新の激動期が、一つの事象だけを取り上げて理解できるとは思わないが、曲りなりにも飛鳥・奈良朝以来行われてきた律令以下のわが国の伝統的法制が、明治の前期においてその命脈を断ち截《き》られるに至った経緯だけは諒解できよう。

これを法典編纂の面からも確かめておくなら、まず、個々の法的運用を諸藩に委ねていた旧幕時代から、全国一律の法制度の確立が要請される明治初年に移行すると同時に、西欧流近代法典の編纂は新政府緊要の事業となっていた。この推進者として初めに登場するのが江藤新平であり、制度局、司法省において、民法を中心とするフランス五法典（いわゆる六法から憲法を除く）の翻訳作業を鋭意進めるのである。しかし、日本人の手になる拙速《せっそく》主義の翻訳には問題も多出し、政府は明治六年にフランス人法学者ボワソナードを、十二年には後年明治憲法の制定に寄与したドイツ人法学者レエスラーを招聘《しょうへい》して、本格的な法典編纂に取組むこととなった。

ただ、刑法は固より全国一本化しやすい性格を有し、旧幕時代既に『公事方御定書《くじかたおさだめがき》』が、いわゆる公儀の掟《おきて》として全国に行われた実績もあって、新政府も一時これを襲用した（これを「刑律」と称した）。続いて、明治三年に制定された『新律綱領』も、幕末に諸藩で進められた明律《ミン》研究の成果に負うものであり、明治六年に『新律綱領』を部分的に補訂する意味で制定された『改定律例』も、フランスを中心とする西欧列国の刑法を加味したと称するものの、大別して明清律の系統に属する法典なることは疑いない。しかし、ここで多少ともフランス刑法に倣おうとした姿勢の認められることは看過し難い点であり、招聘したボワソナードに命じて明治八年から刑法の起草に着手したことにも窺えるごとく、明治初頭において早くも西欧法継受に立ちはだかるはずの唯一の牙城はこれといった抵抗をみずに落されていたのである。

ついで明治十二年になると、後年「民法出《い》でて忠孝亡ぶ」などと批判されたボワソナード民法の編纂が開始され、同じく招請したばかりのレエスラーによる商法の編纂も着手されることとなる。こうした西欧流近代法典編纂事業の進展を踏まえて、十九年に上述の井上外相の条約改正交渉における英独合案条約書が出され、外務省に法律取調委員会が設置されるのである。

このように見てくると、わが伝統的法制は、明治初頭までにその存在意義を完全に否定されたと解されるかも知れない。しかし、十九年に井上外相の採った方針に対し、ボワソナードは正面から反対論を展開しており、これに荷担した識者も尠《すく》なくなかった。明治十五年に、わが国古典を講ずる者が皆無になってからでは取返しがつかないとの理由で、東京大学文学部内に古典講習科を設けたことなどを想起すると、その落差の大きさに驚かされる。ところが実際は、世俗の風潮と具《ぐ》眼《がん》の士の見識の間には天地の隔たりがあったのである。その一斑は大久保泰甫氏の『ボワソナアド』にも窺うことができるが、ボワソナードは、六年の来日以来一貫して慣習法保存の必要性を説いていたのである。

とすれば、西欧近代法継受は明治政府にとって必須の要件であったが、事情を無視してまで西欧法典を模倣する必要はなかったともいえよう。井上交渉の当初においては妥協も是非ないものであったが、ボワソナードの一石によって国論沸騰し、結局、紆余曲折ののち、二十三年に妥協のない領事裁判権撤廃が時の外相青木周蔵の構想に採り入れられて、閣議決定をみ、日清戦争勃発の直前に外相陸奥《むつ》宗光《むねみつ》の手で懸案の領事裁判権の撤廃を明示する日英新通商航海条約が調印されたのである（発効は列国とともに明治三十二年）。西欧法継受の前には、未だ日本法制史の必要性は気づかれていないかに見えるが、少なくともこれを完全に締め出しかねなかった事態は回避され、日本法制史学誕生にとっての障害は予め除去されることとなったのである。

## 三、日本法制史の誕生

しかし、明治十年代の末までの時期にあっては、日本法制史は誕生していなかった。当時行われていたものは、律令格式《りつりょうきゃくしき》を講ずる日本古代法制（古代法なども称した）であり、有職故実《ゆうそくこじつ》に発する制度史である。また、この時期に編纂された元老院の『旧典類纂』（刊行された二篇以外焼失）や司法省の『全国民事慣例類集』『商事慣例類集』なども、調査としては卓越したものであるが、日本法制史としての観点に立って評するなら、材料集以上に出るものではない。日本法制史誕生のためには、更に積極的な因子が必要だったのである。

その火付け役となったのが、ボワソナード民法に対する批判として起こった、いわゆる民法典論争である。この論争の経緯・評価については、研究が進んでいるにも拘らず、世間的に誤解されている点が多い。

ごく簡単にいうならば、帝国議会の開催と、国家主義の勃興に、学派の争いが絡んで、騒ぎを複雑にしたものである。当時わが国法学界は、フランス学派とイギリス学派が二大学派を形成していた（ドイツ学派は極めて僅《わず》か）が、司法当局がフランス法・自然法学派で固められていたため、特にフランス人法学者ボワソナードが中心となって編纂した民法典に対し、イギリス学派が攻撃をかけたわけである。時あたかも帝国議会開催直後のこととて、世間の耳目を集め、沸騰した世論を鎮《しず》めるためまず実施延期が決まり、ついで抜本的改正へと進展していったといえよう。ただその趨勢《すうせい》を決したものは、穂積《ほづみ》の論策名として有名な「民法出でて忠孝亡ぶ」（江木衷《まこと》の言葉という）であったといわれている。

方針だけから言えば、ボワソナード民法は、自然法の立場から鋭意わが国慣習を採り入れんとしたものであり、改正民法は、ドイツ民法の翻案要素の強いもので、法を民族精神の所産と見る歴史法学の立場を貫くため、時代性を強調する側面を併せもち、それに抵触する法慣習は淘汰《とうた》される傾向が強い。ところが、当時の国家主義的風潮に「民法出でて」の名文句がうけいれられ、世間では逆に、ボワソナード民法が西欧法典直訳でわが国情に合わず、改正民法がわが国情に適しているものとの認識を持つに至ったようである。この間《かん》、明治初期と中期、そして第一次大戦前後とでは、日本の国力には大きな開きが見られ、西欧列国に対する姿勢もすっかり様変わりすることとなったのであって、法典編纂の趣旨も、そのような風潮に大きく左右され、一般の評価さえその波に飲み込まれていったのである。この間の事情は、穂積陳重《のぶしげ》氏『法窓夜話《ほうそうやわ》』、原田慶吉《けいきち》氏『日本民法典の史的素描』や、さきに挙げた大久保氏『ボワソナアド』に詳しい。

その誤解はともかく、これがきっかけとなって、わが法慣習を採集し、わが民族の法理を探ることの必要性が説かれるようになり、明治二十六年、帝国大学法科大学に「法制史（日本法制史）」「比較法制史」の講座が置かれることとなった。これが日本法制史の誕生であり、最初の講座担当者は宮崎道三郎氏であった。

## 四、醇風美俗の探求と法律生活史の究明

瀧川政次郎博士が東京帝国大学法科大学に入学した大正八年に、臨時法制審議会が設置された。これは、ボワソナード、レエスラーらの尽力で制定された民・刑・商法を純学問的に検討し直し、問題

点を抽出せんとする審議会である。尤も、設置の経緯からいうと、かなりに国家主義的要素が濃厚で、大正六年に内閣によって設置された臨時教育会議が、民法などわが国古来の醇風美俗に調和しない法律の改正を建議した（八年正月）のを承けて発足したものである。しかし、ここでの審議は極めて高度なもので、まず民法親族・相続篇の改正が議せられ、ついで刑法・商法の改正にも着手することとなった。

この時期はまた、大正デモクラシー期に重なり合う時期であり、日清・日露の戦勝に続く第一次大戦後の列国との関係の向上から、国の基本法典の西欧一辺倒からの脱却、法典改正によるわが国古来の醇風美俗の維持に関心が集中した。この結果、法学界は条約改正後最大の刺激を受け、大正末年から昭和初頭にかけて、法学部を有する各大学に軒並み法制史の講座が設置されることとなった。その法制史は、明治中葉に設けられた日本古代法制や制度史といった律令格式の解釈や有職故実の講説ではなく、西欧型近代法典に伝統的法理や法慣習をいかに採り入れるかという視野をもつ法学の根幹とも直結した学問であることが要求され、その多くの開講講師に瀧川博士が招請された。そこで瀧川博士は、「現代法のすべては、法制史の最後の一ページである」という認識の下に、日本法制史を体系化していったのである。

これよりさき、法学の世界では、大正デモクラシーの時期ということもあって、学問を根源から問い直そうとする姿勢が顕著となり、優秀な学生の中に、日本法制史の将来性・必要性を高く評価する者が現れてきた。しかも、日本法制史を専攻するには、法科学生の通常必要とする基礎学力・語学力のほかに、漢文と国史学に通暁していることも要求されるはずであり、当時といえども誰でもが容易に進める途《みち》ではなかった。その中で、東京では、稀有の秀才といわれた瀧川博士がまさにこの時期に遭遇して頭角を現し、一方京都では、文科大学を卒業した牧健二氏が瀧川博士と同年次に法科大学へ転じて、のちに法制史家として一家をなした。そればかりか、そののち大きな業績を挙げた法制史家の経歴を見ると、瀧川博士と同世代の人が圧倒的に多いのも、時と人と目的が完全に一致を見るような時代の勢いの中で初めて齎《もたら》されたものなるがゆえであろう。

　したがって、日本法制史の興隆は、大正中葉より昭和初期にかけての、臨時法制審議会の影響下に成ったと解してよかろう。その上で付言すれば、大正デモクラシーの時期にあって、幅広い教養を身につけ、学問に没頭し、学問を根本的に問い直す気風が満ちていたこと。また、第一次大戦後は印刷業界の黄金期を迎え、講義案の書冊化、論著の即時印行など、業者の態勢・普及度に格段の変化が見られ、三浦周行《ひろゆき》、中田薫《かおる》両氏の論考が大冊の書物とされる一方、新進気鋭の瀧川博士の概説書・研究書なども続々と刊行される時代を迎えたことが挙げられよう。試みに、恒藤恭《つねとうきょう》氏監修の『法・法学年表（日本）』から、この時期の日本法制史関係著書を抜き出してみると、三浦周行『法制史の研究』『続法制史の研究』、中田薫『徳川時代の文学と私法』、中田『法制史論集』（第一・二巻）、瀧川政次郎『日本法制史』、瀧川『律令の研究』、牧健二『日本法制史概論』、細川亀市『日本固有法研究』、石井良助『中世武家不動産訴訟法の研究』、瀧川『日本法制史研究』などがある。

　なお臨時法制審議会は、その後昭和四年に法制審議会となり、引き続き民・刑・商法の改正要綱作成に取組んだが、民法はその先頭をきって昭和二年に改正要綱が完成し、ついで司法省の手に移って進められた改正草案が大部分できあがったところで、戦況の悪化により中止を余儀なくされた。今次の大戦は、日本法制史の研究に大きな打撃を与えたが、民法草案についてのみいえば、幸いにもその内容は戦後の民法改正の際に相当程度採り入れられることになった。

## 五、瀧川博士の法制史

瀧川博士は、明治三十年五月、大阪の西区靫《うつぼ》上通りに生を享《う》けられ、今年で八十八歳。いまなお壮者を凌《しの》ぐ勢いをもって学問の前進に腐心・貢献されている。

瀧川博士が法制史を生涯の学問対象として選んだのは、第一高等学校時代のことである。有職故実をもって大和小泉片桐藩に仕えた船木《ふなき》又兵衛を母方の祖父にもつ博士は、幼時より習い覚えた有職故実の上に、ドイツ法学の方法論を加味することによって、日本法制史をもって身を立てることができると考えたということである。東京帝大へ進んでからは、まず必要な法学科目を学び、二年次より本格的に法制史に取組む計画を立て、文科大学の黒板勝美・白鳥庫吉両氏の講義をもうけて、考証史学の方法論と史料学とを学んだ。

大正十一年、大学を卒業すると、矢つぎばやに奴隷制論を発表して史壇《しだん》を賑わせ、翌年から逐次《ちくじ》開設された東京の私立大学各校の法制史講座の担当を引きうけた。一方、法制史の展開のためには実務経験も不可欠であるとの認識に立って、司法官試補にもつき、律令論・王朝制度論の構築のため夜を日に継《つ》いで研究に没頭した。

こうして確立した瀧川博士の法制史学・律令学は、一口で言えば、ものの本質を大きな体系の中で見定めようとするもので、実証に関しては、実物を見聞し、体験を重んじ、その上で考証を宗《むね》としながら各時代の実生活を浮かび上がらせるまで徹底して博捜し、史料の行間にまで事実を読むという、まさに実事求是《じつじきゅうぜ》の極致を示すものである。また、法制史を法律生活の歴史の解明と定義されることにより、醇風美俗や国家主義的な思い入れを排除して、客観的考証により血の通った人間の真の社会的営みを明らかにするという学問の目的を設定した。

博士は、大正十四年、九州帝国大学法学部創設と同時に、法制史担当の助教授となり、開講までの二年間、史料編纂所と東洋文庫とに、隔日に通って、法制史料の体系化を図った。ここで、山本信哉・石田幹之助両氏に実際上の史料学を学んだことは、その後の博士の学問をより雄大・精緻《せいち》なものにしてゆく大事な基礎となった。本書初版に先だって、昭和二年に有斐閣から刊行した『法制史料古文書類纂』は、その成果を如実に示すものであり、本書の史料篇に当るとともに、古文書を中心とする法制史料を体系的に編集したもので、記録を中心とする『古事類苑』法律部と並んで、法制史料集の双《そう》璧《へき》をなすものである。

ただ博士は、幸というべきか不幸というべきか、自身各地を訪れ、人と交わり、古書にまみれては東奔西走、歴史を求めて動き回るタイプの学者であるが、また次々と歴史的事件に巻き込まれてひと処に静止していられぬ性を授けられていたようである。昭和二年に、九州帝大教授に任ぜられて日本法制史の講義を開始したが、その秋には、木村亀二氏の処遇に端を発した九大事件に巻き込まれ、最も関係の薄かった博士までが休職を命ぜられて、再び東京に戻った。また、昭和九年に「大化改新管見」を発表したところ、国体の尊厳に疵をつけるものとして筆禍事件にまで発展し、いま飛躍の秋《とき》という時期に満州へ渡らねばならなくなった。二十年には、満州国立中央図書館籌《ちゅう》備《び》処長として蒐《しゅう》集《しゅう》に尽瘁《じんすい》してきた中国制度史関係の図書をすべてソ連軍に押収され、身は監獄に繋《つな》がれ、二度脱走して日本に帰って来たり、その後、東京裁判の弁護人としてその復讐裁判の実態を物してマスコミの指弾に遭うなど、苦難の連続ともいえる人生を歩んできたが、それらがすべて貴重な実体験として法律生活の歴史を解く上で大きな働きをしていることは、博士の法制史の特色といってよい。

その中で、本書を刊行した昭和三年前後は、博士にとって将来を決定づけ記念すべき時期であるともいえる。前年までに『法制史上より観たる日本農民の生活　律令時代』上下（昭和十八年に合冊改題して『律令時代の農民生活』として再刊）を物し、この年『史学雑誌』『法学論叢』誌上を舞台に、三浦周行氏を相手として大宝律に疏《そ》ありやなしやを繞《めぐ》る有名な三浦・瀧川論争を展開する。これで力量を三浦氏に認められた結果、昭和六年三月には、三浦氏との共編『新註皇学叢書　令集解』（四月に『定本令集解釈義』として再刊）の頭注執筆を任されるという美談を残している。また同年秋、黒板勝美氏の生涯の事業である『新訂増補国史大系』のメンバーに加わり、『政事要略』などの校訂作業を始める。また翌四年、正式に九州帝大教授を免ぜられると、小野武夫・土屋喬雄両氏らと語らい、社会経済史学会の設立へ向けて尽力する。小野・土屋両氏と学会構想を談じ合ったのが瀧川博士の家の二階であったという話と、学会設立後、懇親会の司会者を奏者番と呼ぶことも博士の提案であったという話は、いまも語り草になっている。これらの著書・事業が、その後のわが国の学界の方向を決定づけたものであることは、いうまでもない。

（『日本法制史』下、講談社学術文庫、昭和六十年八月）

# 瀧川政次郎博士の歩まれし道

平成四年一月二十九日、昭和史学の最高峰を極められた法制史家瀧川政次郎博士が永眠された。享年九十四。葬儀は生前寿陵を建てられた東京世田谷松陰神社の斎場で行われた。葬儀の前日、天は大雪を降らすこと恰《あたか》も凍れる涙の如くであり、翌日、地は大きく震《な》えること恰も哭するが如くであった。しかし、世人はこの大儒の歩みに頭《こうべ》を回らすこと罕《まれ》であった。

とまれ、その大樹の如き広大なる学の一葉に縋《すが》りつつ研究を進めてきた門生の一人として、大儒の身罷《まか》れし悲しみの中、改めてその偉大な足跡を振り返り、そこから何がしかを学ぶと共に、生前の学恩を偲ぶ縁《よすが》としたい。

## 学問に貫かれた生涯

博士の経歴と主な業績は、文末の年譜及び主要著書に譲る。

博士は生前、学者は歳と共に深みを増すものであり、長生きも才のうちである。しかし、晩年の十数年を病床に臥せってただ齢だけを重ねるのでは本当の長寿とはいえない、最期まで立派な研究を続けるような学者でなければならない、と言われたことがある。いま振り返って、まさに生前の言葉通りの生涯であったことに、敬意と驚きを感ぜずにはいられない。

幼にして四書五経の素読を日課とした最後の世代とはいえ、博士はやはり早熟の天才児であった。

小学四年にして、巡査の調書を代筆して「闇夜ニ蠢動スル者アリ、上グレバ則チ孩児ナリ」と綴った才は、どうみても尋常ではない。

また、昭和六十二年に「僧尼令の焚身捨身の禁と火定及び渡海往生」を『國學院雑誌』に、翌六十三年に「唐の二王後の制と我が二国造の制」を『國學院法学』に発表しておられるが、これは齢九十を過ぎての論考である。それのみか、亡くなられる直前の書斎には、書きかけの原稿が置かれたままであった。

されば、博士の生涯は、幼時から学問一途に貫かれ、こと学問に関しては恵まれた生涯を送ったといえるのであろうか。身近かにあって博士の経歴を知るにつけ、どうもそのような恵まれた生涯とは言いきれぬように思われる。しかしまた、その波瀾万丈の生涯が、博士の学問の肉づけを豊かにしていることも事実であった。

本稿では特に、災厄に遇って示された、博士の並外れた精神力・行動力の跡を辿りながら、その類稀な学問がどのように形成されたかの一端を紹介することとしたい。

## 災厄を挺子に学問の在り方を問う

博士の履歴の中には、一再ならず大きな事件に巻きこまれたり、転身を余儀なくさせられた災厄との思いがけぬ出会いが読み取れる。

まず、二十九歳から三十という気力・体力共に充実した昭和二年に、九州帝国大学法学部の教授に任じられながら、所謂九大事件に連座して同年秋には休職を命ぜられ、二年後に免職させられていることが目につく。舌鋒鋭く事の根幹を突く博士は、しかしこの事件に最も関係浅く、ただ政治的決着に利用されただけだったのである。

帝大卒業の翌年から講義を担当してきた中央大学等の講義案ならびに資料集をもとに、『日本法制史』『法制史料　古文書類纂』の成稿に力を注ぎ、農民生活や奴隷制論を中心とした論文から、律令テキスト論を扱うようになり、すべてを新制九州帝大法学部の法制史講座開講に照準を合せて来たものが、偶々惹起した内紛に巻きこまれ、無情にも殆んど関係のなかった博士の門出を瀆《けが》すこととなったのである。

我が身におきかえ、こんな不条理が、こんな運《めぐ》り合せがふりかかったら、果して堪えられるであろうか。『日本法制史』などは、下敷きとして千頁余を以て算える講義案が謄写印行されていたとはいえ、決定版とすべく更に多くの研究論文を読破し、傍《かたわ》ら史料を渉漁し、その間には何校もの掛持ち講義をこなしながら、書き進めた。法政大学の帰りなど何度神田川に身を投げようと思ったか知れない、という極限の学究生活を貫きつつ稿了した身を削っての結晶であったことを思えば、その結末に振りかかった災厄が常人のよく堪えうるところではないことは何人にも了せられよう。

にも拘らず、博士はその年のうちに東京に戻るや、著述・研究活動に没入する。まずは『日本法制史』『日本社会史』を相次いで上梓し、『日本奴隷経済史』を纏め、恩師黒板勝美博士の『新訂増補国史大系』編纂事業に参加し、三浦周行博士の『新註　皇学叢書』の〈令集解〉に詳しい頭注を付して共編として刊行し、年間十篇以上の論文を発表し、後年学位請求論文となる『律令の研究』を公刊するなど、倦《う》むことを知らずに研究に没頭するのである。博士の驚くべき生産力は夙《つと》に有名であったが、この不運のあとに自らを鼓舞しつつ、ここまでやり遂げた精神力とそれを可能にした身体鍛練に改めて敬意を表したい。

ところでこの間の著述・研究活動の中に、博士を語るとき逸することのできないいくつかのエピソードが存する。

一つは『新註　皇学叢書』〈令集解〉（単行本としては『定本　令集解釈義』）と、三浦・瀧川論争である。佐藤誠実博士の「律令考」の再評価を通して、律令テキスト論に取組んできた若き日の博士は、考証学の極致をみせる「律令考」に対し、更に実態究明の新しい方法論を樹立すべく工夫を重ね、大宝律の推定復原に新見解を盛りこんだ「大宝律と養老律の異同を論ず」を『史学雑誌』に発表した。これに対して伝統的考証法の立場から、当時律令について第一人者の自負をもつ三浦周行博士が直ちに反論を加え、結局両者三篇ずつの論文を応酬して世にも有名な大宝律に疏はありやなしやを中心とする論争が華々しく闘わされた。エピソードというのはその後のことである。かねて国書刊行会叢書に諸本校合の『令集解』二巻を編纂していた三浦博士は、更に校訂を進め、『新註　皇学叢書』〈令集解〉の編纂を引受けられ、同叢書の編集方針を承けて主要語句解釈を頭注に加えるべく準備をしていた。ところが、適任者と目されていた門弟高橋万次郎氏の急逝に遭い、急遽瀧川博士に頭注作成の委嘱が舞いこんできたのである。まさに美談である。往時の論争がいかなるものか、この一事を見ても了解しうるところがある。この結果であろうか、博士は、学問に対し妥協、あるいは仮借することなく、峻厳な態度を生涯貫かれたのである。

また、東京に戻った博士は、昭和五年ころから、社会経済史学会の設立に関係するようになる。小野武夫博士の構想のもと、博士も設立推進者の一人として参画され、同年暮の創立総会において理事の一人に選出されるのである。この間、学会の青写真が博士宅の二階で練られたことなどのエピソードも残されているが、ここで注目すべきことは、この学会の性格である。則ち、学派・学閥にとらわれない全国的組織であること、また、会長などは置かず複数理事の合議制を採ったことなど、のちに博士の設立した地方史研究所や律令研究会などと共通した特色が見られる。

尤も博士も、後年、推されて学会の代表や会長となったが、学派・学閥にとらわれない全国的組織とし、集団合議制を採る、という点に重きを置く考えは終生渝《かわ》ることはなかった。

## 災厄に遭って学問の増幅を図る

次に、博士の満州転出、ならびに戦後の帰国について触れなければならない。

大正デモクラシーという学問にとって自由の保証されていた時代も終ろうとする過渡期にあって、博士はまたまた大きな災厄に見舞われることとなる。博士の、民衆に光をあて、例えば古代における奴隷の実態を明らかにするなど、歴史研究を文献の表面上の解釈から脱却せしめて実態を探る学問とした姿勢に、批判や圧力が向けられていったのである。そして、とうとう、学位を取得した直後の昭和九年十二月という不自然な時期に、突如満州国司法部法学校へ転出されている。これは、同年に発表した「大化改新管見」に対し、皇室と蘇我氏を同列に論ずるのは国体の尊厳に疵つけるものだとして教員団体や右翼から攻撃をうけ、生命の危険にさえ晒《さら》され、瀧川史学がまさに大輪の花を咲かせようとする寸前に、満州への転出を余儀なくさせられた結果である。美濃部達吉博士が貴族院で弾劾され、発禁・辞職に追いこまれた前年の末のことである。

満州国の首都新京で法制の整備にも関与することとなった博士は、学問と現実との間隙を埋め、満州や清朝、延《ひ》いては中国伝統の法制にまで学問の領域を広げ、資料の蒐集から始めて学問の体系化を図りつつ、三十代末からの脂の乗りきった十年余を学問と行政と蒐書とに邁進していくのである。

ところが昭和十二年にあたる康徳四年の新京の大火で、蔵書を悉く灰にしてしまう。しかし博士は、それにめげることなく、新京で行政官の傍ら蒐集したものより質のよい書籍を求めて北京への転出を願い出て、満州国総務庁の嘱託となり、兼ねて満鉄や日本の司法省にも籍をおき、二年間、北京で蒐書と研究に明け暮れるのである。こうして泉石書屋なる個人コレクションとしては有数の典籍を集められたのである。大木幹一氏のコレクション（現東京大学東洋文化研究所蔵）と並び称せられた博士の蔵書の特色は、稀覯書中心ではなく、法制史料を核にしつつ歴史全般を見据えた体系的でかつ基本書であり善本と目されるテキストを中心に揃えて行ったところにある。そして再び新京に戻り、やがて満州国立中央図書館籌《ちゆう》備《び》処長に任ぜられるが、ここでもその方針を貫き、真の学問研究に有用な図書を集めて行ったのである。

しかるにこれまた数年を出《い》ずして、敗色濃厚の中、ソ連軍の満州進攻に遭い、身は収監されて獄に繋がれ、博士苦心の国立中央図書館ならびに泉石書屋の図書は悉くソ連に押収されてしまうのである。

こうして総てを失ない、学者生命どころか殆んど生命の保証すら危うく見えたとき、しかし博士は、帰国と研究の再開を信じて疑わなかった。

### 実態を探る本当の学問を求めて

博士の編纂になる『満州建国十年史』は、印刷直前に空襲のため烏有に帰す。しかし、博士の周到な用意により辛うじて陽の目を見ることとなったのである。まさしく博士にふさわしい満州国通史であるが、戦後二十余年、原書房から刊行されるに際して付された博士の解題には、博士の帰国にまつわる秘話が紹介されている。やや敷衍して述べれば次の如くである。

昭和二十年十二月、博士はソ連軍に捕えられ、海軍武官室であった部屋に監禁させられた。体当りをして鍵を毀《こわ》しておいて、監視の眼を盗み、白昼堂々、雪の獄舎を正門から悠然と脱出し、友人宅へ匿れて引揚げの機を待った。ところが胡蘆島で再び国民軍に捕えられ、新京に送還されることとなったが、これも漸く脱出し、引揚船に乗る人の列に紛れこみ、公海に出るまでは船底に潜伏し、海上、船長室で新聞発表のあった新憲法について講義をしたりしながら、昭和二十一年十月の末に佐世保に辿りついたというものである。

何という豪胆さ、何という信念ぞ。かくして博士の後半生は、再び無から始まることとなった。生活のため、東京裁判の弁護人となり、弁護士登録をし、吉原の遊女などを新聞・雑誌に執筆したが、これらは決して博士の研究にマイナスとなるものではなかった。現実を実感し、そこに歴史学を結びつける恰好の経験ともなったものと思われる。

それは、戦前日本を追われ、旧軍を快く思わなかった博士が、東京裁判の弁護を通して、実はこの裁判が正義に名を籍《か》りた連合軍による復讐であることを見やぶったことにも認められる。また、生命の大切さを身を以て感得した博士が、弁護士として安楽死を扱って、裁判所に安楽死を認める方向づけを示唆したことも同様であろう。更には、遊廓や遊女の制度にも中国に起源をもつものや、前時代の高い文化を承け継いだ面のあることを考証するなど、実事求是の眼に磨きをかけて行った。

そして、昭和二十七年、学派・学閥を越えた全国組織である地方史研究所を設立し、『余市』『熊野』

『高千穂・阿蘇』『出雲・隠岐』と、実地調査による総合研究を推し進めていった。『出雲・隠岐』において、出雲の国分寺趾を発掘するのに際し、土地の農民の声を聞き、それをもとに割り出した手法は、この間の経験の賜といえよう。

また、この間、満州時代には比べられないが、貴重な資料を蒐集しており、のち、東京裁判に関するものは國學院大學図書館に、遊女関係の書籍はお茶の水女子大学の女性文化資料館（現ジェンダー研究センター）に、近世の地方《じかた》文書や高札の類は早稲田大学図書館にというように、研究上最も便よき機関に譲られている。

そして、「律と鼈《すつぽん》」「紫微中台考」など瀧川史学の真髄を示す論考を次々と発表され、『法制史論叢』四冊などに纏められることにより後学の研究意欲をかきたて、ついには博士の扱った分野が史学の一大山脈として聳えるに至ったのである。

そして、そのいずれもが、空虚な推論に終わることなく、実態を探り本質を衝《つ》いた学問研究であるところに、博士の面目が見られるのである。この博士の学問の特色と、博士の波瀾に満ちた人生とは、やはり表裏をなしているといってよかろう。

常々、人と同じことをしていては人の上には出られないと言われ、寸暇を惜しんで研究に邁進され、「玩物喪志」、即ち稀少価値を有する資料類に心を奪われたり、偶然の発見を私したりすることを戒め、苦心蒐集の資料も、心身を削っての研究も、学界の共有物にすることを願い、事実それをやり遂げた博士の一生に、改めて深い感動と心からの敬意を感ぜずにはいられない。

【瀧川博士年譜】

明治

三十年五月　大阪市西区靭上通にて、父、瀧川与之吉、母、シナの二男として生まる。

大正

五年七月　第一高等学校に入学。

七年四月　第一高等学校史談会設立。

八年四月　東京帝国大学法科大学入学。

十一年三月　東京帝国大学法学部（独法）卒業。

十一年四月　南満州鉄道株式会社入社。

十一年五月　男爵石本恵吉妹総と結婚。

十二年四月（25歳）　中央大学・法政大学・日本大学各講師（法制史講座開講）。

十二年十一月　司法官試補。

十三年九月　検事代理。

十四年五月　九州帝国大学助教授（東京在住）。

昭和

二年四月　九州帝国大学教授（福岡在住）。

二年九月（30歳）　九大事件に連座して休職を命ぜられる（再び東京）。

三年四月　中央大学・法政大学・日本大学各講師。

三年十一月　国史大系再刊（新訂増補）事業（黒板勝美博士主宰）に加わる。
四年四月　東京商科大学・慶応義塾大学講師。
五年四月　中央大学教授。
六年十二月　社会経済史学会を設立。
八年四月　社会経済史学会顧問。
九年二月　法学博士の学位を受く。
九年四月　早稲田大学講師。
九年九月　分家慣行調査を始む。
九年十二月　満州国司法部法学校教授（新京在住）。
十年四月　満州国司法部参事官。
十二年七月（40歳）　吉林高等法院審判官（判事）。満州国総務庁嘱託・南満州鉄道株式会社嘱託（北京に移住）。
十二年十月　（日本）司法省嘱託。
十二年十二月　中華民国臨時政府新民学院教授。
十四年八月　満州国総務庁参事官（再び新京在住）。
十五年四月　満州建国大学教授。
十五年五月　中国法制調査会を設立、会長となる。
十六年二月　満州国立中央図書館籌備処長兼満州建国大学教授。

十六年三月　満州建国十年史編纂會編纂主任。
十六年九月　満州学会会長。
二十年八月（48歳）新京で終戦、ソ連軍に捕わる。
二十一年十二月　極東国際軍事裁判弁護人（元海相島田繁太郎被告担当）。弁護士登録。
二十二年二月　神宮司庁法律顧問。
二十二年四月　明治大學講師。
二十四年四月　國學院大學政経學部教授。
二十五年四月　早稲田大学（大学院）講師。
二十七年八月　地方史研究所を設立、理事長となる。
三十年四月　近畿大学兼任教授。
三十一年二月　後南朝史編纂会編纂主任。
三十八年四月　國學院大學法學部教授。
四十二年四月　國學院大學大學院法學研究科設置（教授）。
四十三年三月　國學院大學を定年退職。
四十三年四月　國學院大學客員教授受嘱。
四十四年四月　國學院大學日本文化研究所律令研究会発足（講師）。
四十七年三月（74歳）律令研究会を組織、会長となる。
四十七年四月（75歳）國學院大學名誉教授。

四十八年三月　人足寄場顕彰会を組織、会長となる。
四十九年七月　式内社研究会を組織、会長となる。
五十四年五月　式内社研究会名誉会長。
六十一年七月　三丹地方学術調査会を組織、会長となる。
平成
四年一月（94歳）　逝去。

【主要著書】　◎印は現在入手可能
○法制史上より観たる　日本農民の生活律令時代（大正一五　昭和二）同人社書店
　後に改題して『律令時代の農民』（刀江書院）。戦前戦後を通じて社会経済史の最高水準を示す。後に名著普及会から再刊。
○法制史料　古文書類纂（昭和二）有斐閣
　正倉院文書以下の古文書を内容と様式から分類整理した。
○日本社會史（昭和三）大村書店
　後に刀江書院・洋々社・清水書院・角川書店等からも再刊。英訳も存する。
◎日本法制史（昭和三）有斐閣
　研究史、研究法から叙している体系的概説書。後に講談社学術文庫として刊行。
○日本奴隷経済史（昭和五）刀江書院

上代賎民制を初めて社会経済史の上から論じたもの。後に名著普及会から再刊。
◯定本　令集解釈義〔三浦周行氏と共著〕（昭和六）内外書籍
現在唯一の『令集解』の注解書。国書刊行会より再刊。
◯律令の研究（昭和六）刀江書院
律令のテキストに関する最高基準を示す研究。後に著作目録を付して名著普及会より再刊。
◯日本社會經濟史論考（昭和一四）日光書院
博士の社会経済史の精華を収む。後に増補して名著普及会から刊行。
◯支那法制史研究（昭和一五）有斐閣
後に『中国法制史研究』（巌南堂書店）として再刊。
◯日本法制史研究（昭和一六）有斐閣
王朝司法制度等必読の研究を含む。名著普及会より再刊。
◎東京裁判をさばく（昭和二七　昭和二八）東和社
後に創拓社より再刊。原爆論議に関する事実も記す。
◯日本人の歴史（昭和三〇）新潮社
視野の広い読み物として纏められた日本史概説書。後に『東洋史上より見た　日本人の歴史』と改題して赤坂書院より再刊。
◯日本行刑史（昭和三六）青蛙房
行刑に関する唯一の概説書。

◎遊女の歴史（昭和四〇）至文堂
◎遊行女婦・遊女・傀儡女（昭和四〇）至文堂
二書とも遊女に関する社会経済史家の説として重視される（『遊行女婦…』は後に『江口・神崎』と改題）。
○律令格式の研究　法制史論叢第一冊
○京制並に都城制の研究　法制史論叢第二冊
○律令賤民制の研究　法制史論叢第三冊
○律令制及び令外官の研究　法制史論叢第四冊（昭和四二〜四三）角川書店
律令諸制に関する最も高度な研究を収録。後に名著普及会より再刊。
○元號考証（昭和四九）千代田永田書房
元号法制定に理論的根拠を与えた書。
○萬葉律令考（昭和四九）東京堂出版
博士長年の蘊蓄をまとめたもの。専門家にも必読の書。
◎長谷川平蔵（昭和五〇）朝日新聞社
人足寄場史外篇として人物と制度を明確に紹介した書。後に中公文庫として刊行。
○律令と大嘗祭（昭和六三）国書刊行会
天皇の御代替りの諸儀について体系的に論じた書。

（『裁判史話』附録、燃焼社、平成九年十二月）

# 私の学生時代

過去を振り返ることは好きではない。悔いばかり思い出すからであり、また、この歳になって過去を語ると、つい自慢話になってしまう。そんなことを考えているうちに、ひと月ふた月と過ぎ、妙案も思い浮かばないまま、自慢話になることを承知の上で学部学生時代を語らねばならなくなった。

私にとって学力が伸びたのは、尾崎暢殃先生と折々夜晩くまで『古事記』を論じ合った高校時代と、対象が絞りこまれた大学院の修士時代であった。学部時代はなぜか学力はあまり伸びなかった。しかし、私の学部時代は、安保騒動の谷間であり、熱狂的サウンドもなぜか谷間、オリンピックはあったが関心はなく、映画は飽きたし、祭りは殆んど廃《すた》れていた上に、趣味も遊びも無関心であった。ただ「学問」って何だろう、どうしたら身につくのだろうという一念のみであったから、いずれ必要になりそうな分野には貪欲に食らいつき、裾野だけはとにかく拡がった。

子どものときからわが国の法律制度の歴史を勉強したいと考えていた私は、祖父の推めで瀧川政次郎先生につくため國學院大學の法学部に入学した。私の入学時が法学部の開設年次であったが、幸い瀧川先生のご長男と親交のあった叔父からの情報により、疑うことも迷うこともなく受験することができた。

四月。一日も早く瀧川先生にお目にかかりたいと思ったが、掲示によると法制史の演習は五月半ばから。その間、古文書など基礎的な勉強をしようと思い、歴史学の最初の授業終了時に、四〇七番教室の教壇から出口へ向う樋口清之先生に、古文書や史料の読解を勉強したい旨訴えたところ、日本史学第一研究室の渡辺直彦助手を紹介してくれた。以後、渡辺先輩から『日本書紀』の徹底した読みと考証を学び、史学科四年の高橋伸幸先輩から三島神社文書や『小右記』の読解を教わった。秋になると渡辺先輩は東京大学史料編纂所に移り、高橋先輩も卒論と大学院受験で忙しくなり、法学部一年坊主の私が岩橋小弥太先生と相談しながら、三年生もいた会員の中で指導者のようなことをした。たまたま古文書・古記録を読める先輩が殆んどいなかったからである。翌年、優秀な後輩が数名入会したので、翌々年には彼らにすべてを託した。

さて、五月になって瀧川先生の演習が開講されることとなった。その直前に、神殿の前で先生にお会いした。怖そうな先生という印象を持ったが、参加は許された。演習は三年から受講資格があるので、特例である。当時、二年以上は政経学部生であったので、唯一の法学部生として参加した。先生から一番前に座るように言われ、最初に何やらむずかしい本を読むよう命ぜられたがどうやら合格して、以後、テキストの注文、毎回の下読みなどをやらされた。

その後、先生のお宅にも出入りが許され、後年よく先生や奥様から、この子（私のこと）は十代から出入りしていたと言われた。誕生日の早い私はそのとき十九歳になっていたが、十代であったことに違いはない。そして、瀧川先生につく学生が現われたということは、現在の神道文化学部の教員くらいしかいなかった法学部の開設時の教員の間で評判になり、その後随分と優遇された。

瀧川先生のお宅では、とにかくあの該博な学殖に圧倒され、次々と新しい知識に触れたが、先生は私にだけはメモを取ることを禁じた。体系の中で理解しなければ本物の学問は身につかないと言うのである。記憶力が減退し、思索型になっていた私には、これは辛かった。結局、先生の話題とされるところを予測し、予め勉強する外なかった。

瀧川先生はまた、「国史・国文・国法」ということを常々言われた。そこで一年の秋ごろから、折口信夫門下の柳井己酉朔先生が指導されていた文学の研究会へ参加した。その後柳井先生のお宅の研究会へも加わり、後に就職のお世話も、結婚のお仲人もしていただいた。

一方、一年の夏ごろから、静嘉堂文庫、内閣文庫、大東急記念文庫、彰考館文庫等へ通うようになり、静嘉堂の丸山季夫先生に和書の扱いを教わり、中・近世文学界の情報などを聴いた。また『群書類従』の律令部が必要となり、隣町にあった続群書類従完成会を尋ねたのがきっかけで、学部時代を通してアルバイトをさせていただいた。主として史料編纂所蔵本の写真版を見ながらの校正に従事し、太田善麿先生や斎木一馬先生のお話を伺った。ついで『群書類従』の版木を所蔵する温故学会へ出入りするようになり、大鹿久義氏と出会い、近世律令学を中心とする国学研究を志すようになった。

当時は早飯、早糞（失礼）、早歩きがモットーで、無駄な時間が惜しいことから、食事を抜かすことも、朝から夕方までトイレを我慢すること（不健康）もやった。下らないと思う授業（生意気だった）は勝手に休んで静嘉堂などへ行った。図書館へは殆んど入り浸りで、一年一分羅の読破を目論んだが、当然ながら十分の一どころか百分の一も読めなかった。ただ、それをカウンターから見ていた司書の小林弘邦先輩からは随分と便宜を与えられた。

二年、三年は略して、四年の思い出に移ろう。まずは夏ごろの失明事件である（失明はしなかった）。

続群書類従完成会で『寛政重修諸家譜』の付録作りのため、一ミリ方眼二マスに三文字書き入れて原稿作りをした後で、二日間物が見えなくなった。

次は、前年に頼まれた近世文学会の再興で、小島瓔禮先輩に指導をお願いする一方、版本の読解と目録作りを活動方針とした。そこで国会図書館と大東急記念文庫の蔵本を利用させていただくため、藤井貞文先生と岡崎久司氏にご助力を願った。

さらに夏ごろ、瀧川先生から君をある私立大学へ推薦したと聞かされた。この件は、教授会は通ったが、ごたごたがあって結局成就しなかった。

ついで、瀧川先生はまた、自分は君に甘いようだから厳しい先生に鍛えてもらえと言って、西田長男先生を紹介してくださった。当時、西田先生は神祇令の研究を考えておられ、また「吉田叢書」の仕事で道教に関心を持たれていたので、瀧川門下の私が傍に来ることを喜んで下さった。

と、このように書くと、やはり自慢話以外の何ものでもないことになるが、幾多の失敗、時間の無駄遣い、祖父の死による経済的な問題等々と、思い出したくない話も多い。

中でも今もって悔いていることは、睡眠時間の取り過ぎである。私はとにかく丈夫な体に恵まれているが、眼だけは弱かった。また、幼時には小児結核を患った。そのため、納豆を食べることと睡眠を長く取ることへの執着は人一倍強かった。平均七時間あまり、徹夜は一日限りとし、後日長時間眠って睡眠時間の帳尻を合わせた。四、五時間の睡眠で一週間前後の徹夜もこなした三十代以降のことを思うと、学生時代のこの惰眠は生涯の悔いという外ない。

しかし、悔いや失敗をこと改めて書くのも気が滅入るので、やはり最後は学生時代のわが勉強法を書いておこう。次の三点に要約できる。

一つは『古事類苑』を常に活用したこと。また一つは大事な事柄は書物から書き写して（数十ページになることもあった）覚えたこと。今一つは疑問はとことん調べたこと、である。

私の学生時代の話が何かの参考になれば幸いである。

（初出不詳）

# あとがき

昭和四十一年、嵐義人（旧姓・羽生）さんが大学四年の時、國學院大學近世文学会を再興された。小島璎禮先生を顧問にお願いしたのも羽生さんで、仮名草子、上田秋成、井原西鶴などを読み、時には連句会を催したりした。五十年以上前のことである。そのころの羽生さんは法学部の学生なのに歴史に詳しく、文学のサークルを主催する不思議な存在として知られていた。

本書の「第一部　日本史「ことばの玉手箱」――虎ノ門通信」は嵐義人さんが文部省（のち文部科学省）の教科書調査官をしていたころ、『国立教育会館通信』に十六回掲載されたものを中心にしている。社会科の調査官らしい話題の取り上げ方をしていて、内容も興味深い。

「第二部　神社所蔵の古典籍」は國學院大學の神道文化学部教授になられてから、『神社新報』の「こもれび」欄に連載されたものが中心で、短い文章ではあるが、神社がいかに古典籍を大切にしてきたかを教えてくれる。

「第三部　法制史から見た日本文化」は新人物往来社の事典シリーズなどに書いた一般向けの文章だが、本来のものには写真や図も多く入れてあった。元の写真などが所在不明なままなので割愛したが、文章だけでも嵐さんの該博な知識と鋭い文化史観をみることができよう。

「第四部　塙保己一・瀧川先生」の、塙保己一は江戸時代に日本全国から古典籍を集めて『群書類従』

という一大叢書を編集した人で、嵐さんは学生時代から大学の近くにあった温故会館に通い塙保己一研究を始めていた。「四ッ谷西念寺横町と塙保己一」はそのころの成果であり、その詳細な考証は学生のものとは思えない見事な論文である。瀧川政次郎先生は「私の学生時代」の文章で窺えるように、嵐さんの学問の基礎を鍛えた恩師といえる。嵐さんは瀧川先生の薫陶を受けて国史・国文・国法を総合する国学を目指したことがよくわかる。

学生のころ図書館でのんびり本を読んでいると、当時の羽生さんが嵐のようにやってきて辞書や事典類を次々と広げ、見終わるとサッと嵐のように去ってゆく姿をみたことが度々あった。あれは瀧川先生から出された話題を史料で確認する作業をしていたのかと、今になって納得する次第である。

本書により嵐さんの随筆文を読むだけでも、嵐さんが瀧川先生の弟子として、法制史を中心に幅広い視野を持って研究生活を送ってこられたことが、読者諸賢に伝わるのではなかろうか。日本人の精神の在りようを真摯に追究されてきたことを感じるのは私だけではないであろう。

平成二十九年一月、嵐さんが倒れられた後、発起人の山田俊幸、石井治朗、吉田悦之との四名で、嵐さんの著作を纏めるべきではないかと話しあった。多くの方に影響を与え続けてきた博学多識の嵐さんに専著がないこと、平成二十六年八月九日の古稀記念祝賀会の準備段階の時、「余蘊孤抄」という随想集をまとめる案があったのに、頓挫したままになっていることなど思い起こし、随想集なら何とかなるのではないかという気になった。論文のほうはスキャンしてCDに入れてお配りしたらよいのではということになった。

お嬢さんの戸祭瑞香子さんにお願いして嵐さんの書かれたものを集めることになり、平成二十九年三月初めに我孫子の嵐さんの家にお邪魔して段ボール一箱のコピー、抜き刷りなどを預かってきた。編集は古稀祝賀会の記念論集『文化史史料考證』でもお世話になった井筒清次氏にお願いすることになり、タイトルは嵐さんが命名された『余蘊孤抄』に決まり、本書に収録できなかった著作はCDに入れる予定である。この両者を読みこなせば嵐さんの思想、信条を解き明かすことができると思われる。

本書成立のいきさつは以上の通りであるが、この本により嵐さんを少しでも励ますことができたらと思う。今は嵐さんの病状が回復されることを祈るばかりである。

繁　原　央

平成二十九年十一月三十日

『余蘊孤抄』刊行委員会　発起人

小島瓔禮、井筒清次、石井治朗、山田俊幸、佐藤健二、岩切信一郎、茂木貞純、吉田悦之、有働智奘

代表・繁原　央（〒420－0913　静岡市葵区瀬名川二―三―四九）

【著者紹介】

嵐義人（あらし・よしんど）

昭和十九（一九四四）年秋田県生れ。本籍・新潟県佐渡市。國學院大學法学部卒業、國學院大學大学院文学研究科日本史学専攻博士課程単位取得満期退学。國學院大學日本文化研究所研究員。文部省（のち文部科学省）初等中等教育局教科書調査官（のち主任教科書調査官）。平成十六年四月より平成二十七年三月まで國學院大學神道文化学部教授。また、千葉商科大学、駒沢大学、国士舘大学などで非常勤講師を務める。

主な著書・論文

『譯註日本律令　律本文篇上・下』（編著）東京堂出版 1975、『歴史の焦点・日本と世界』（共著）国立教育会館 1996、『令集解私記の研究』（共著）汲古書院 1997。

「儺儀改稱年代考―大儺から追儺へ―」（『國學院大學日本文化研究所紀要』第46緝）1980、「古事記序文と進律疏表」（『温故叢誌』3、4）1980、「律令官制継受期における品官の意義―解部を中心として―」（『制度史論集』時野谷滋博士還暦記念）1986、「古代比較文化史の問題―覚書として―」（『比較民俗学のために』小島瓔禮教授退官記念論集）2001、「『令集解』に見える「興大夫」について」（『政教研紀要』26）2004、「令釋新考（一）」（『注釋史と考證』創刊号）2009、「翰苑補考」（『古事記年報』52号）2010、「大と太、小と少―養老職員令に探る―」（『國學院雜誌』116巻4号）2015ほか多数。

余《よ》蘊《うん》孤《こ》抄《しよう》
——碩学の日本史余話
2018年3月1日　第1版第1刷発行

著者◆嵐《あらし》　義人《よしんど》
編者◆「余蘊孤抄」刊行委員会
発行人◆小島　雄
発行所◆有限会社アーツアンドクラフツ
東京都千代田区神田神保町 2-7-17
〒101-0051
TEL. 03-6272-5207　FAX. 03-6272-5208
http://www.webarts.co.jp/
印刷　シナノ書籍印刷株式会社

落丁・乱丁本はお取り替えいたします。
ISBN978-4-908028-26-7　C0021